保育をひらく造形表現

槇 英子
MAKI Hideko

Houbunshorin
萌文書林

はじめに

　子どもは小さな芸術家だと感じたことがありますか？　もしそうだとしたら、それはどんなときでしたか？　みなさん自身の幼児期はどうでしたか？

　保育の場は芸術家を育てるところではありません。にもかかわらず、幼児期の子どもたちは夢中になってものにかかわり、"ものや絵"で表現し、芸術家とよびたくなるようなみずみずしい感性や驚くような創造性を発揮します。夢中になって表現する姿は、一人ひとりの命の輝きそのものです。

　そんな幼児期の子どもたちにかかわるみなさんに、子どもと共に豊かな造形表現を存分に楽しむためにはどのような援助をしたらよいのか、どのような活動ができるのかを考え、実践する手がかりにしてほしいと願ってこの本をつくりました。

幼児期の子どもと造形表現

　これまで、保育や社会教育の場でさまざまな造形表現活動の場を設定し、子どもたちと共に多くの時間を過ごしてきました。幼稚園に「つくりんぼのへや」（造形の部屋）を設置してからは10年以上が経過しました。「つくりんぼのへや」は、自由に選べる材料と用具があり、表現を共有する仲間と、技能を伝え共に楽しむ大人がいる造形表現のスペースです。

　そこでの活動で見られるものは、材料の色や形に応じてつけられた美しい模様、それを手にした満足気な笑顔、捨てられるはずのものからつくり出されるゆかいな動物たち、友達とのやりとりから生まれる遊びの基地などで、あらたなものを生み出す子どもたちの姿はいきいきと輝いています。こうした経験から、造形的な表現がいかに"幼児期の子どもにふさわしい表現方法"であるかということを実感してきました。

　ある夏休み、幼稚園時代に造形が大好きだった卒園児たちに、久しぶりに自由な造形活動を楽しんでもらおうと思い、造形の部屋に集まってもらいました。ところがそこで見られたのは、次々とものを探索し独自のものをつくり続けていた当時の姿ではなく、ゆかいなおしゃべりと用意してあった教材づくりを楽しむ姿でした。より独創的で高度な造形活動の展開を心のどこかで期待していた私にとっては、拍子抜けする出来事でした。幼稚園時代のあの爆発的な創造のエネルギーは、いったいどこにいってしまったのでしょう。

　この出来事は、造形表現の発達過程において、幼児期が特別なステージであることを再認識する機会となりました。幼児期の子どもたちは、遊びを通して自分をたしかめ、想像力を耕しながら世界を理解していきます。この時期に開花する造形的な創造力は、遊ぶ力の豊かさそのもので、造形活動を通して培われるものは、ものづくりや描画など

の限定的な能力ではなく、もっと根源的な力なのです。幼児期は「造形的な表現を必要とする時代」ともいえるのではないでしょうか。

　造形的な表現に限らず、小さな子どもたちは息を吸うように外界を取り込み、自分の思いやイメージを外に出し、表現しながら成長します。表現を抑圧されることは、呼吸を妨げられるのと同じように息苦しく、表現を拒否されることは自分を否定されるのと同じくらい悲しいことです。「はじめての集団生活において子どもの表現の育ちをいかに支えるか」という課題に向き合い、誰もが表現を楽しめるような援助を探求することは、保育者の専門性として不可欠なものです。造形表現について深く学ぶことは、その専門性を高めることにつながります。

■ この本の特徴

　本書には、保育造形の世界を幅広くとらえ、深く理解して、明日の保育を豊かにひらいてほしいという願いをこめました。また、構成に際しては、幼児期の子どもたちの育ちの糧となり、表現を支える手だてとなる「造形表現」について理解するために、"何を学ぶのか・なぜ学ぶのか・どのように学ぶのか"を明確にしたいと考えました。そして、保育者養成校や保育現場での実践にいかせるように、それぞれの実践の場で評価が得られたもの、たとえば美術嫌いの傾向が改善し保育実践力の獲得を実感したと評価された授業方法や、保育現場での子どもの観察や保育者からの評価の結果を反映させた内容を掲載しました。

　この本の構成とおもな内容は以下のとおりです。

　1章では、造形表現の意義を一般論と現代的な意義から整理します。

　2章では、表現を育む人になるために必要な心と身体の在り方について考えます。造形表現がそもそも得手不得手・上手下手で論じるものではないことを体験的に理解し、子ども心を取り戻すワークショップを紹介します。"造形の基礎科目"や"保育内容（表現)"の授業の一部にも活用できるでしょう。

　3章は、造形を子どもと共に楽しむために必要な造形的基礎力の獲得を目指します。"保育内容（造形表現)"の実技内容に相当しますが、表現を楽しみながら基礎技能や材料用具に関する知識を獲得し、保育に役立つ体験になるよう配慮しましたので、保育者の表現力の向上を目指す研修で取り組むこともできます。

　4章では、造形的な表現の発達の理解をねらいとしながら個人差についての理解にも触れました。"保育内容（表現)指導法"においてぜひ学んでほしい内容です。心理学のさまざまな知見を紹介し、研究的な視点をもつ手がかりになるよう配慮しました。

　5章では、すべての子どもが表現を楽しむための"指導法"について考えます。保育形態にかかわらず、幼児理解にもとづいた造形指導をいかに行うかを示します。また、

模擬保育を通して実践力を獲得する方法を紹介します。幼稚園教育要領、保育所保育指針等からの実践の振り返りができるようにし、保育現場でのさまざまな課題にも対応できる内容を盛り込みました。

6章では、これまで実践してきた造形活動のプログラムを5つの枠内に位置づけて紹介しました。現場での実践や実習、模擬保育にも役立つように、ねらいや方法をわかりやすく表示し、保育者の活動と子どもの活動を分けて記載しました。

7章では、保育造形という枠を越えて、生活そのものを創造的で豊かなものにしている実践を紹介し、創造的な活動が、さまざまな現代的な課題の解決につながる可能性について示しました。

全体としては、保育造形とその近接領域を広く網羅し、学習内容と方法を具体的に示すことによって、保育者養成校の多様な授業に対応できるようにしました。また、コラムや欄外に、専門演習や卒業研究に発展でき、保育経験を重ねてからの学びにも応じられる内容を盛り込み、授業と研修の両方に役立つ本を目指しました。

本書は、これまで長年にわたって世代を超えた人々とアート活動を共にし、保育者養成と保育現場の2つの実践を両立できた幸運と、子育てや地域活動から得られた体験に、大学院での幼児教育と心理学の学びが加わることによってできたものです。まだ、学びの途上ではありますが、その成果が明日の保育を支えていく人たちの役に立つのであれば、これ以上の喜びはありません。本書が、どのような保育現場においても本質を見失わず保育をデザインできる感性と思考力、子どもたちに寄り添い他者に共感できる想像力、そして豊かな表現活動を実践する行動力の獲得に役立つことを心から願っています。

アートは本来、心を自由にし、人をいきいきとさせ、個を支えるだけでなく人とのかかわりを豊かにするものです。多様性を尊重し、創造と協働を促すアート活動は、現代の社会状況のなかにある子どもたち、保育者、そして地域社会にとっても必要なものなのではないでしょうか。保育者養成や保育の現場はさまざまな課題を抱え、造形表現に時間をかける余裕がないと感じている方もいるかもしれません。もしそうであればなおのこと、明日の保育をひらくアートの風をよび込んでみませんか？

本書をその手がかりとして、いつも傍らに置いていただけたら幸いです。

2018年3月

槇　英子

もくじ

はじめに …………………………………………………………………… 1

1章 造形表現の意義 …………………………………………… 9

1. 保育における造形表現の意味 …………………………………… 9
2. 造形表現の意義 …………………………………………………… 11
3. 遊びと造形表現 …………………………………………………… 13

2章 表現を育む人になる ……………………………………… 15

1. 自分を感じる──身体感覚を豊かにする ……………………… 16
   - （1）自分の跡をつける──写す自分と映った自分 …………… 17
   - （2）感じる自分を感じる ………………………………………… 18
   - （3）感じ合うことから …………………………………………… 19
2. 感性をみがく──環境とのかかわりを深める ………………… 20
   - （1）感覚の畑を耕す ……………………………………………… 20
   - （2）価値に気づく ………………………………………………… 21
3. 心をひらく──ありのままである自由感 ……………………… 22
   - （1）心のままに表そう …………………………………………… 23
   - （2）色に遊ぶ ……………………………………………………… 24
4. 受け入れる──自分そして仲間を ……………………………… 26
   - （1）自己理解と他者理解 ………………………………………… 26
   - （2）表現傾向の違いを知る ……………………………………… 27
5. 子どもの心に還る──今ここに生きているということ ……… 28
   - （1）夢中になる …………………………………………………… 28
   - （2）大切な場・かけがえのないもの …………………………… 30

3章 造形を楽しむための造形 ………………………………… 31

1. 点と線を遊ぶ ……………………………………………………… 33
2. 空間のマジック …………………………………………………… 35
3. 色の探検 …………………………………………………………… 36
4. 形の発見 …………………………………………………………… 38

5．触覚の再発見 ……………………………………………… 39

6．版の不思議 ………………………………………………… 42

7．紙の変身——平面と立体 ……………………………… 45

8．紙の技——伝える・演じる …………………………… 46

9．ビニールの技——装　う ……………………………… 48

10．ひもの技——編む・織る ……………………………… 49

11．新聞紙の挑戦 …………………………………………… 51

12．ダンボールの冒険 ……………………………………… 53

13．生活素材の変身 ………………………………………… 55

14．自然素材のめぐみ ……………………………………… 57

15．グループ製作活動 ……………………………………… 60

4　子どもの造形表現の発達 ……………………………… 63

1．造形表現の発達論 ……………………………………… 64

（1）表現の発達の基礎理論 ……………………………… 64

（2）描画表現の発達論 …………………………………… 67

（3）造形表現の発達論 …………………………………… 70

2．子どもの描画の特徴とその背景 ……………………… 71

（1）色彩表現の特徴 ……………………………………… 71

（2）頭足人——人物画表現 ……………………………… 72

（3）透明画（レントゲン画）・誇張画 ………………… 72

（4）展開描法（擬展開図）・多視点画 ………………… 73

（5）基底線と遠近表現 …………………………………… 74

（6）アニミズム的（擬人化）表現 ……………………… 74

（7）概念画 ………………………………………………… 74

3．発達に即した援助 ……………………………………… 75

（1）乳児期〜幼児期初期——無統制スクリブル期／感覚運動的段階 ………… 75

（2）幼児前期——統制スクリブル〜意味づけ期／象徴的思考段階 …………… 76

（3）幼児後期——前図式期／直観的思考段階 ………… 77

（4）学童前期——図式期／具体的操作期 ……………… 78

（5）発達に配慮した援助 ………………………………… 79

4．発達過程に見られる個人差 …………………………… 79

（1）個人差の背景となる理論 …………………………… 79

（2）表現の個人差の枠組み ……………………………… 80

（3）個人差を想定した援助 ……………………………… 81

5. 造形表現指導の実際 83

1. 指導のねらい 84
（1）幼児期の教育のねらいと造形表現 84
（2）領域＜表現＞のねらい及び内容と造形表現 84
（3）5領域と造形表現 85
（4）造形表現指導のねらい 86

2. 保育者の役割 88
（1）造形表現指導における2つの役割 88
（2）活動形態に応じた援助 89
（3）創造性を育む援助 90

3. 指導形態 92
（1）多様な指導形態 92
（2）指導形態と自由度 93
（3）指導形態と自発性 95

4. 間接的な援助 96
（1）材　料 96
（2）用　具 97
（3）「場」と「装置」 98
（4）情　報 99
（5）園全体の物的・空間的環境 100

5. 直接的な援助 101
（1）まなざしと表情と身体 101
（2）活動の計画と提示と誘導 102
（3）評　価 105

6. 模擬保育 107
（1）模擬保育の流れと準備 107
（2）指導計画と記録 109
（3）保育の省察と評価 110

7. 表現の動機と意欲 112
（1）造形表現活動の動機づけ 112
（2）描画活動の動機づけ 114
（3）表現の意欲 116

8. 表現の個人差と読み取り 118
（1）個人差の理解と想定 118
（2）個人差への対応 120
（3）表現の読み取り 122

6章 保育をひらく造形カタログ ……………… 125

1. 感性・イメージを豊かにする ……………… 127
- （1）点・線・形で遊ぶ ……………… 127
- （2）手触りと音を遊ぶ──イメージは五感から ……………… 129
- （3）色で遊ぶ──色はイメージの源！ ……………… 132
- （4）技法を楽しむ──表現技法でイメージを広げよう！ ……………… 134
- （5）わくわく教材・素材を遊ぶ──見せたくなる表現！ ……………… 138

2. 遊びを豊かにするプログラム ……………… 141
- （1）伝承遊びから──伝承遊びの魅力を引き継ぐ手づくり遊具 ……………… 141
- （2）競う遊びを楽しむ──夢中になるのが遊びの世界！ ……………… 144
- （3）自然と遊ぶ──自然の力やその不思議をたくさん感じよう ……………… 148
- （4）ごっこ遊びを楽しむ──何かになってわかることがたくさんある ……………… 151
- （5）人形遊びを楽しむ──人形への自己投入が語りを育てる ……………… 153

3. 環境を豊かにする ……………… 155
- （1）園内環境──園は造形表現の発表の舞台でもある！ ……………… 155
- （2）壁面空間──子ども参加の空間デザイン ……………… 158
- （3）四季を飾る──気づいてほしい季節感を参加型で表現！ ……………… 161
- （4）季節感や思い出を飾る──壁面でイメージを共有する ……………… 163
- （5）立体を飾る──動くもの動かせるものを楽しもう ……………… 165

4. 行事を豊かにする ……………… 166
- （1）誕生会──お祝いの気持ちを表現しよう！ ……………… 166
- （2）運動会──造形で華やかさと楽しさを演出しよう！ ……………… 169
- （3）節　分──造形で豆まきをもっと楽しく！ ……………… 170
- （4）ひな祭り──人形づくりを体験しよう！ ……………… 171
- （5）入園・卒園に──お祝い・記念に造形しよう！ ……………… 172

5. つくる体験を豊かにする ……………… 173
- （1）木片遊びから木工へ──木工はものづくりの基本 ……………… 173
- （2）陶　芸──土からはじめるものづくり ……………… 175
- （3）共同画──イメージを重ね環境をつくる ……………… 176
- （4）プロジェクト活動──具体的な取り組みの紹介 ……………… 177
- （5）子ども広場──子どもが主人公の行事体験 ……………… 180

7章 創造的な生活を楽しむ ……………… 184

1. 野外でつくる・楽しむ ……………… 185

2. 遊びをつくる・アートを楽しむ ……………… 187

3. 地域をつくる・楽しむ ……………… 189

もくじ　7

おわりに ……………………………………………………………… 191

巻末資料

幼保連携型認定こども園教育・保育要領（抄）、幼稚園教育要領（抄）、
保育所保育指針（抄） ………………………………………………… 192
年間指導計画案例 ……………………………………………………… 204
保育・造形用語さくいん ……………………………………………… 207

参考文献一覧 …………………………………………………………… 209

本書側注・囲み記事・マーク等について

本書では、以下のようなマークや囲み記事を多数掲載しています。

＜側注について＞
・側注「●」では、本文の用語に関して説明および補足事項を解説しています。
・1）、2）…は、本文引用文献を示しています。

＜囲み記事について＞

 学びのヒント、知っていると役立つ情報、考えてみると理解が深まる事項が書かれています。

 内容の理解を深めるトピックや用語についての解説です。本文の内容を理解するのに知っている必要がある言葉や事柄について詳しく書かれています。

 観察事例や実践事例の紹介です。本文の内容を具体的な例からより深く理解することができる事例を選んで載せています。情景を思い浮かべて読みましょう。

 体験的な学びの提案です。実際にやってみることで深く考え、理解することができるような活動を載せています。体験的に学んだことは聞いたことより記憶に残り、忘れにくいと考えられています。

＜3章・6章のマーク等について＞
3章および6章の実践では、それぞれの課題に対して、各章独自のマークを入れてあります。詳細は、3章は p.32、6章は p.126 を参照してください。

1章 造形表現の意義

「はじめに」において、"子どもたちに造形表現が必要である"ということを体験から述べましたが、その意味と必要性、重要性を整理し、現代の子どもたちが置かれている状況からも考えてみましょう。

1. 保育における造形表現の意味

まず、「表現」という言葉の意味を整理します。「表現」は"目に見えない心の内部を外部に表し出す"ことです。「表現」には、表現する行為である「表し」と表現されたものである「現れ」の両方の意味が含まれています。通常"豊かな表現"というと、目に見える作品が立派であることを意味するように思われますが、結果である「現れ」を豊かにすることが保育の場において目指すことではありません。過程である「表し」に着目し、その背景を含む全体を「表現」ととらえる視点が求められます。氷山にたとえるのであれば、目に見える部分以上に水面下をいかに豊かにするかが保育の課題になります（図表1-1）。作品や姿は、表現の過程における情動体験や意欲や培われた表現力（矢印部分）の豊かさによって結果的に豊かになります。とくに造形表現は、作品だけに目を奪われがちなので、水面下の存在を意識し、その重要性を認識することが保育における「造形表現」の理解の第一歩になります。

また、「現れ」としての「表現」にもさまざまなレベルがあります。お客さんをよぶ発表会も地面に描いた絵も「表現」ですが、"受け手"を意識しているかが大きく異なります。伝達がどの程度意図されているかという観点から、"表し手"に伝える意図があれば「表現」、なければ「表出」と区別す

図表1-1　表現の氷山モデル

● 表現の氷山モデル
　大場牧夫『表現原論』（萌文書林、2000）には、表現についての詳細な考察がなされ、表現を氷山としてとらえる考え方や表現における表出的行動、自由性、受容力と感受性の意義が明快に示されている。

1章　造形表現の意義　9

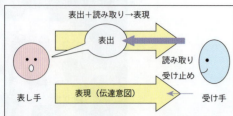

図表1-2 「表出」は読み取りによって「表現」になる

● 相互作用

霊長類の研究者である山極寿一氏は、新聞記事『泣かない赤ちゃん』のなかで、「ゴリラの赤ちゃんは母親が生後1年間離さず抱いているから泣くことがない。人間はすぐに離してしまうため赤ちゃんは大声で泣いて自己主張をする。だからこそ母親以外の人にもかわいがられる」という趣旨の文を綴っている。人の赤ちゃんは依存しなければ生存できないにもかかわらず母親から離れて育つのは、まるで泣く（表現する）ことで相互作用が生じるようにしくまれているかのようである。人間の発達に「表現」が重要な役割を果たすことが示唆される（「朝日新聞」平成2008年4月19日／夕刊）。霊長類との比較の詳細は、河合雅雄『子どもと自然』（岩波新書、1990）を参考にするとよい。

1）磯部錦司『子どもが絵を描くとき』一藝社、2006、p.24

2）津守真『子どもの世界をどうみるか』日本放送出版協会、1987、p.14

● 表出と表現

「表出」に対する肯定的理解は「表現」を育む。津守真『子どもの世界をどうみるか』（前掲書）では、子どもの行為を表現として是認することが状況を展開させる事例が示されている。

象のイメージを箱で表現（5歳児）

る考え方もあります。ここで「表現」と「表出」について考えてみましょう。

たとえば、生まれたばかりの赤ちゃんの泣き声には伝達意図がないので、「表出」であると考えられるでしょう。ところが"受け手"にとっては「表現」でもあります。伝える意図はなくても、周囲の大人は「おなかがすいたの？」と不快な感情を読み取って応じようとします。

このように、「表出」には読み取りを促す作用があり、相互作用が生まれることによって「表現」になり得る行為と考えることができます。そして、こうしたらミルクが飲めたという"伝わる経験"の積み重ねによって相手や欲求によって泣き方や声を変えるなどの意図的な表現が生まれます。このように受け手の読み取りや受け止めが心の表出を支え、意図の表現や他者の意図を読み取ることができる力を育むと考えられます。

前にしゃがんだら「インコ飼ってるんだ」と話してくれた（上下が逆）

保育場面でも「受け手」の存在によって「表出」は「表現」になります。子どもが一人で座って砂に指の跡をつけている行為は伝達意図のない「表出」とみなされますが、傍らに保育者がしゃがんで同じしぐさをすることによって「昨日ね、潮干狩りに行ったの」という言葉が生まれ「表現」が立ち現れることがあります。こうした保育者の積極的な受け止めや読み取りによる理解とフィードバックが、「表現」を支え育むのです。

保育の場では、「「表現」は他者との、「表出」は自分とのコミュニケーションである」[1]と肯定的にとらえ、「表出」は読み取りという解釈的理解を必要とする「表現」であると考える必要があります。「子どもの遊び行為は無意識のなかで行う創造的作品」[2]ともいえ、大人はその表現を手がかりにして子どもの世界を理解します。そこで本書では、伝達意図にかかわらず、子どものあらゆる行為は表現になると考えます。

次に「造形」という言葉ですが、これは表現の手だてを示しています。"身体"を媒体にした場合は「身体表現」、"音や声"は「音楽表現」、"言葉"は「言語表現」で、"ものや絵"による表現は「造形表現」です。たとえば象のイメージは、腕を長い鼻のように振る動作で表現することも、鳴き声や足音などの音で表現することも、どのような動物かを言葉で表現することもできます。そして描画材や粘土、箱や積木などを使って目で見てわかるように表現すると「造形表現」です。

こうした表現媒体別の分類は、それぞれが小学校以上の教科のような印象を与えますが、保育が目指すのは、表現媒体の習得ではありません。乳幼児期は、表現媒体を用いるのに必要な基本的な機能の獲得

期、表現の核になる部分を耕す時期です。

　たとえば、「造形表現」で重要な働きをする＜視覚＞は、大人であればデッサンなどによっても鍛えられますが、その発達過程においては、見たものに触れる＜身体感覚＞によって育まれます。見たものを＜聴覚＞から入力した音声と結びつけることで獲得される言葉は＜身体感覚＞をともなって習得され、その言葉によってイメージが育まれ、造形活動がより豊かになります。言葉が＜視覚＞と結びついて文字になり、造形などの活動で強められた＜身体感覚＞との結びつきが、書くことを可能にします。

　このように表現の源は密接につながっており、それらをつなぐ自己の育ちが大切であることから、表現を育むのは、表現媒体別の保育ではなく、こうした表現媒体間の循環が生じるような総合的な活動、子どもが心躍らせながら五感を豊かにし、身体機能や象徴機能を高める保育です。ですから、「造形表現」は"ものや絵"を表現媒体とすることを意味していますが、保育における「造形表現」が扱う領域は、その源を豊かにする遊びやさまざまな活動、媒体である"ものや絵"に関連する周辺領域を含むことになります（図表1-3）。

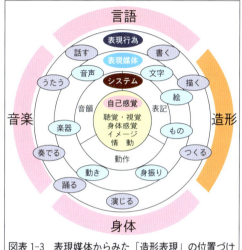

図表1-3　表現媒体からみた「造形表現」の位置づけ

　また、「造形」という言葉は本来"形をつくる"という意味ですが、子どもの場合は"ものへのかかわり"と"ものづくり"は一連の行為で、砂いじりは「造形」ではなく砂山づくりは「造形」という区別は意味がありません。「表出」のような素朴な表現を大切にするためにも"ものにかかわる表現行為"はすべて造形につながる「造形的な表現」であり「造形表現」に含まれると考えます。

● 身体感覚と言語習得
　言語は、動作をともなって内面化される。正高信男『子どもはことばをからだで覚える』（中公新書、2001）では、「行く」「来る」といった視点移動動詞の使用時に身体運動が生起し、言葉を適切に使用できる子どもはしぐさも意味を反映していることから、言語習得には「からだ的思考」が必要であるとしている。

2. 造形表現の意義

　このように幅広く「造形表現」をとらえると、それでも"ものや絵"を媒体とする「造形」を学ぶ必要があるのかと思われるかもしれません。もちろん保育のなかで、子どもたちが本書で示すすべての表現方法を体験する必要はありませんが、保育者は、乳幼児期に適した非言語コミュニケーションの手段を豊富にもち、表現したくなる手だてを状況に応じて提供できる専門性を身につける必要があり、「造形」はその有効な手だてとなります。やりたいと感じる表現方法や媒体との出会いが子どもの表現意欲を高め、表現を支

● 効力感

効力感とは、自分の活動が環境の変化や効果に影響を与えることができたと認知した時に感じるもの、環境との相互交渉を促進し、有能さに対する追求心を喚起させる。これによって「環境と効果的に相互交渉する能力（コンピテンス）」が持続されると考えられている。

● リード（H. Read）

「芸術のための教育（Education of art）」と「芸術による教育（Education through art）」を区別し、後者の重要性を主張した。それによって調和した社会の構築を目指すことができるとした。

える諸機能を向上させ、結果的に現れる表現を豊かにし、それに対する肯定的な映し返しが子どもの効力感や有能感を高め、自分らしく表現できる心を育みます。表現の過程を視覚的に共有し、その結果をあとからでも共感し合うことができるのが、目に見える形が残る造形表現特有の教育的効果です。

このように、造形的な表現は、自分の手を使って身体と心を育て、個の確立を助けるだけでなく、その過程や結果が自分と周囲の世界をつなぎ、かかわりを深め、生きる力の礎をたしかなものにします。リードは、芸術を教育の基礎においた創造性の育成や人間形成を唱え世界に広めましたが、その後、多くの研究者や実践家が芸術による教育の意義を明らかにしています。

図工教師として長年の実践経験をもち、造形活動が教育全般を豊かにすることを示したリビーは、造形的な表現活動の意義を『なぜ造形的な表現活動は大切なのでしょうか』と題して16項目に整理しています[3]。

造形的な表現活動は、

① 子どもの認知的・社会的・情緒的・知性的・創造的な領域の全面的な発達を促進します。
② 言語的・非言語的表現を共に豊かにします。
③ 意欲と自己コントロールの力を増大させます。
④ 肯定的な自己イメージを与えます。
⑤ 個人的な洞察や感情を表現することを許容します。
⑥ 集中力の育成を促進します。
⑦ 運動技能の巧緻性の向上を促進します。
⑧ 問題解決能力を駆使します。
⑨ 歴史的認識や多文化理解の機会を提供します。
⑩ 子どもたちが価値を創造するのを助けます。
⑪ ものごと（状態）をいきいきさせます。
⑫ 夢と現実をつなぎます。
⑬ コミュニケーションを励まします。
⑭ 自己表現のニーズを満たします。
⑮ 達成感を与えます。
⑯ 子どもたちに興味を抱かせるものです。

3）Wendy Libby 『*Enriching The Curriculum with Art Experiences*』 DELMAR 2002, xiii

● 自己肯定感

自分には意味があるのだという感覚。優越感による自信ではなく、"自分が自分であって大丈夫" という自信。

● シルマッハー（R. Schirrmacher）

造形活動の意義を子どもの発達と関連づけ心理学の知見と結びつけながら論じている。Robert Schirrmacher 『*Art and Creative Development for Young Children*』 DELMAR , 2001

これらは、造形表現活動の教育効果として見られた子どもたちの姿の積み重ねからつむぎ出された言葉で、「実践知」の重なり合いから抽出された教育理論です。

また、「すべての子どもはユニークでかけがえのない存在だからその造形作品も同様にひとつとして同じものはありません。アートには優劣はなく多様性があるだけで、それぞれの作品をつくり出す取り組みに価値があると伝えることが大切です。自己肯定感を構築することが彼らの技能も高めることになるのです。」[3] と述べ、アートがすべての子どもに肯定的な自己イメージを与え得るものであることを強調しています。

さらに、シルマッハーは、造形的な活動が世界の理解を助け、子どもの全体的な発達に結びつくことを、「身体（筋肉・目と手の協応・健康）」「社会性（自己・人間関係）」「感情（自己概念・感情表出・個性・自己制御）」「認知（思考・問題解決・言語・学び）」「創造性（独創性・想像性・言語と言語外表現）」の5つに分けていかに関与するかを論じ、その発達が相互に関連し合うと述べています。また、創造性に深く関与していることを強調しています。遊びのなか

で見られる「1つの木片が電車にも飛行機にもお城にもなり、マントを着ることで社長にも女王にもパイロットにもなることができる」という子どもの創造的な表現と同様に、絵具やペンや粘土や紙によって内的なイメージに形を与える活動は創造的思考を必要とし、とくに感性や創造性を司る右脳を使うとしています。また、そのためにも子どもたちにはオープンエンドで拡散的な思考を保障する必要があり、活動過程と結果において、流動性・柔軟性・独創性・巧緻性を発揮するのを援助すべきであると述べています。創造的な思考を促すことは、子どもたちの日々の問題解決を助けるだけでなく、将来社会のなかで生きていくうえで出会うであろうさまざまな課題を克服するのに役立ち、創造性こそが21世紀を生き延びる鍵となるという主張には説得力があります。

このような意義をもつ造形表現は、保育における現代的な課題に対しても有益な教育効果をもつと考えられます。

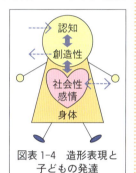

図表1-4 造形表現と子どもの発達

● **創造性**
　マズロー（A.H. Maslow）は創造性を「特別な才能の創造性」と「自己実現の創造性」に分け、後者を「誰もが持つその人にとっての新しい価値の創造」と位置づけた。教育において育成すべきものは後者である。自分らしい自分の創出には創造的な表現の場の保証が必要であろう。（A.H.マズロー／小口忠彦監訳『人間性の心理学』産業能率短期大学出版部、1971）

● **拡散的思考**
　ギルフォード（J.P.Guilford）は知性には、与えられたものから決まったものを効率よくつくり出す「集中的思考」と、新しい考えを導き出す「拡散的思考」があり、後者が創造的な思考に必要であるとした。

3. 遊びと造形表現

子どもの現状からその意義を考えてみましょう。子どもは「遊び」を通して身体感覚を豊かにし、人やものやこと（事象）とのつながりを深めながら自己の世界を拡大し、自ら発達していく存在です。また、さまざまな不安や攻撃性も自由な遊びのなかで発散し、心の安定を得ています。

遊びのなかでの挑戦は発達の原動力になっています。幼児期の子どもは、本来好奇心に満ち冒険や挑戦が大好きで、新規なもの・達成感が得られるものに対して意欲をもちます。遊びのなかでは探索や試行錯誤が自由にできるので、評価や結果にとらわれずにさまざまなことにチャレンジすることができ、心身の発達が促されます。

ところが今、子どもたちの遊びは、少子化・育児環境の悪化などの要因で多くの制約を受けています。危険やトラブルの回避によって子どもだけで自由に遊ぶ機会が奪われ、挑戦の場はゲームやスポーツや早期教育の世界という大人社会の枠内に置かれています。そのような状況のなかで、造形的な表現活動が、自発的で制約のない遊びのような経験のチャンスを数多く含んでいることが注目されます。

子どもにとって造形は一種の冒険です。ものに触発されて湧くイメージ

子どもはスリルのある遊び方を創出する

1章　造形表現の意義　13

● 挑戦

ヴィゴツキー（Vygotsky）は、子どもがむずかしい課題に挑戦するときにより多くひとりごとを用いることから、ひとりごとが他者ではなく自己とのコミュニケーションのために用いられ、自己制御や思考を導くという推察を行った。ひとりごとの使用は、遊びや造形活動のなかで頻繁に見られるが、その活動や課題の難易度が発達を促す適切なレベルにあることを示すと考えられる。

● 芸術療法

心理的問題をもつ人に心の健康を回復させる手段として、絵画・粘土などの造形や音楽・舞踊などの表現活動を用いるもの。描画療法は、絵を描くことが心の統合という治癒力をもち、感情を発散でき、自己洞察のきっかけになり、多くの情報を共有できることから回復を促進するが、絵に抵抗がある場合は配慮する。玩具を配置する箱庭療法も広く用いられる。心理診断の材料になるだけでなくつくる過程に治療的な働きがある（中谷洋平・藤本浩一編『美と造形の心理学』北大路書房、1933）。

● 子どもの自信

日本の中高生が自信がもてない状況の改善のためにも、幼児期から工夫や創造、発見の経験によって自尊感情や有能感を育成する必要があるという。自信を育てる観点は、平成10年施行の幼稚園教育要領の改訂に反映され、表現も結果より過程の重視が明示された（無藤隆『ここが変わった！幼稚園教育要領・保育所保育指針ガイドブック』フレーベル館、2008、p.25）。

は、挑戦を引き出します。ものが相手ですから破壊や失敗を恐れず試行錯誤ができ、くり返し自分の力を試すことができます。自発的にはじめたことで生じる抵抗は自分で克服し、やり遂げた達成感を味わい、具体的な成果を手にします。"こうしたらこうなる"という実体験から想像力とコントロールする力を獲得し、予想どおりの結果でないことがあらたな挑戦を促します。そして、子どもたちは遊び同様の"共に生きている実感と喜び""仲間のなかでの自己主張と情動体験"と"達成感"を得ることができます。

造形的な表現は発達に有用なだけではありません。ものを使って自由に表現することは心を開放します。そもそも造形的な表現活動は、まだ文明化されていないころの人間の原初的な体験に近いものです。自分の手でものに働きかけて痕跡を残すことは、心の自然を取り戻す行為なのかもしれません。

自己の回復を目指すカウンセリングでも、箱庭療法などの造形的な要素を含む表現や描画やコラージュなどの芸術療法が用いられます。ものを用いて自分と対話し自己を表現することは、人の心を癒し元気にしてくれます。

子どももさまざまなストレスにさらされています。保育の場での造形表現は作品づくりだけを目的としているわけではありません。心の開放と安定につながる取り組みそのものに価値があり、健やかな発達を支えることにつながっているのです。心のままに表現し、多様性が肯定される造形表現を介してつくられる人と人、人と場の関係性そのものに意味があるのです。

本章では、造形表現の豊かさは、子ども自身の体験や心の豊かさの表れであり、表現の結果以上に、その過程や源を支え育てることが大切であることを確認しました。また、造形表現を幅広くとらえて、援助することが、健やかな"全体的な発達"に寄与することがわかりました。造形表現には、遊びと同様に、"発達を支える側面"と"心を支える側面"があります。そして、自分の手と五感を使うことによって得られる自己と大人や仲間に受け止められる関係性から得られる自己を共にたしかなものにするのが造形表現の意義の特徴であると考えられます。そして、形が残るという特性は、自信を深める可能性と失わせる危険性の両面をもつことに留意し、優劣を問わず多様性を肯定することによって自信を育み子どもたちの可能性をひらくことが造形表現活動の意義であることを確認しましょう。

👣 保育を観察（またはVTR視聴）して以下の課題をやってみよう！

① 表現の読み取り：一定時間、1人の子どものものにかかわる行為を表の左半分に書き出し、終了後に右半分にその子どもの思いを読み取り、記入する。

② 表出と表現の記録：子どものひとり遊び場面を観察し、行為やひとりごとを記録し、他者に伝わるようにする必要があるか、あればどのようなかかわりが望ましいかを考察する。可能であれば、観察者自身が場を共有し、行為に同調しながらかかわり、表現を促し、表出が伝わる場面を記録する。

③ 意義の理解：16項目の「造形的な表現活動の意義」、またはその一部を表にして記録用紙とし、該当する観察事例を探して記入する。造形表現活動を観察し、「身体・社会性・感情・認知・創造性」の5側面の発達に寄与しているかをチェックする。

2章 表現を育む人になる

　美しい夕暮れ空に出会ったとき、私たちは心に広がる想いを表したいという気持ちになります。もしそばにいる人が、自分を受け止めてくれる人であれば「きれいだね」と思わずつぶやき、「ほんとうだね」という言葉に心が満たされるでしょう。もしそばにいる人に心をひらくことができなければ、その想いは「表現」にならないままです。

　子どもたちの豊かな表現を育む人は、「きれいだね」と伝えたくなるような人です。私たちはまず、心豊かな「受け手」として子どもたちのそばにいなければなりません。そしてときには言葉にならない感情やイメージを読み取り表現することで、子どもの表現の育ちを支えます。このように、子どもの傍らにいる大人は、安心して表せる「受け手」であるだけでなく、表現の「読み手」「表し手」としての感性もみがかなければなりません。私たちがまず学ばなければならないのは、表現の技法ではなく、表現を引き出し、尊重し、共感し、その楽しさを共有できる心と身体の在り方です。

　そのためには、表現に対するためらいや構えを克服することが第一歩です。自分の気持ちを率直にむりなく表現しつつ他者の表現も受け入れるという態度は保育者の専門性の一つです。本章では、その具体的な手がかりとなるワークショップや授業実践を紹介します。こうした取り組みは、領域や授業科目を超えて広く行われています。造形表現だけでなく多様な専門分野の先生方の取り組みも紹介しますので、「表現」について再考する機会にしてください。

　子どもたちの表現の誕生に立ち会い、育む人になるために、まず、心をひらき、表現することからはじめましょう。そして、表現を楽しみながら「子ども心」を目覚めさせ、互いに受け止め合いましょう。

● ワークショップ
　集団の力を発揮する方法であり、個人の潜在能力が発揮され、他者と共に新しい価値を生み出していく場となる。身体性・協働性・創造性・共有性を特徴とし、過程が重視され、創造的社会を形成する道具としての活用が期待される。木下勇『ワークショップ』（学芸出版社、2007）を参照のこと。

1. 自分を感じる ― 身体感覚を豊かにする

● 身体感覚
　身体内部からの感覚。自己存在感を形成する源となり、表現活動の基盤となる。言葉を豊かに育む土壌にもなる。その重要性を主張する書籍は多い。たとえば斉藤孝『身体感覚を取り戻す―腰・ハラ文化の再生』(NHKブックス、2000)を、参考にしてほしい。

　乳幼児期の子どもが遊ぶ姿は、全身で周囲の世界にかかわり、その身体感覚を豊かにしている姿でもあります。私たち大人は、言語や視覚による情報伝達に依存して生活していますが、その質と豊かさを支えているのは、身につけた身体感覚や情動の体験です。

砂の手触りと砂がかかる自分の感覚を味わう

　飽きることなく水遊びを楽しむ子どもたちは、エネルギーの発散だけでなく、水の冷たさや抵抗感、心地よさと怖さを皮膚や呼吸器や身体全体で味わっています。そうした体験があるからこそ、水の映像を見たときや水という言葉に出会ったときにも、自分自身と結びついたものとしてそのイメージを豊かに広げることができるのです。

　とくに「地水火風」に対する感覚を鋭敏にすることは豊かな五感を育てるのに有効だといわれています。泥遊びや砂遊び・水を使った遊び・火を使うこと・風に吹かれること、そうした経験が日々の生活のなかで、なかなかできない現状を考えると、保育のなかにいかに取り入れるかを考える必要があるのではないでしょうか。

● 五感
　「五感」については、斉藤孝・山下柚実『「五感力」を育てる』(中公新書クラレ、2002)が参考になる。

　また、触覚はあらゆる感覚の基盤になっていると考えられています。幼少期にスキンシップなどの皮膚感覚への刺激が不足していると、後にさまざまな問題が生じることが指摘されています。触覚は、視覚や聴覚とは異なり、手や指を自ら動かすことによってはじめて生み出される感覚です。能動的な探索者である子どもたちは、大人より多くのことを触覚から得ています。とくに、対象の手ざわりを感じ取ると同時に触っている感覚を味わうという「触れ─触れられる」という相互性が身体感覚を豊かに育みます。

● スキンシップ
　山口創『子どもの「脳」は肌にある』(光文社新書、2004)では、優先的に育てる順番は「体」「心」「頭」の順であり、スキンシップが脳を育むと主張している。

　子どもたちが大好きなこと、床に寝転がる・狭い場所に入る・カーテンなどに隠れる・指をしゃぶる……そうした行為は、身体感覚を通して自分自身をたしかめ心の安定をはかるという側面があるのかもしれません。

　私たちも、今一度、自分やものや人、環境に直接かかわり、五感を通して新しく結びつく経験をしてみましょう。そのとき感じる驚きや喜びは、子どもたちが遊びを通して獲得しているものを知る手がかりになるはずです。

（1）自分の跡をつける ──写す自分と映った自分

表現の原点は、今、ここに生きている跡をつけたいという衝動ではないでしょうか。写し、映った自分を五感で感じることによって、よりたしかな自分を感じることができるでしょう。

① フィンガーペインティングを楽しもう！

- フィンガーペイント（指絵具）は市販のものもあるが、洗濯のりにポスターカラーを混ぜると簡単につくることができる。洗濯のり容器にチューブ絵具を入れてよく混ぜるとそのまま使用できる。
- 机はのびのびとできるように広くして全体をビニールシートで覆う。70リットル、90リットル等のビニール袋を切り開いて代用することもできる。シート上で直接行ってもよい。グループで行うほうが楽しい。紙の場合は"ロール模造紙"を使用するとより広い面積で楽しむことができる。
- 自由に楽しんだあと、「平泳ぎしよう！」「おとなりと握手をしよう！」「鼻の頭を指さそう！」など、活動を楽しむ展開を工夫する。
- 気に入った画面ができたら、紙（上質紙等）を静かにかぶせて写し取り、乾かす。
- 土粘土の粉でも楽しめる。乾燥させる場をあらかじめ用意しておこう。木工用接着剤を少し混ぜると泥絵をそのまま残すこともできる。

⚠ 口に入れる心配がある年齢や皮膚が弱い子どもが対象の場合は、安全性に配慮して小麦粉と水（1：4くらい）を煮て指絵具をつくって使用する。電子レンジを利用すると手軽にできる。着色は食紅で行う。

⚠ 土粘土の粉は彫塑用粘土の専門店で扱っている。この活動のあと、土粘土づくりに移行するとむだがない。土粘土で購入するより軽量で安価である。

指で描く絵を何度も消して楽しんでから紙に写し取った作品。残るのは"感触"だけでもよい

② 指と手だけを使って描こう！

- トレー＋スポンジ（雑巾）＋溶いた絵具でスタンプ台をつくる。グループでの設定が望ましい。乾燥させる場をあらかじめ用意しておくこと。
- 指スタンプでの点描からはじめ、次第に手を使うという展開がスムーズである。
- 探究心と好みによっては足型→ボディペインティングへの発展も可能。
- ものを使った場合との違いを考察しよう。
- 感じたこと、気づいたことを記録しておこう。

5歳児が手だけで描いた作品

子どもたちはものを使ったスタンプ遊びを楽しむうちに自然に手を使いはじめる

2章 表現を育む人になる　17

> 手形遊びには定番のものがある。手を広げてカニ、握った手の小指側の側面をスタンプして足の裏を表現するなど。きっかけづくりになる。

③ 自分の形から……

- 手形をスタンプするか画面上に手を置いてクレヨンなどで型取りをする。イメージを広げて加筆する。線を重ねたり手のポーズや色を変えると思いがけない表現が生まれる。

手形からのイメージ表現

- 全身（たとえば体の輪郭など）を写し取るとさらにイメージが広がる。

子どもの足による動きの跡

指で描いた梅雨のイメージの表現（学生作品）

1) 市川浩『精神としての身体』講談社学術文庫、1992、p.89

● 『精神としての身体』
多くの宗教で祈るときに手を合わせるのはなぜかにも言及している。現代文明のなかで自然的存在としての人間には根源的に自然との直接的接触の回復欲求があることを指摘し、直接ものに触れる労働が減ったことによる自己を確認する満足感の欠如や間接的経験の肥大化に懸念を表明している。

（2）感じる自分を感じる

触れることは触れられることでもあります。子どもたちは、包まれることや寝ることなどによって広くものに触れ、触れられることを好みます。「さわるものとさわられるものとの同一性の直感」[1]による融合を感じてみましょう。

① 大きなシートで遊ぼう！

- 野外でシートを広げて全員で端を持ち、シートを上下させてみよう。シートを一斉に投げ上げ下に潜る、シートを持って動く、真中に集まってから一斉に開くなど、さまざまな活動を楽しむ。

使用前の池づくり用シートで遊ぶ

- 園で使用しているパラシュート布製のレクリエーション用具（パラバルーン）を借りて体験してみるのもよい。
- シートで遊具を包むといつもと違った立体が出現する。

2) 山中寛・富永良喜『動作とイメージによるストレスマネジメント教育』北大路書房、2000、p.67

② 寝そべってみよう！

- 肩は心の活動が反映しやすいので、肩のプログラムを行う[2]。イスに座り両肩を耳につけるようにゆっくり上げ、肩以外の力が抜けているのを確認してからストーンと力を抜く。これをくり返し"肩の感じ"を感じる。
- ペアになり後ろに立った人が肩にそっと手を触れ同じ動作をする。どのよ

うな感じか話をする。
- 床にマットを敷いて寝転がってみる。気持ちのよい季節に野外で行ってもよい。足首のゆるめ（屈伸）を行う。そのときの感じを振り返ろう。

> 「ストレスマネジメント教育」はストレスに対する自己コントロール能力を育成する教育援助の理論と実践。健康教育の一環として行われる。スウェーデンでは、リラクゼーション技法が授業に積極的に取り入れられている。躊躇なく寝そべることができる子どもたちは自分なりのリラックス方法を知っているのかもしれない。表現とストレスについても考察してみよう！

(3) 感じ合うことから

　場を共有することから同調が生まれ、感じ合うことから伝え合いが生まれます。身体による表現、言語を用いないコミュニケーションの世界を感じてみましょう。子どもたちの理解には言語外の表現理解が欠かせません。

① 箱に入ってみよう！

- 身近に入手できる大きさと家電などの大きなダンボールを用意する。入れる箱を探そう。大きな箱は何人が入れるかを試みる。
- 中に入ってふたを閉め、声を出す、ゆするなど、さまざまな遊びを考え、そのときにどのような感じがするか、いっしょに入った人との距離感の変化などを感じる。
- 箱に入ったイメージから製作に発展することも可能。

子どもたちは箱に入るのが大好き

② 手で語る──高橋うらら先生の授業紹介

- 言語以外の伝達手段であるノンバーバルコミュニケーションを豊かにする授業の導入として取り組むペアワーク。身体全体による表現に対する抵抗に配慮し、まずは、手だけの表現に挑戦。
- 指1本の動きにいろんな気持ちを込めて、横に振ったり、曲げたり、回してみる。パートナーがその動きに込められた表現を読み取る。交互に行う。
- 次に両手を使い、「握る、開く」のバリエーション。勢いよくグーパーしてみたり、やさしく握り、指1本ずつ開いたり……、など、いろいろな動きを出してさまざまな角度から見せ合い、互いに動きや手の表情を読み取る。一番気に入った動きを中心にして協力してストーリーをつくり発表する。『花火』『お花』『蝶々』などの具体的なものでも、『愛』『哀しみ』等の抽象的なものでもよい。

奏でる

私の宝物

テレパシー伝わった

2. 感性をみがく ― 環境とのかかわりを深める

3）片岡徳雄『子どもの感性を育む』NHKブックス、1990、p.74

感性は「価値あるものに気づく感覚」[3]です。感性は一般には刺激に対する感受性という受動的なものと考えられがちですが、保育のなかで育てようとしている感性は、単なる感覚ではなく、主体者が自ら気づく能動的なものと考えるのが適切でしょう。保育者自身が豊かな感性をもち、多様な価値に気づき、美しさに対する鋭敏な感覚をみがくことが望まれます。

幼児期にどうしても触れてほしいものに自然の美しさがあります。周囲に豊かな自然があるかないかにかかわらず、大地と海と空からの恩恵によって成り立っている人間の生活は自然の営みの一部です。地球環境を身近なもの、守るべきものと感じる人を育てるためにも、私たち自身が日々の生活のなかに自然を感じ、その美しさや不思議に目をみはる感性を育み、遊びのなかでそれを共有したいものです。

● レイチェル・カーソン（R. L. Carson）
レイチェル・カーソン『センス・オブ・ワンダー』（佑学社、1991）は、子どもと接するすべての大人に読んでほしい。

環境汚染の恐ろしさを世界に警告した科学者でもあったレイチェル・カーソンは、自然の美や神秘に驚嘆する感性を幼いころから育むことの重要性を訴え、"「知る」ことは「感じる」ことの半分も重要ではない"と述べています。自然は複雑で絶えず静かに変化し、同じ姿を見せることはありません。聞き取ろうとしなければ語りかけてこない自然は、まさに子どもたちの感性を育むのにふさわしい環境です。

ここでは、環境とのかかわりを深めるヒントとなる活動を紹介します。

（1）感覚の畑を耕す

大人は視覚から色や形をとらえますが、子どもたちは触れることから多くの情報を得ています。環境のなかにある質感や見過ごしている形を視覚化することで、感覚をいきいきと目覚めさせましょう。

① フロッタージュ・ツアー

- 机の上のものを見ないで触わり、それぞれの質感を感じる。その触感を視覚的に表す技法がフロッタージュ（こすり出し）である。
- 上質紙や折り紙など薄い紙と色鉛筆やクレヨンで室内にあるものの質感を写し取る。
- 野外に出てさまざまなものに手で触れ、質感をたしかめてからフロッタージュをする。落

凸凹を探す

色を変えるときれい

ち葉は事前に収集し押し葉にしておくとよい。
・触れるだけで画面を想像する。

② フロッタージュのコラージュ

・フロッタージュを行った紙をはり絵の材料として用いる。
・収集した模様から想像して「不思議の星の不思議星人」(右写真)「恐竜の化石」「おしゃれな家」「いろいろな花たち」などそれぞれにテーマを決めて表現する。
・丸シールで画面を引き締めよう。

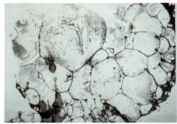

> 質感のある紙をつくり、コラージュの材料にして楽しい画面をつくる絵本作家にエリック・カールがいる。作品をよく見てみよう。この技法は代表作である『はらぺこあおむし』の魅力の一つにもなっている。

③ カラーシャボン玉

・クリアーカップにシャボン玉液を入れ、カラーインクか墨汁、溶いた絵具を入れ、ストローで混ぜたあと、吹いて泡立てる。泡を障子紙等で写し取る。
・カラーシャボン玉を飛ばす。落ちるところを紙で受け止める。周囲に色がつくので場所に配慮が必要。
・乾いたら拡大コピーをして色をぬる、見立てて切り抜くなどによって形の美しさや不思議さを感じ取る。

拡大コピーしたもの

切り抜きから生まれた動物たち

(2) 価値に気づく

　いつもは見向きもしないものや通り過ぎてしまうものに立ち止まり、向き合い、あらたな価値を見いだしてみませんか。子どもたちが生まれてはじめて出会い感じる気持ちに一歩近づくことができるのではないでしょうか。

① 自然発見ビンゴ

・折り紙を小さな正方形に切り、好きな色を16枚集め、ビンゴカードになるようにはる。16マスをつくって色をぬってもよい。野外に出て同じ色の花や葉などが見つかったらチェックする。ビンゴを競ってもよいし、見つけたものを折り紙の上に描いて楽しんでもよい。
・同様に16マスを埋めるものを「形」「手触り」「におい」等考えて遊ぶ。
・森や水辺などの場合は事前に生息する生き物や生態を調べてカードをつくると感性だけでなく自然についての学びも豊かになる。

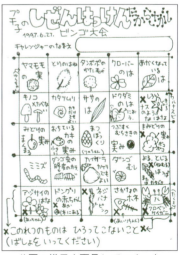

公園の様子を下見してつくったカードの例 (25マスの例)

> 中山康夫・宮下健一『ビンゴで野あそび』(萌文社、2007) にはさまざまな具体例が示されている。

2章　表現を育む人になる　21

② 落ち葉との出会いから──牧野由理先生の授業紹介

落ち葉のグラデーション

ルーペで見て描く

- 紅葉の美しい季節に、20枚の落ち葉を採集して授業に臨む。
- 手で触れて感触やにおいを感じる。フロッタージュで凹凸を写し取る。
- 葉の形や色から、大きさ順や色のグラデーションなど、さまざまな並べ方を試みる。
- ルーペを使って葉の表情を詳しく見る。見ながら気づいたことを絵に描く。
- 描画の再現性でなく、採集時や観察時における出会いや気づきを大切にし、時間の経過による自然の変化を感じ取る。
- 日ごろ見過ごしがちな雑草を根から採取して「雑草に出会う」授業に取り組むこともさまざまな気づきを生む（季節を問わない）。

3. 心をひらく──ありのままである自由感

4）花篤實・山田直行・岡一夫編『幼児教育法「表現」理論編』三晃書房、1990、p.70

　乳幼児期の造形活動には、「マイナスの造形：ものをいじり、こわす─破壊の造形」と「プラスの造形：ものをくみ立ててつくる─構成の造形」がある[4]と考えることができます。一見マイナスに見える破壊行為は、ものの探索と心の開放の姿でもあり、プラスに移行し得る行為でもあります。頭ごなしに制止するのではなく、子どもの意図や思いに耳を傾ける"子ども理解の機会"ととらえることもできるでしょう。また、破壊行為によって心を表すことができればかならず相互作用が生まれ、変化の手がかりが得られます。心をひらくことができない子ども、言われたことはやるが固い印象を受ける子どもたちも援助を必要としています。

　そうした援助ができる保育者であるためにも、自分自身が心を開放し、発散する心地よさやそこから得られるエネルギーを感じ、心をひらく意味を知っていることが大切です。心身を開放するには、自己を表現しようと意気込むより、ものや環境が促す力に身を任せるような気持ちではじめるのがよいでしょう。ものとの出会いからどのような行為が促されるのかを感じることからはじめましょう。価値を発見し表現しそれに共感し合うことが互いの

子どもはものに"アフォード"される

心の隔たりを溶かしていくのを感じることができるでしょう。

また、そうした感覚や知覚の理論（アフォーダンス）を知ることは、子どもの環境やものへのかかわりや心の動き、必要な環境を理解する手がかりにもなります。何かをつくるためではなく、自由にものにかかわり、感じるままに表してみましょう。

● アフォーダンス
　環境が人（動物）に提供する価値。知覚する者にとって価値ある情報（佐々木正人『アフォーダンス―新しい認知の理論』岩波書店、1994）。環境には意味や情報が埋め込まれており、人はそれを受け止め、取り出すという考え方。イスは座ることをアフォードするというように考える。

（1）心のままに表そう

子どもたちが常識にとらわれず探索的にものにかかわっていく姿勢や思い切り心を開放する姿は、いきいきと輝いています。そこで得られるエネルギーや自由を体験してみましょう。

① 新聞紙で遊ぼう！——鮫島良一先生の授業紹介

- はじめての授業時に心身をほぐし柔らかくするために行う授業なので、遊びの方向性だけを決め、できるだけ学生との呼吸で展開する。
- 広い空間を確保し円形になる。見開き1枚の新聞紙を手に持ち、「かくれんぼ！」の一言で身体を縮め新聞紙の陰に隠れる。隠れるのを楽しんだあと立ち上がり、そのときの音によるイメージ（雨など）からさまざまな音の出し方のアイデアを出す。
- 「紙は、折り曲げることができる」と告げて折り進め「子どもたちなら、ノートになったとかいろんな発想が飛び出すんだけど」と発想を促す。
- 折目によって柔らかくなったのをたしかめ、丸めてキャッチボールなどで遊んだあと、アイロンがけをして再び紙をのばし、最初のように揺らして違いを感じる。揺らしてみると体も柔らかくなって新聞紙の揺れと一体となるのを感じ、再びしわのない状態の新聞を揺らして見せ、そのとき感じたことを想起させ、"ものが変わると自分も変わる"ことを理解する。
- 新聞を玉に戻してどんどん包んで大きくし、空間内に順に新聞紙玉を置いていき、"触"から"視覚"の活動へ移行する。置く位置によって空間や緊張感が変わることを感じ取り、子どもたちが泥団子を砂場の縁に並べ、積木を構成する行為の意味を理解する。
- 新聞玉をのばして床一面に広げ、そのうえに寝そべったり、歩き回ったりして遊ぶ。新聞紙をかぶる行為からファッションショーへと展開する。

新聞紙に隠れる子どもたち（上）と学生たち（下）

　造形活動は、ものを変化させ何かをつくることだと考えがち。子どもの活動は、ものに触れて遊んで作品としては残らないことが多い。ものに触れて変えていく過程で、たくさんの発想が生まれ、ものにつられて自分の気持ちも変わっていくことを感じることに意味がある！

　身体からものを離すと触覚から視覚の働きが強まる。触―視の関連、触ることによって見ることをたしかめる行為が造形の土台になる。また、形を残したいという気持ちに応じるには手から離れても形をとどめている必要がある。どろんこと粘土、水遊びと絵具遊びの違いを理解しよう。触覚に結びつく素材の「柔らかさ（硬さ）」に関心をもとう。

2章　表現を育む人になる　23

- 友達と引っ張りっこすることから新聞紙破りへと展開し、小さくちぎって教室の中央に集まり天井に放り投げる、新聞の海で泳ぐなどして遊ぶ。
- ビニール袋を見せ、このなかに新聞をたくさん詰めてボールにするよう促し、50cmくらいのひもを渡して、ボールの口にしばると、片づけも楽しい遊びになる。
- きっかけを与え、生まれた発見や発想を拾い上げ分かち合うことが表現する意欲につながること、表現を遊ぶ感性を培う大切さを理解する。

② 新聞紙に描く！

- 画用紙ではなく、新聞紙を用いることで、作品づくりや評価と無縁であることを理解する。
- 新聞紙に絵具で自由に着彩を行う。写真部分にいたずらがき、線で区切る、記事ごとにぬり分けるなどの行為から徐々に全身を使って自由にぬるようにする。
- 発散や心の開放によって生じる気持ちなどを感じ取り、活動後に記録しよう。机・床・壁などの描く場所や姿勢、個人とグループではどう違うかを感じよう。

新聞紙が見えなくなるまで描こう

③ ローラーで遊ぶ

- シートを敷いた床の上にグループごとに版画用具セットを使い、自由にローラーで跡をつけて遊ぶ。絵具は版画や共同製作時の最後に残りの絵具を使うとはじめやすい。紙は模造紙のロールを長く使うとおもしろいが、新聞紙や包装紙などの再利用でよい。
- ローラーに巻き込んで写して楽しいもの（葉っぱ・切り紙・糸など）を考えて用意する。
- 遊んだ経験をもとに、布とアクリル絵具を使ってテーブルクロスなどをつくることもできる。
- 版画絵具とカラー厚紙でローラー遊びを行うとスクラッチも楽しめる。

形のくり返しからリズム感のある画面が生まれる

ホイル厚紙を使って削ると光る！

（2）色に遊ぶ

　色彩は心に作用します。色に動かされる気持ちを感じてみましょう。子どもたちは、色に触れてどんなふうに感じているのか、色水や絵具で遊ぶのが好きなのはどうしてなのか、体験から感じ取ってみましょう。

① クレヨンのらくがきから

- 好きな色のクレヨンを選ぼう。
- 大きな紙を用意し、さまざまなイメージで線を描く。交差や形が生まれるのを楽しむ。できた画面から自由にイメージを広げて加筆する。
- 絵具を溶いて上からぬるとはじき絵を楽しむことができる。クレヨンの線がより鮮やかに見える場合と目立たなくなる場合を感じる。
- 小さなクレヨンを横にして太い線を描くと重なりが楽しめる。
- 黒を重ねてスクラッチ画に発展可能。
- 好きな色がそれぞれ違うことを理解し合い、きれいと感じる部分を伝え合うなどして活動を深めよう。

らくがきとはじき絵の楽しさと色の見え方の変化を味わおう

色の交差点

黒を重ねてスクラッチ

② にじみ絵──色の体験

- スポンジに水を吸わせ、画用紙の両面をなでて十分にしみこませ、机か画板の上にぴったりと張る。赤・青・黄色を水で溶いておく。
- 好きな色を選び、色を置くようにしてにじませて広げ、色をじっくり味わう。筆を洗い、その色がよんでいる色を感じ取り、その横に好きなようににじませてみる。
- 2つの色が引き合い混ざりたがっていると感じたら重ねて混色し、混ざりたがっていないと感じたら第3の色を横ににじませてみる。引き合っていると感じられるところは重ねて混色し、色の誕生を楽しむ。
- なりたがっていると感じるままに色を広げて画面いっぱいにし、自然に形つくられる色の動きに任せながら徐々に形をはっきりさせていってもよい。
- 乾くまでそのままにしておく。

● にじみ絵

ここでは、シュタイナー教育（3章1節参照）のなかで行われている水彩画のやり方を取り上げた。具体物を描かないことが内面の表出と心の開放を促す。色彩の心理的な効果を感じ取ろう（河津雄介『シュタイナー学校の教師教育』学事出版、1988）。

> **COLUMN　色彩のイメージと心理効果**
>
> 　色彩の効果については、実際に生理的な反応が生じることが知られている。色彩心理学については、さまざまな書籍が発行されている（たとえば、山脇惠子『よくわかる色彩心理（図解雑学）』ナツメ社、2005）。
> 　一般的には、赤は人を興奮させ、青は逆に鎮静作用がある。また、色のイメージは、年齢差・文化差がみられる色もあるが、ある程度共通している。赤は炎のイメージから暖色であるが、血の連想から攻撃的な怒りの色でもある。青は寒色であり、空や水の連想からさわやかなイメージである。黄色は、軽やかで楽しいが落ち着きのなさ、幼さを感じさせる。緑は自然を連想するので安らぎ落ちついたイメージである。紫は赤と青の両方のイメージを含んでいて心理的に不安定な色と考えられているが高貴な色でもある。黒は闇の色であり、死のイメージと強さを感じさせる。白は清潔で純粋なイメージであるが弱い印象がある。また、色のトーン（調子）にもイメージがある。ピンクや水色やクリーム色など白を含む明るいトーンは「パステルカラー」とよばれ、やさしく柔らかいイメージがあり子ども用品に多く用いられている。このように色やトーンの特性を理解して保育時の服装や環境の色の選択にいかしてほしい。

2章　表現を育む人になる

4. 受け入れる — 自分そして仲間を

● 共感的他者

子どもの発達には共感的他者が必要である。佐伯胖『共感―育ち合う保育のなかで』（ミネルヴァ書房、2007）では、自己投入によって知る「共感的知性」の重要性が示されている。

● エンカウンター

人間関係づくりのために行う本音を表現し合い、それを互いに認め合う体験。学校現場でのさまざまなエクササイズが紹介されている。たとえば、國分康孝監修『エンカウンターで学校を創る』（図書文化、2001）が参考になる。

● カウンセリング

広義には、心理的成長に対する援助と心理的問題の治療による援助の両側面を含む。カウンセラーが純粋で偽りのない姿で、相手を無条件に受容し、共感的理解をすることが相手の変化を引き起こす（保坂亨・中澤潤・大野木裕明『面接法』北大路書房2000）。こうした基本的理論の体験的習得が保育者に求められる。

相手に導かれるままに木に触れる

　子どもは、「私の身になってくれる」共感的他者との関係性のなかで発達します。保育者にとって異なる立場・状況にいる相手の身になって理解する力を高めることは重要な課題です。そのためには、伝える力だけでなく、聴く力を高め、他の人はどんな気持ちか、自分はどう感じているか、関係や雰囲気はどうかをとらえるようになり、敏感すぎる人は不安を取り除き、逆のタイプの人は感受性を高める必要があります。ここでは、そのためのトレーニング方法の一例と互いの表現を理解し合うためのワークショップを紹介します。

　近ごろの子どもたちには、直接的なコミュニケーションの不足や人間関係を円滑に保ちにくいなどの傾向が見られます。そのため学校では、友達と自分らしく表現し合える関係づくりができるように"エンカウンター"の理論にもとづいた集団ゲームを取り入れるなどの試みがなされています。幼児期にはどのようなかかわりが大切なのでしょうか。そして保育者は、子どもたちとだけでなく、保護者や保育者同士との"互いを受容し尊重し合える人間関係づくり"が課題となります。

（1）自己理解と他者理解

　子どもたちのいざこざ場面への援助は、正しく裁くことではありません。自分自身を振り返り、言葉にならない思いを読み取り、互いの気持ちを伝え合って理解し合えるよう双方を支えていく力が必要です。

① ブラインド・ウォーク——中澤潤先生の授業紹介

- 幼児心理学実験の授業の最後にカウンセリング基礎実習として取り組む。まず野外で裸足になり、草や土やコンクリートなどの質や温度の違いなどを感じ、次に2人で手をつないで歩く。目をつぶり、相手に導かれるままに歩き、ものに触れることで自分の感覚に鋭敏になる。導く側は相手の気持ちや不安などを敏感に察し予測して行動する体験となる。その後、目をあけ話をしないで同じものを見る、行きたいところを感じ合う、見つめ合うなどさまざまなかかわりを体験し、最後に全員が幸福なイメージを想起しながら互いに受け入れ合う体験をして終了する。

- 実験で協力し合った関係性をベースとした授業であるが、それらもまた人と人との相互性のなかで行われていたという自覚が生まれる。

② アサーション・トレーニング──柴橋祐子先生の授業紹介

- 「お互いを大切にしながら、それでも率直に、素直にコミュニケーションをとること」[5]である「アサーション」を理解する。ここでは、不快な場面を想定したロールプレイを行う。
- 主役は自分の問題を語り（嫌なニックネームでよばれるのについ返事をしてしまう等）、相談して目標を設定する（「このよび名はやめて」と言う等）。
- 相手役によばれると無抵抗で返事をするふだんの仕方で行動する。参加者は主役に向かって、穏やかに対応したことを肯定的に評価するポジティブ・フィードバックをする。
- 次に側注に示した「アサーティブ」な行動の試みとして「ニックネームでよぶのはかまわないけどこのよび名はやめてほしい」と言う。参加者は伝えることができたことに対してポジティブ・フィードバックをする。くり返し練習したあと、最後に2人は握手し全員が立ち上がって拍手を送る。全員で振り返る。
- 主役、相手役を交代し、異なる事例についてロールプレイを行う。

5) 平木典子『アサーション・トレーニング』金子書房、1993、p. 6

● アサーション・トレーニング

困った注文や不快な場面に出合ったときの対応の仕方として、相手を責めるやり方（攻撃的）、自分の思いを取り下げるやり方（非主張的）、自分の思いを大切にし、かつ相手にも配慮するやり方（アサーティブ）の3通りがある。相手にも自分にももっともストレスを生じさせないコミュニケーションスキルの訓練がアサーション・トレーニングである（平木典子『自分の気持ちをきちんと＜伝える＞技術』PHP研究所、2007）。

● ファシリテーター

「促進する、助長する」を意味する facilitate の派生語で、グループのまとめ役、円滑な進行役のこと。

(2) 表現傾向の違いを知る

　保育者は一人ひとりの子どものよりどころとなる理解者でなければなりません。理解は優越の評価ではありません。自己理解にもそうした評価軸をもち込まないようにするために違いを肯定する体験が必要です。

① リアル派？　空想派？

- 「花」のイメージを描く。どんな花でも、記号のような花でもよい。時間や場を想像し、物語を思い浮かべながら少しずつ画面づくりをしていこう。木炭はぼかすことができるのでイメージの表現に適している（3章 p. 35 参照）。
- 次に花を見て描く。切り花でもよいが外に咲いていれば、スケッチブックと木炭と練りゴムをもって外に出よう。イメージ画を描くときとの身体感覚の違い、自分はどちらが心地よいのかを感じてみよう。
- グループ内で順に2つの作品を紹介し、思いや好みを語ろう。付せんに肯定的なメッセージを書いてステキなほうにはるという鑑賞方法もある。
- 表現のスタイルは多様でよい。絵画史においては、イメージ画は宗教画や

同一学生が描いたイメージ画と写生画

イメージ画のあとに写生用の花と出会う

2章　表現を育む人になる　27

● 表現のスタイル
　　（多様な表現形式）
　村山久美子『視覚芸術の心理学』（誠信書房、1988）には、現代の作家たちも再現力の呪縛からの開放を試みていること、芸術のスタイルの好みは気質や内的欲求に関与すること、などが紹介されている。

地図にその起源があり、今はCGなどによるイラストレーションの世界の主役である。写実画は肖像画において頂点を極めたがカメラの発明によって目的を失いあらたな対象や自己表現という目的を得て今日にいたっている。美術史を調べそれぞれの魅力を考察し、その他の表現様式も試みよう。

- この経験にもとづいてスケッチブックの表紙画に取り組む（3章 p. 32 コラム参照）。

② 表現媒体いろいろ体験

灰色で鼻が長く
耳が大きく…

- テーマを決め、それを何で表したいかによってグループ分けを行う（①動作（身体）②描画（視覚）③立体（空間・触覚）④楽器・声（音）⑤言葉（言語）ある程度、人数のバランスをとるが、なるべく好みに応じた表現媒体が選択できるようにする）。
- グループ内で材料を用意し、相談して発表する。
- 次に異なるテーマを決め、好まない媒体を用いるグループに所属して発表を行う。
- それぞれに表現しやすい媒体があり好みに偏りがあることや、媒体によって表現する意味や効果、特性が異なること、多様な媒体に出会う意味について考察する。

5. 子どもの心に還る ― 今ここに生きているということ

● 幼児期
　岡本夏木『幼児期』（岩波新書、2005）では、大人社会からの圧力によって起きている幼児期の空洞化を憂いている。大人が自己の内にかつての幼児期を内在させて生きていくことが不可欠であるとしている。

　私たち大人は、さまざまな制約や常識にしばられて暮らしています。幼児期の子どもたちは、ときを忘れて遊ぶ空想の翼をもち、遊びのなかで現実を超えていく力を培っています。大人が内なる「子ども心」を目覚めさせることは、子どもの世界のより深い理解につながるのではないでしょうか。時間を忘れて熱中すること、自分たちだけの秘密の場所や宝物をもつこと、そんな「子ども心」を思い出すような活動を体験してみましょう。

❗「遊び論」（カイヨワの遊びの分類、エリスの「最適覚醒理論」、チクセントミハイの「フロー理論」等）は 子どもたちの表現の理解に有効である。調べてみよう。

（1）夢中になる

　子どもたちは遊びに夢中になります。なぜ夢中になるのでしょう。多様な「遊び論」がありますが、ものごとに没入する経験はどのような意味を与えてくれるのかを体験的に感じてみましょう。

① サンドアート

- 砂浜で何かをつくろう！ 砂場ではできないスケールと材料の目新しさ、豊富さが魅力である。みんなで汗を流し、力を合わせる楽しさや充実感を味わうことができる。
- 潮の干満を考え、引き潮のときに水辺に製作し、満ち潮と共に姿を消す作品づくりは、自然の不思議を感じる活動にもなる。漂着物だけの使用がポイントになる。
- ビーチコーミングのあとに、漂着物のアートを楽しむこともできる。

浜辺のトトロ

海の笑顔

● ビーチコーミング
　浜辺で漂着物を拾い、観察や散策をすること。

② 並べるアート

- 石を並べて絵を描く。集める活動、並べる活動に集中しよう。その時間を振り返ろう。
- グループでドミノゲームに取り組む。子ども用の積木などを用いる。没頭することや失敗や成功によって感じるものを意識する。
- ペットボトルのキャップに色シールをはって点描画をかく、割り箸に着彩し並べて画面をつくるなどにも取り組んでみよう。

③ 粘土と遊ぶ——「横浜美術館　子どものアトリエ」のプログラムから

- 素足になり床一面にシートを敷く。一人ずつ土粘土を持ち、感触と重さを感じる。
- 一斉に床に落としてみる。
- 粘土に乗って踏む。目を閉じて感触を味わう。粘土に座る。
- 足を包む。包んだ足をはずす。できた空洞をのぞく。声を発する。耳をつけて音を聞く。
- 足さきから粘土をのばしていく。友達の粘土とつなげよう。好きなようにつないでいこう。
- つなぐ活動を楽しんだら残った粘土で玉をつくり、穴に通して同じ量になるようにする。

1人4〜6kgの土粘土を使用する。

● 粘　土
　中川織江『粘土遊びの心理学』（風間書房、2005）には、粘土遊びにあるクレイセラピー（粘土療法）の側面にも触れている。粘土は「退行的な物質」ともいわれる。

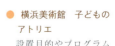

● 横浜美術館　子どものアトリエ
　設置目的やプログラムについてはホームページ等参照。個人のほか、学校や園、親子単位で利用することができる（本書7章 p.188 参照）。

2章　表現を育む人になる　29

- 塔をつくり高さを競う。
- 最後に粘土をサイコロ状にして活動を終える。
- 体を動かすことで心が動き、五感を使うことが促される。自由に任せるだけではない活動プログラムに、誰もが夢中になるしかけが潜んでいる。

（2）大切な場・かけがえのないもの

　子どもたちの表現には、場とのつながりやものとの出会い、人との結びつき、自然との共鳴、かけがえのない時間、命とのかかわりなどが込められています。そんな子どもの世界に近づく特別なひとときを過ごしましょう。

① 隠れ家づくり——磯部錦司先生の授業紹介

隠れ家で過ごした時間はかけがえがない

- グループをつくり、許可を得た林のなかを歩き、五感を研ぎ澄まして自分たちの隠れ家をつくる場所を探す。そこでお弁当を食べることができるように作業し、午後の時間は隠れ家で心地よく過ごせるようにする。
- 使用する材料は、下に敷くゴザやダンボール・麻ひも・落ちている枝・笹・石など自然素材を中心とし、カッター・剪定ばさみ・木づち・スコップを用意し、結ぶ・編む・織るなどの技法を用いる。
- 終了後に誰にも気づかれず何事もなかったように元に戻すことを条件とする。
- つくる過程やつくってからの時間の流れや気持ちの変化を振り返る。

● 隠れ家づくり
　隠れ家づくりやそこでの出来事の詳細は、磯部錦司『自然・子ども・アート―いのちとの対話―』（フレーベル館、2007）参照。

● ブラックライト
　ガラス管の部分に黒色の塗料をぬって可視光線をカットし、蛍光作用の強い紫外線を効率よく発生する蛍光灯。文書・鉱石の鑑定などのほか、蛍光塗料を使った装飾を照明するのに使用される。蛍光管や電球型のものが市販されている。

② 宝　物——磯部錦司先生の授業紹介

- 形の気に入った石を拾って蛍光のアクリル絵具で秘密の模様を描き自由に彩色し宝物にする。
- 日没前に持ち寄ってきれいな形に並べる。
- 夜になったら周囲の照明を消し、ブラックライトを当てる。
- 一つひとつの石だけでなく、仲間と見た美しい光景が思い出という宝物になる。子どもたちが自分なりの宝物をもつ気持ちやはじめて出会う情景に抱く感情を感じ取る機会とする。星が出ていたら、地面に寝そべって静かに眺めてみよう。

ブラックライトによって幻想的な情景が浮かび上がる

3章 造形を楽しむための造形

　表現には媒体が必要です。私たちは言葉によって多くを表現していますが、造形で自由におしゃべりを楽しむためには、造形の言葉が必要です。造形に対する苦手意識をもってしまう理由の一つに、視覚的な言語の獲得機会が乏しかったということがあるようです。イメージを視覚的に再生する力があっても、それを伝える表現力は自然に獲得できるとは限りません。保育をデザインする立場にある私たちは、自己表現やコミュニケーションのための視覚言語を豊かにもち、子どもたちとも共有する必要があります。この章では、幅広い造形の言葉の獲得に役立つ造形活動を紹介します。

　また、子どもの多様な造形表現を受容するためには、"表現するものは、外の世界でも内面でも両者の関係でも自由"という理解と、自由な発想を尊重する態度が必要でしょう。外界の再現の重視は苦手意識の要因や、子どもの表現の理解の妨げにもなります。写実にとらわれない多様な表現を楽しみながら、"造形を楽しむための知識や技能"を獲得しましょう。

　造形表現活動の意義はいろいろありますが、アート活動が人にもたらす大切な心の働きとして「情操」があります。「情操」とは、「価値あるものに向かう感情」です。真・善・美という「価値」も大切ですが、子どもたちは自分なりの「価値」に向かいます。強制されたわけでもなくご褒美があるわけでもないのに「もっと」という気持ちで努力や工夫を惜しまず夢中になって表現する姿は、人間らしく生きる姿そのものです。本章の造形体験を通して「情操」という未来に向かう心の働きをぜひ感じてほしいと思います。

　本章で獲得してほしい力は、うまくではなく自由に表現する力です。他者の評価にとらわれず心のままに表現し、そのとき子どもたちが経験する感情や学びを理解し、自分の手で世界で一つだけのものを生み出す造形的な表現の楽しさを実感しましょう。そして、楽しみながら援助に必要な技能や環境づくりについても学びましょう。

● 視覚的な言語（視覚言語）
　見ることで意味を伝達する手段のこと（広辞苑）。ここでは、点・線・形・明暗・色・材質感などを要素とする視覚的伝達媒体。視覚言語による読み書き能力を「視覚リテラシー」という。形・色・材質感や構図が引き起こす効果や三次元性・運動の知覚などの理解は、視覚的なコミュニケーションの世界を広げる（詳細は、D. A. ドンディス『形は語る』サイエンス社、1979）。

本章では、以下のような記号や表示を用いました。

3章　掲載のマークとその意味について

● **課題の所要時間の目安**：授業は 90 分で 1 コマです。およその所要時間をマークで表示しました。

 60〜80分　1課題　　 30分〜40分　2課題可能　　 30分以下　複数課題や講義との組み合わせ可能

　2コマ必要な場合は数字が「2」、3コマ必要な場合は数字が「3」になります。あくまでも目安です。事前の環境設定や人数、発展課題への取り組みによって異なります。

● **work shop** 内で紹介する実践では、基本的に下記のように整理し紹介しています。
　　用意　持ち物や室内に用意するもの。「発展」で用いるものは＜　　＞内に記した。
　　手順　活動の進め方。一般的な例を示したので状況に応じて変更可能。
　　発展　活動をより深め、楽しむためのヒント。時間と興味・関心に応じて取り組む。

● **画材等の表示**：この章では、画材や材料名を以下のように表示します。
　画用紙（SB）……スケッチブック。最終的に1冊に編集するために使用する。
　画用紙（四）……四切サイズの画用紙。（　）内はサイズや色を表示する。
　折り紙……正方形の色紙。カラーコピー用紙なども含む場合は「色紙」と表記する。
　絵具……一般的な透明・半透明の水彩絵具。「ポスターカラー」は不透明で重ねぬりができる。「アクリル絵具」はほとんどの素材に描け、乾くと色落ちがしない水性樹脂絵具で、工作用塗料も含む。
　接着剤（木）……木工用接着剤。（　）内は用途を示す。「のり」は一般的なでんぷんのりや液状のり。「のり（S）」は紙が伸びるのを避けたい場合に使うスティックのり。「グルーガン」はスティック状の樹脂を熱で溶かして接着する道具で樹脂が冷めるとすぐ固着する。

グルーガン

　ペン類……「ペン」は水で色落ちする水性ペン。「油性ペン」はほとんどの素材に描ける油性フェルトペン。「顔料ペン」は重ねて描ける顔料系のペン。
　テープ類……「クラフトテープ」は紙製の粘着テープ。布製の粘着テープは「布テープ」。
　TP芯……トイレットペーパーの芯／牛乳P……牛乳パック

● **紙のサイズ表示**：おもなサイズの名称とその寸法（単位：mm）

A2/594×420	A3/420×297	A4/297×210	A5/210×148
B2/728×515	B3/515×364	B4/364×257	B5/257×182
四切判／392×542		八切判／271×392	
模造紙（四六判）／788×1091		F6/409×318	F4/334×242

（A1, A2, A3, A4, A5 サイズ比較図）

CASE　スケッチブックは宝物！

　本章で紹介した活動に取り組みながら、作品を1冊のスケッチブックに編集し製作過程を記録すると、保育現場でも役立つ＜世界で1つだけの教科書＞ができる。こうした経験は子どもたちの記録づくりにも役立つ。スケッチブックの表紙は丈夫な厚紙になっているので、アクリル絵具を濃く溶いて使うと上から自由に描くことができるが、白い表紙のスケッチブックを購入すると透明感を出すことも可能で表現の幅が広がる。描画後は、図書館の本の表紙保護に用いられるシートをはることでグレードアップ！　汚れを防ぐこともでき、完成後は大切な宝物になる。　（写真）学生作品：3コマ分の課題として仕上げた表紙

1. 点と線を遊ぶ

"点"は、連結するように目を誘導するので、並ぶと"線"に、集まると"形"になります。点は手の上下運動、線は横の運動から生まれる動きの形跡で、動的なイメージやリズム感を与えます。点や線や形は見る人の心に作用します。また、点描・線描はコントロールを促す側面もあります。さまざまな点や線の表現を体験してみましょう。

work shop　いろいろな点・線で遊ぼう

　時間に応じて自由に選択して行う。ここでは「用意」「手順」「発展」を考えてみよう。

点　ペンで自由に点を打つ。間隔が縮まると線や形が見える。点を自由に結んで形見つけや形づくり、星座探しをしてみよう！ 順番に線を引く、課題を出し合うなど、コミュニケーションを楽しむこともできる。例を参考にして課題を考えよう！
　課題の例：これらの点を結んでどんな形が何種類できる？ どんな星座を考えられる？

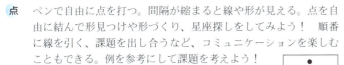

絵具の点描は心が弾む！

点描　音楽を聴きながら点を打ってみよう。曲によって違う表現になるだろうか？ 絵具をたらす点描では、ペンとは異なる気持ちを味わうことができる。

綿棒とスタンプ台（インクや絵具）を使うと手軽に点描を楽しめる！

直線　定規を使わずに、できるだけまっすぐな直線を引いてみよう。どんな力が必要？

波線　紙の端から端まで、リズミカルな波線を描いてみよう。同じリズムで、異なるリズムで。

イメージのある線　風になって・雨になって・煙になって・ウサギになって紙の上を自由に動こう！

折線　気持ちの折線グラフを描いてみよう。時間の経過を横にとって、自分の1日の気分でも物語の主人公でも。

渦巻き　子どもたちが好んで描く渦巻きを描いてみよう！ どんどん重ねていくと形が生まれる。どんな気持ち？ 何に見える？

「命がつまっているみたい……」

スクリブル　心のままに線を描いてみよう。画面から何か形が見えた？ 友達に聞いたり、交換して描き足したり色をぬり合ったりしよう。何かを描こうと言葉で決めて描くのと、自由に描いた線にあとから意味づけるのではどんな違いがある？

形にイメージを与えることを「見立てる」と言う。「……みたい！」は想像力を育む。

COLUMN　スクリブル

　子どもの描画の発達過程で見られる線描を「スクリブル（scribble）：なぐりがき」とよぶが、心理的な問題の解決過程を援助し、心の健康を回復するために用いられる描画療法の技法にも「スクリブル」がある。描画療法は、言葉では表現できない心の状態に気づくのに有効で、感情の発散や作品を共有する人との信頼関係の形成に役立つと考えられている。大人の場合は描画に対して抵抗をもっている場合が少なくないので、絵の上手下手へのこだわりをなくし、自分の気持ちを自由に表現する導入として、らくがきやぬり絵やスクリブルが役立つと考えられている。

（写真）グループでのスクリブルにイメージを自由に描き込み彩色した作例

3章　造形を楽しむための造形

work shop　両手で線を描こう

用意　画用紙（SB）・クレヨンまたは水性ペン（太）

手順
- 空中で両手を使って左右対称な動きをしてみよう。
- クレヨンか太めのペンを両手に持ち、画用紙のうえの端から左右同時にスタートする。はじめは単純な動きを、次第に複雑な線を描いてみる。利き手でない手を動かす新鮮さ、頭と目と身体を協応させて描く感覚を味わおう。
- 片手で描いてからあとで反対の手を使って対称の線を描いてみよう。同時に描くときとの違いを感じよう。何が違うか考えてみよう。

発展
- できた画面から形を見つけて着色し画面を美的に構成する活動に発展することも可能。

work shop　ビー玉の軌跡から

用意　画用紙（SB または八）・ビー玉（3個くらい）・水彩絵具・パレット・雑巾・バット（おぼん）またはクリップ・＜ストロー・歯ブラシ・スーパーボール…＞

手順
- 広めのお盆状のもの（バット）の真ん中に画用紙を置く。
- 3原色（赤・青・黄）を濃い目に溶いておく。
- ビー玉に好きな絵具をつけ、画面上に置く。バットをもって動かしながらビー玉を転がして、跡をつける。
- 色を変えて行う（色を変えるときは雑巾で拭く）。

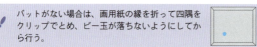
バットがない場合は、画用紙の縁を折って四隅をクリップでとめ、ビー玉が落ちないようにしてから行う。

ビー玉の動きの軌跡

発展
- 画面上のビー玉の数を増やす。
- 大きな紙を用いてグループ製作を行う。
- ビー玉の代わりにスーパーボール・ピンポン玉・コマを使う。
- 画面上に絵具をたらし、その上にビー玉を通過させる。
- たらした絵具をストローで吹くと線が生まれる（右写真）。
- 歯ブラシに絵具をつけて描く、指ではじくのを楽しむ。
- 見立てる、タイトルをつけるなどによってイメージを広げる。

絵具の水滴の動きの軌跡

COLUMN　フォルメン線描

　ルドルフ・シュタイナー（1861～1925）が提唱した教育方法。すべてにおいて芸術的な方法で教育が行われるシュタイナー学校では、造形の授業がひとつの中心的位置を担う。子どもの調和的な成長を支える力を養い育て、生来の素質をひらき伸ばすことが目標で、芸術的成果は問わない。フォルメンは1年生から導入され文字を書くための準備にもなる。直線は思考、曲線は意志の表現であり、シンメトリー（左右対称）図形を描くことは不完全なものを完全にしようとする調和への衝動を与え、考えながら見、見ながら考えることを促される。高学年では幾何学や生物学への導入の役割を担い、芸術から科学への移行がはかられる。（M. ユーネマン・F. ヴァイトマン『シュタイナー学校の芸術教育』晩成書房、1988）

  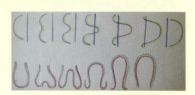

フォルメン線描　　　　　　　　　　　シュタイナー教育を学ぶ講座で著者が描いた

空間のマジック

　線から形が生まれると、それは面になり空間が生まれます。紙の上に立体感や奥行きを感じるのは、よく考えると不思議なことです。空間表現の方法を見いだす発達過程は大切ですが、大人になってからその方法を知らずに外界の再現を目指すことは、苦手意識の要因になるようです。

work shop　明度のグラデーションから立体表現──鉛筆から木炭へ
　1/2コマ

用意　コピー用紙（鉛筆での練習用に枠と立方体の形を印刷しておくとよい）・画用紙（SB）・鉛筆・消しゴム・木炭・練り消しゴム・(定着用スプレー)

手順
- 鉛筆で明度のグラデーションをつくろう！　端を白と黒にし、だんだんと暗くなるようにぬってみよう！

1	2	3	4	5	6
白					黒

　数字に合わせてぬり絵をしてみよう
　影の部分は上から下へ徐々に薄く（3〜2〜1）

- 鉛筆でグラデーションの数字に合わせて立方体のぬり絵をして、光の方向・陰のできる方向・影の映り方を意識しよう！
- 画用紙に木炭で明度のグラデーションをつくろう！　手で擦り込む、拭く、練りゴムで炭を取って白くするなどの表現技法を身につけよう！　「2」は「6」をぬったあとに指に炭をつけて指だけでぬるとよい。コンテで代用することもできる。
- 立方体の形を描き、同じように明暗をぬり分け立体感を出そう！
- 木炭は落ちやすいので、できれば定着用のスプレーをかけておく。

練り消しゴムと木炭　　学生の作品（木炭）

発展
- 丸い型を使って円の輪郭を描き球に変身させよう！　月の満ち欠けを考えてグラデーションをつくろう。光の反射を考え、影のなかの明るさ（反射光）を入れよう。その後、紙コップなどの白い物体を見て描いてみよう！

work shop　奥行きの誕生──1点透視図法と遠近表現
　1/2コマ

用意　画用紙（SB）・木炭・練りゴム・(定着用スプレー)

手順
- スケッチブックに木炭で薄く対角線を引き、交線を通り水平な線 --- を薄くかく。地平線になる。
- 対角線間に垂直線を2本（幅の違う）描き、「木」にする。
- 地平線上が目の高さになるような「人」を下の対角線との間にかく。
- 反対の対角線間に垂直線をかき、「建物」にする。垂直線以外は中心（消失点）に向かう放射線上に表す。横断歩道、遠景などを加筆してみよう。遠くは薄くぼかして奥行きを出そう。

1点透視図法　中心は「消失点」

発展
- 奥行きを表現する他の方法には「2点透視図法」のほか、以下のようなものがある。どちらが遠くに感じるかな？

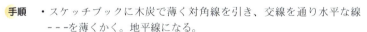

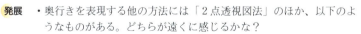

「重なり」　「大小」　「積み上げ」　「空気遠近法」

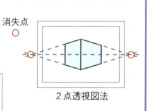
2点透視図法

3章　造形を楽しむための造形　35

3. 色の探検

色は私たちの生活を潤いのあるものにしてくれています。保育環境をデザインする場面でも、色彩の役割を理解して行うことが望ましいでしょう。ここでは、保育に役立つ表現技法を取り入れながら基本的な事項を学びます。

work shop　虹をつくろう──3原色から生まれる色相のグラデーション

用意　画用紙（SB）・絵具・パレット（または梅皿）・筆・筆洗・筆雑巾・水入れとスポンジ・（ラップ）

手順
- 水の用意をしてパレットに3原色（赤・青・黄）を出す。筆は幅の広い平筆が使いやすい。
- きれいな水を含ませたスポンジで画面上に虹の形を描く（スケッチブックの場合は下にラップを敷く）。
- にじみ絵の技法を使う。中央部分に「黄色」をぬり、ぬらした部分の両端を残してぬり広げる（上図点線内）。
- 筆をよく洗い、青をつけ、黄色の下ぎりぎりをぬり、にじんで緑ができるのを待つ。筆をよく洗い、水をぬった幅の上ぎりぎりに赤をぬる。赤が黄色ににじんでいく様子を見る。青の下端に赤を重ねる。
- 洗って水気を拭いた筆で、にじんだ部分を調整し、赤から紫に色が徐々に変わる色相のグラデーションをつくる。周囲は虹から空想した画面にする。

発展
- 晴れた日に屋外で虹をつくろう。シャワーつきホースや霧吹きで太陽の光を背に受けて水をまく。

COLUMN　無限に広がる色の世界──虹は7色？

　虹を描くことで3原色の間には無限の色があり、虹は7色なのではなく、なかに7色が含まれることがわかった。虹色は、光がプリズムを通過してできる色帯（可視スペクトル）の色で「純色」とよばれ、赤外線・紫外線は光に含まれるが目には見えない。また、色はものに"ついている"のではなく、反射あるいは透過する光を色と知覚しているのである。この虹色の赤から紫へのグラデーションをドーナツ型にすると連続した円環になる。これをカラーサークル（色相環）という。ここで向い合わせの色を「補色」といい、となり合わせにすると目立ち、絵具の場合は混ぜると濁ることを覚えておこう！

　さて、この純色（●）に「白」を少しずつ混ぜると（①●）次第に明度が上がり鮮やかさ（彩度）は低下し、さまざまな薄さの色合い（純色が青であれば水色）が生まれる。また、「黒」を混ぜると（②●）明度が下がり、彩度も低下する。この過程でできる多様な濃さの色合い（紺色）も、同じ純色（●）から生まれる。「灰色」を混ぜると、その明るさのレベルや混ぜ具合によってさまざまな色が生まれるが、やはり元の色は1つである。これらを元の純色（●）から派生した大家族と考えるとわかりやすい。それぞれの純色にこのような大家族（「同系色」とよぶ）があると考えると色は無限であることが実感できるだろう。色名は色を見分ける手がかりになるが、微妙な色に対する感受性を制限する面もある。色感を豊かにするためには、混ぜてつくることのできない3原色＜赤・青・黄＞と無彩色の＜白・黒＞がどんな割合で混ざっているかを想像するという訓練法があるが、複雑な自然の色合いに多く触れることも豊かな色感を育むのではないだろうか。

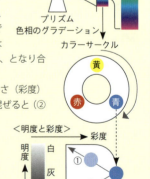

図のなかに色相・明度・彩度のグラデーションを見つけよう！

work shop 色彩効果の実験室 1/2コマ

用意 画用紙（SB）・折り紙・はさみ・のり（S）・カラー丸シール

手順 以下のワークをやってみよう！
<色の見え> 赤（R）、黄色（Y）、青（B）、黒（BL）、白（W）の台紙上に、ピンクの丸シール（小）5枚をはる。色味・鮮やかさ・明るさ・大きさ・輪郭の見え方の違いを記録し、要因を考察してみよう。

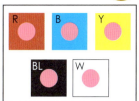

> 目を細めて全体を見ると違いがよくわかる。

<色の進出・膨張・セパレーション効果> 黄色・緑・赤・白・黒と好きな色の色紙を重ねて長方形（シャツ）と台形（スカート）を切り抜く。目立つ配色・太って見える配色・やせて見える配色・好きな配色をつくってみよう！ ベルトをつくってどんな色使いがすっきり見えるか試してみよう！ 図のように丸シールをはって顔色の効果も見てみよう！

発展
・カラーシールを使って色の見えが変わる組み合わせを自分でつくってみよう！
・みかんのネットは赤、オクラや枝豆のネットは緑なのはなぜ？ 入れ替えて比べてみよう！
・グラデーションを使って透明感を表現してみよう！

> グラデーションの段階を使って透明感を出すことができる。色相による「透明視」は、「赤―オレンジ―黄色」や「緑―黄緑―黄色」等、色合いに透明感と明度差があると効果が出やすい。

---

work shop イメージの染紙 1/2コマ

用意 正方形の障子紙6枚程度（28 cm幅ロールであれば約19 cm幅に切って配り6等分する）・はさみ・水彩絵具・梅皿（プリン空容器でも可）・筆・筆洗・筆雑巾・画用紙（SB）・のり

> 3原色を溶き、ペットボトルに入れておくと便利。絵具と水を入れて振ればすぐに用意できる。

手順
・水彩絵具で3原色と白・黒からの色づくりを楽しむ。色名表づくりを行い、残った絵具に少し水を加えて利用する。
・障子紙をできるだけ小さく三角に折る。
・表現したいイメージに合う配色を選びそれぞれの角に染み込ませてから障子紙を開く。
・画用紙にはりイメージを書く。後からタイトルをつけてもよい（2章 p.25 参照）。

色名表の例

純色	名	イメージ	効果	同系色
	赤	火・血 情熱	活力 怒り	

<イメージの例> 温度（暖かい・冷たい・涼しい）、季節、重さ、強さ、固さ、派手さ、雰囲気（和風・洋風・昔風・現代的・怪しい）、気分（さみしい・楽しい・うれしい・いらいらした・かなしい…）

発展 ・障子紙を服や帽子や傘などの形に切って染め、イメージにあったイラストレーションを加筆する。

染紙の発展例

イメージが伝わるかな？

> 絵本の画面にも色の特性が用いられている（中川素子『絵本は小さな美術館―形と色を楽しむ絵本47』平凡社、2003）。『あおくんときいろちゃん』（レオ・レオーニ、至光社、1984）や『いろいろへんないろのはじまり』（アーノルド・ローベル、牧田松子訳、冨山房、1975）のように色に親しむことができる絵本もあるので手にとってみよう。

3章 造形を楽しむための造形 37

4. 形の発見

具体的なものを単純な形に置き換える力、形を見立てて発想する力は造形的な表現力の基礎です。視覚的な言語でもあることを意識しながら形をつくる楽しさを感じてみましょう。

work shop　切り紙で自分のマークをつくろう

用意　色紙・カラー厚紙・はさみ・のり（S）・透明幅広テープかラミネート材

手順
- 折り紙を折って切り込み、開いてさまざまな形をつくる。自分のイメージの形について考え、色を選択し重ねた効果を見て自分のマークをつくる。
- 仕上げに透明幅広テープかラミネート用シートで表面を保護すると、名札としても利用できる。

発展　星折、花折、連続折などの切り紙技法を覚える機会とする。

連続折：じゃばらに折った紙から横につながった形を切り抜く。加筆を楽しむ。

星折の応用

矢口加奈子『やさしい切り紙』（池田書房、2007）などを参考にしよう！

CASE　星折（五角形）・花折（六角形）をマスターする方法

折り方が覚えられなかった筆者は、このように理解して以来、すぐに折れるようになった。「切り紙遊び」は図形の勉強 !? ポイントは角度！

半分に折る

星折　星折は36度★（180度の5分の1）をつくる！　2：1の角度で折る　同じ角度にする

●星の切り方　●桜の切り方

中心に印をつける

花折　花折は60度●（180度の3分の1）をつくって半分にする！　折る　自由に切り込む

半分に折る

桜は切り込みが違う。　雪の結晶もできる

work shop　丸シールで表現しよう

用意　色紙・カラー丸シール・はさみ・ペン・＜コピー用紙・縦横ホチキス＞

手順
- 大小の丸シールでどんな表現ができるかを試みる。
- オリジナルのキャラクターをつくって自分のマークにしよう！

発展　小さい絵本をつくる。同じ大きさの紙を数枚重ねて、真ん中を縦横ホチキスでとめる。シールを使うと同じ主人公が簡単に表現できるので手軽に絵本をつくることができる！

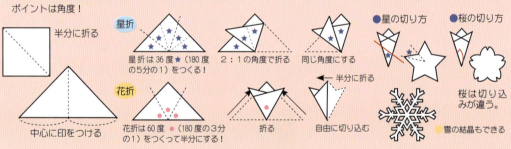
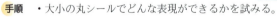

縦横ホチキス　　針が縦になる

5. 触覚の再発見

　子どもたちは触覚から多くを認識し、視覚や言語と結びつけていきます。また、ドロドロやふわふわのものを好み、そうした感触や粘土遊びは"心を開放する"といわれますが、大人にはその意味が実感できません。そこで、子どもたちの触覚的な活動の意味を体験的に理解し、認知面や情緒面にどのような作用があるかを考え、粘土製作技能の獲得の機会にもなるような活動を紹介します。

work shop　オリジナル粘土づくり

用意　小麦粉（できれば古いもの）・水彩絵具（または粉絵具）・クリアーカップ・水・まぜ棒（アイスの棒、粘土ヘラまたはプラスチックスプーン）・サラダ油（少量）・＜粉ふるい・黒い紙＞

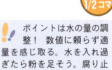

ポイントは水の量の調整！　数値に頼らず適量を感じ取る。水を入れ過ぎたら粉を足そう。腐り止めに塩を加えても効果はほとんどない。

手順
- カップに半分程度の小麦粉を入れ、水を少しずつ入れながら棒で混ぜる。適量になると棒のまわりに粘土状のものがつくので手に取る。手触りを楽しむ。
- 色別に分けて絵具を練り込む。色ができたら、油を少量たらして粘土に練り込む。感触を味わう。

発展
- ごちそうをつくる。おいしそうに盛りつける。
- 小麦粉粘土はカビるので、小さく薄めにつくり、陽に当てずによく乾燥させ、表面にニスか水で薄めた接着剤をぬるとよい。艶(つや)がでる。
- お店やさんの活動に発展させると1コマの授業になる。
- 粘土をつくる前に小麦粉で粉遊びを楽しもう！ケースに黒い紙を敷き、手やクッキー型を置いて上から粉を振るう。揺らすと形が消える！

COLUMN　粘土のいろいろ

　粘土にはさまざまな種類がある。特徴を理解して、目的や保育現場に合った粘土を選べるようになろう。

油粘土……園児の個人持ち粘土としてもっとも一般的なもの。そのままでも固まらず、手につきにくいので扱いやすいが、固さは温度によって変化する。油の臭いが不快感を与えることがあるが、臭わないものもある。1人分が少量なので、共同で遊ぶ場合は、クラスでまとめて自由に使えるようにし、必要に応じて重さをはかって分けるとよい。

紙粘土……水分が蒸発すると固くなる。子どもの手で触っているとすぐにひびがはいってしまう。くり返しの使用はできないが、絵具で色づけができ、乾いてからニスをぬって仕上げられるので、作品保存をする場合に使用する。

蜜ろう粘土……手で温めながら伸ばし好きな色づくりができる粘土。色が美しく、安全だがやや値段が高い。

小麦粉粘土……安全で安心な粘土で、つくる過程が楽しい。保管して使用することはほとんどできない。

土粘土……天然の土からできている粘土。粘土は鉱物の風化や、堆積によってできる。産地や色などから名前がついている。

テラコッタ粘土……土粘土の一種。「テッラ・コッタ」は「土を焼く」という意味。焼くとレンガ色に仕上がり透水性がある。素焼きで割れにくくするため、混ぜ物がされている。

その他の粘土……木の粘土、石の粘土など、人工的につくられたさまざまな粘土がある。

（協力：小橋暁子 先生）

3章　造形を楽しむための造形　39

work shop 絵本の世界を立体表現！——イメージを立体で表そう

🕐 1コマ

用意　土粘土1人2kgくらい・絵本・ビニール袋・バケツ・粘土板・粘土用ヘラ・手拭き（ぬらしておく）

手順
- グループで立体感が出そうな絵本を選び、つくりたい場面を開けて汚れないようにビニール袋で包む（コピー可）。はじめは作業を分担し、互いの大きさを調整しながら製作する。
- 次第に空想を加えながら、絵本にとらわれない一場面をつくる。互いに鑑賞し合い写真を撮る。
- 片づけは1kg以下の立方体にまとめ、水が浸み込みやすいよう指で穴をあけ、霧吹きでしめらせてビニール袋に入れる。フタつきポリバケツや密閉容器のなかに入れる。用具はバケツで洗い雑巾で拭き、下水に土を流さないよう配慮する！

『かいじゅうたちのいるところ』（モーリス・センダック作）から

発展
- 土粘土は、粉状で入手すると粘土づくりから楽しむことができ、耳たぶくらいの固さがつくりやすいということを実感できる。また土粘土はときおり霧を吹けば半永久的に使用可能。固くなったらかなづちで砕いて水といっしょにビニール袋に入れて密閉しておけば再生できる。
- 2次元平面上のイメージを立体化するときにどのような力が必要かを考察してみよう！ 子どもは粘土板にはりつけた半立体（レリーフ状）表現をすることがある。その意味を考えてみよう！（4章 p.80参照）

『三匹のくま』のお話から

> 子どもが"表すもの・つくるもの"として粘土と出会うためには、保育者がそう感じていることが大切！

---

work shop 土鈴をつくろう——だんごとせんべいの形がつくれればできる楽しい焼き物

🕐 1コマ

用意　テラコッタ粘土250〜300gくらい（1袋1kgの1/4〜1/3）・粘土板（またはダンボール）・新聞紙（見開き1/8大）・粘土ヘラ（または竹ぐし・割り箸を削る）・手拭き（ぬらしてトレーに！）

手順
- 作例や日本各地で伝統的につくられている土鈴の資料を見て、デザインを考える。
- ビー玉大の同じ球を2つつくる。残りの粘土を丸くして、叩いてせんべい状にする。
- 1つを新聞紙（1/8大）に包み丸くする。中の球がつぶれないように気をつける。
- 新聞紙玉をせんべい状の粘土で包む。はみ出した粘土を装飾部分に利用する。
- 焼成後になかの球が出ない大きさの穴をあける。灰を出す穴になる。

土鈴の作例。左は焼成後

発展
- 子どもたちも楽しめるつくり方。焼成して音を楽しもう！（6章 p.175参照）

> 乾かないうちに切り針で記名する。

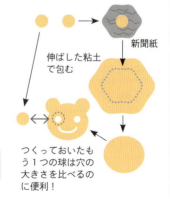
伸ばした粘土で包む
新聞紙
つくっておいたもう1つの球は穴の大きさを比べるのに便利！

work shop　植木鉢をつくろう──陶芸入門！素焼きでも使える焼き物づくり

用意　テラコッタ粘土 700g くらい（1 袋 1kg の 2/3 強）・粘土板・新聞紙・粘土ヘラ・切り針・のし棒・たたら板・手ろくろ・切り針金・手拭き

手順
- 作例から素焼きでも実用的な作品ができることを知る。「板づくり」を覚える。
- 紙を敷いてから板づくりで底の部分をつくり、丸型と切り針で形を切る。キャップ等で水抜き用の穴をあけておく。
- しっかりつけるため、底の周囲に切り形は自由。針でキズをつけておく。粘土をひも状にしてドベをつけてから底の周囲に圧着し境目をなくす。
- 1 段目が終わったら、残りの粘土で長めのひもをつくり、上に重ねていく。手ろくろを使用するとバランスよくできる。10cm くらいの高さまでつくる。
- 表面の装飾や削る作業は、乾燥しないようビニール袋に入れ、次回行う。

丸型で抜く。形は自由

ドベをつける

乾かないうちに切り針で記名する。

発展
- 板づくりをした粘土から型抜きや切り針で形や文字を切り抜き、ドベを使ってはることができる。表札もつくれる。
- ペン立てなど好きなものをつくろう！

焼成できた作品
左はハート形文字つきの作品

焼くと大きさが 1〜2 割縮む。

きちんとつなげることが大切！

COLUMN　粘土用具・技法・用語のいろいろ

粘土を使ってつくるときに必要な知識を、つくりながら身につけよう。

粘土板……木製で、粘土がつきにくいよう塗装をしていないもの。粘土によっては、ダンボールで代用することができる。
のべ棒……粘土を平らに伸ばすときに使用する。
たたら板……粘土の厚みをそろえるときに粘土の両側に置き、枚数で厚みを調節する。粘土の形を整えるためにたたくのに使用することもできる。
切り針金……写真はペットボトルのキャップと細い針金でつくったもの。市販されているものは木製の取っ手。丈夫な糸でも代用できる。
切り針……写真は割り箸とクリップと布テープでつくったもの。切り抜きや模様や記名などに便利。
へら……へらの種類は多いので、使いながら特長を理解しよう。
板づくり……つくりたい厚みを考えたたら板を重ね、のし棒で平らにする。たたら板をはずしながら切り針金で均一の厚みに切ることも可能。
ひもづくり……粘土をひも状にして積み上げ、隙間がないよう指でならす。
ドベ……粘土の「のり」。粘土を水で溶き泥状にして一晩おいたものを用いる。粘土にキズをつけてからドベをつけるとよりしっかりつく。

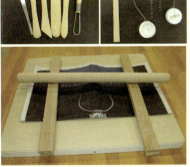

（写真）左上：へら／右上：切り針（クリップ＋割り箸）と切り針金（キャップ＋針金）／下：粘土板・のし棒・たたら板

3章　造形を楽しむための造形　41

6. 版の不思議

　絵は"描く行為"によってイメージを視覚化する連続した過程から生まれます。ところが、版表現の場合は、イメージと作品の間が不連続です。"写す行為"には「どうなるのかな？」「こうなるはず！」というブラックボックスの通過があります。それが子どもの知的好奇心を刺激し、予想外の結果が想像力をかきたてます。こうした魅力の理解をねらいとした版表現の活動を紹介します。

work shop　スタンピング──試みと表現の往来を楽しむ

1/2コマ

用意　写すもの（文房具・カップ容器やキャップ・ダンボール片・クッション材等凹凸のあるもの・軍手などの布製品・野菜の切落とし等）・カラースタンプ台・雑巾・スチレントレー（リサイクル品）・キッチンペーパー・ポスターカラー（赤・青・黄：ペットボトルに溶いておく）・写す紙（コピー用紙等薄い紙）5枚〜

多様な試みから、美・形・イメージを表現！

手順
- グループ単位で写すものを持ち寄る。スタンプ台で自由にスタンプする。発見を伝え合う。
- 野菜等スタンプ台が汚れるものは、トレーとキッチンペーパーに絵具を加え3原色を混色して好きな色のスタンプ台をつくる。試みた後、技法や材料を自由に用いて作品をつくる。

発展
- 想定内、想定外それぞれの場面で生じる感情や表現意欲について考察しよう！

 色を変えるとき、ぬれた雑巾かキッチンペーパーで拭くことを忘れずに！　市販と手づくり、それぞれのスタンプ台の利点とマイナス面を整理しよう！

CASE　もったいない！?

　野菜スタンプや小麦粉粘土、マカロニ工作などの食材を用いた造形教材に対して、「もったいないのでは？」という考え方がある。もちろん食材の使用が不快であればむりして使用する必要はないだろう。ただし、古くなったものや使わない部分も役立つので、その可能性を知っていることはむだにはならない。リサイクル材の使用も、使ったからエコになるわけではなく、使わずに捨てられるより表現媒体として再利用されてからのほうが有効なのでは…ということだろう。あらたな価値の発見や創造に役立つこともお腹に入ることも有効？　…そんなことを考える機会にもなる。野菜だけではなく、自然がつくり出す形のなかにある美しさにもぜひ気づいてほしい。切り落とし部分で十分楽しめるので参考までに！　…さてバラの花の正体は？

根菜類（葉の付け根も！）　葉物の軸　レンコン　オクラ

work shop　スチレン版画──かんたん凸版

切り抜き型

用意 スチレントレー（平面が広いもの）・鉛筆等・カッター・はさみ・版画絵具（水性・単色）・ローラー・練り板（大きなトレー）・バレンまたは軍手・写す紙・＜油性ペン・シール・クリップ＞

手順
- トレーの平面部分だけをカッターで切り抜く。
- 四角い画面のままで額縁つきの作品をつくるか、形を切り取るかを決める。鉛筆やシャープペン等、線の太さを使い分けて点描や線描で自由に表現する。凹部分にはインクがつかないことを想定して製作する。
- ローラーにインクを少しだけつけてのばし、つけすぎないようにする。上に紙をのせ、ずれないよう注意してこする。

画面型

発展
- 額縁に装飾し、版を展示することができる。
- 形を切り抜くと、簡単なスタンプになるので、年賀状等にも利用できる。市販のスタンプ台も使用可能。
- 多色刷り版画に発展も可能。

クリップをさすと展示しやすい

 消しゴムとカッターでも凹版をつくることもできる！

work shop　紙版画──凸版の楽しみ

用意 画用紙（八またはB４）・はさみ・のり（素材によっては接着剤（木））・凸凹のある紙や素材・写す紙・版画絵具（水性）・ローラー・練り板・バレンか軍手・＜大きな紙＞

手順
- 小さかったころの自分を思い出し、グループで話をする。
- 画用紙を正方形と残りに切り分ける。幼少期の顔の形を考えながら正方形部分から切り出す。残り部分で、顔の中身を切っていく。
- 髪の毛はさまざまな表現方法があるので、凸凹素材等を利用してみる。
- 顔の上に置き、自分らしい表情をたしかめ配置を決めてからはる。
- のりが乾燥してから刷る。インクを練り板でよくのばして使う。
- 刷るときは、バレンだけでなく、軍手をはめてすみずみまで写し取る。

幼い表情にするには、目の高さや位置がポイント！ 配置を工夫しよう。

発展
- できあがった顔の版画で誕生表をつくってみよう！ 誕生表の意味や掲示される気持ちについて考えてみよう。
- 紙版画の技法を使った共同製作をつくってみよう！ 同じものが複数できることを利用すると大きな画面を容易に仕上げることができる。

額縁にはマスキングテープをストライプにはりローラーで着色してからテープをはがす「マスキング技法」を使い、使った「版」を飾った。額縁の土台は牛乳パックを縦半分に切ってつなげたもの

3章　造形を楽しむための造形　43

work shop　ステンシルからローラー遊びへ

用意　はさみ・のり・画用紙（ＳＢ）・コピー用紙・穴あけパンチ・版画絵具（水性／多色）・ローラー・練り板・タンポ・写す紙・＜葉・糸等・歯ブラシ＞

手順
- 紙を半分に折り自由な形を切り抜いて型をつくる（切り紙でもよい）。
- 画用紙の上に型を置き、タンポを使って型紙版（ステンシル）をする。混色でグラデーションもできる。
- 画用紙の上に型を置き、ずれないよう気をつけてローラーでステンシルをする。切り抜いた形は、大きな紙の上に置きローラーで巻き込んで写す。

発展
- 紙以外の素材（葉・糸など）を巻き込む。
- 共同製作に発展可能。
- ステンシルは「スパッタリング（霧吹き技法）」でも可能。抜いた型を紙の上に置き、歯ブラシに絵具をつけて親指ではじく。市販の用具もある。

ローラーでステンシル

切り紙とローラー（左）
タンポでステンシル（右）

遊び用なら掃除用ローラーも使用可

布製タンポ

スパッタリング技法→

!　タンポのつくり方！
同じ色を共有で使うときは布製がおすすめ！
自分で色をつくり変化を楽しむ場合は、中にちり紙か粘土を入れ、外側はキッチンペーパーで包んでつくる。割り箸をつけてもよい。

包む　輪ゴム　スタンプ台（または練り板など）

←スパッタリング用具

---

work shop　デカルコマニーと糸引き版画からの発展

用意　画用紙（ＳＢ）・コピー用紙・版画絵具（またはポスターカラー）・ローラー・練り板・糸

手順
- 半分に折り目をつけた紙に絵具をつけ、合わせてひらくと「デカルコマニー（転写：右図参照）」ができる。絵具がついた糸を折った紙の間にはさみ、折った紙を手で押さえて糸を引くと「糸引き版画」になる。
- 糸の本数、色、太さ等を工夫する。

発展
- できた作品を何かに見立てて加筆する。
- これまで用いた技法から発展して自由に表現する（下が作例）。

デカルコマニーの作例→

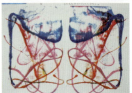
糸引き版画の作例

7. 紙の変身 — 平面と立体

紙はもっとも基本的な造形材料です。1枚の紙は、折る・丸める・切る・ちぎるなどの操作によって姿を変えます。まず、1枚の紙と対話してその可能性をさぐり、さまざまな技能を学びましょう。

work shop 紙の変身！—平　面

用意　折り紙（できれば両面カラー）・はさみ・丸シール・ペン・のり（S）

手順
- 色紙からオリジナルの平面表現を考える。例1：自由に切り込みを入れ、自由に折り、何かの形に見えてきたらはり、丸シールかペンで表現を加える。例2：半分に折り、輪郭にそって切り抜き、できた輪を裏表使って画面に並べる。形のおもしろさと見立ての両方を楽しむ。例3：くしゃくしゃに紙をもみ、丸めてから指でちぎり、広げて見立てたイメージをもとにはり絵をする。

発展
- グループの活動にするとイメージの交流が楽しめる。

作例1：自由な切り込みからつくる

作例3：見立てたイメージによるはり絵

作例2：テレビを見る熊と雪だるまに変身？

work shop 紙の変身！—立　体

用意　いろいろな紙・はさみ・のり・丸シール・ペン・＜タコ糸・両面テープ・紙テープ＞

手順
- 紙からできるさまざまな立体表現を試みよう！　なるべく多くの可能性を考えよう！（下の例を参考に）
    - 例1：1枚の紙を立てよう！
    - 例2：1枚の紙から動物をつくろう！
    - 例3：1枚の紙からおもしろい顔をつくろう！
    - 例4：1枚のティッシュからつくろう！
    - 例5：1枚の紙を飛ばそう！

! ティッシュを箱から引き出すいたずらも、保育者が発展の仕方を知っていると遊びに展開する！

発展
- 1枚の紙での遊びを豊かにする紙飛行機、折り紙凧の基本技法を覚えておこう！

子どもの作品例（↑）、お散歩ひもつき動物
他に装飾品や食べ物やたたんで着色する遊びもできる（→）

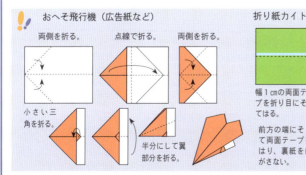
おへそ飛行機（広告紙など）
両側を折る。　点線で折る。　両側を折る。
小さい三角を折る。　　　　半分にして翼部分を折る。

折り紙カイト
1/4
幅1cmの両面テープを折り目にそってはる。
前方の端にそって両面テープをはり、裏紙をはがさない。
前から4分の1に穴をあけ、糸を通し裏紙をはがしてテープではさむ。

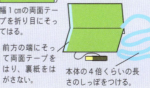
本体の4倍くらいの長さのしっぽをつける。
しっぽの本数や材料を調整する。

紙の技 ― 伝える・演じる

紙の種類は豊富で、厚さや性質によってさまざまな役割を果たし、生活のなかで役立っています。伝承的な技能とあらたな用い方を学び、紙にかかわる技と表現の可能性を広げましょう。

work shop　贈る喜び ― オリジナルカードづくり　1コマ

- **用意**　コピー用紙・色画用紙・はさみ・カッター・カッターマット・のり（S）・丸シール・ペン
- **手順**
  - コピー用紙を半分に折り、2か所を切り込む。
  - 右図のように谷折り、山折りをして飛び出すしくみをつくる。試行錯誤してみる。何かをはってもよい。
  - カードの目的を考えて色画用紙でつくる。
- **発展**　飛び出すカード、しかけ絵本に関するさまざまな図書がある。自分で時間をかけてつくってみよう。

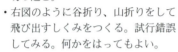

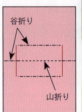

work shop　伝える喜び ― ミニ絵本づくり　1コマ

- **用意**　上質紙またはコピー用紙（A3）・はさみ・折り紙・のり・丸シール・ペン・〈色画用紙・縦横ホチキス〉
- **手順**
  - 上質紙を折ってミニ絵本をつくる。
  - 表紙・見開き3画面・裏表紙でできる展開の絵本を考える。ページ間で時間・空間の移動ができることから起承転結を考える。カタログ的な自己紹介絵本もよい（名前・好きなもの・ペット等）。
- **発展**
  - 色画用紙で表紙をつける、ページを加えるなどが可能。
  - 自己紹介絵本は実習でも役立つ。
  - 「おうち絵本」もつくってみよう！

名前紹介絵本の例→

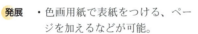

A3　8分の1まで折る。　半分まで広げ、折り目側から太線を切り込む。　切り口を開くと本になる。　4分の1に折る。　半分に広げ三角に折ると「おうち絵本」ができる。　縦4分の1を切り取る。

COLUMN　紙のいろいろ

やわらかい紙・薄い紙

- お花紙／京花紙・さくら紙ともよばれ、おもに重ねて花づくりに用いられる。水に弱いが、のり水に浸してはると透明感がでる。ぬれると色が出るものもある。
- 障子紙／水にぬれても切れにくい。張り子や染め紙のほか、和風風の巻物づくりにも便利！
- トレーシングペーパー／半透明の紙。
- コピー用紙・上質紙・折り紙／色数が豊富で切る・折るが容易でもっとも扱いやすい紙。

かたい紙

- 画用紙／水の吸い込みがよく描画向き。工作にも使用できる。
- 色画用紙／もむとやわらかくなり、立体表現にも向く。色彩効果が高い。
- ケント紙／工作向き。カラーもある。
- 厚紙／マス目つきの工作用紙のほか、無地のボール紙・板目紙もある。
- ダンボール紙／片面が凸凹の紙。
- 牛乳パック紙／牛乳Pを開いた紙。水に強く丈夫で工作向き。

大きい紙

- 模造紙／手軽に使える大きな上質紙。水に弱く絵具には不向きで油性ペンは裏にしみる。
- ラシャ紙／大きな色画用紙。
- ロール紙／上質紙・画用紙・ダンボール紙がロールで販売されている。共同製作や壁面装飾に便利！

work shop 演じる楽しさ──張り子技法を応用したお面づくり

⏱ 2コマ

用意 牛乳P（1）・はさみ・新聞紙（1/2ページ分くらい）・セロハンテープ・障子紙（お面大くらい）・洗濯のり（スプーン1杯くらい）・トレー・ポスターカラー（またはフィンガーペインティング用絵具）・筆・筆洗・雑巾・ペットボトル（水）・乾燥用棚・＜色画用紙・お花紙・毛糸・リボン・牛乳P（箱形1）・ホチキス・布テープ＞

牛乳Pを開き底を切り取る。本体部分を半分に折る。

折り目部分を半円に切り取る。

人間や鬼などにする場合はそのまま、動物にする場合は逆にして輪郭を描いて切る。

立体感を出したい部分に新聞紙をはりつける。大きな耳等はこの段階で牛乳Pをはり足してつくる。

手順
・障子紙をちぎっておく。トレーに絵具と水と洗濯のりを混ぜて「のり絵具」をつくり、障子紙を浸して土台の上に置き、障子紙を重ねていく。
・乾燥後、はみ出し部分の調整や色つけ、紙をはる等の装飾が可能。

発展
・土台を粘土でつくりラップをかけるとより複雑な立体がつくれる。一般的な張り子技法に近い。
・毛糸等、他の素材を活用して表現を工夫する。
・かぶる部分を牛乳Pでつくる。十字型に開き、3面を組み合わせ、1面を短く切って折り、そこにお面をつける。目の高さに合わせ、手で押さえて位置を決め、ホチキスでつけると丈夫になる。

1日目に多色の表現も可能！

乾燥後に加筆

粘土で土台をつくることもできる

装飾も可能！

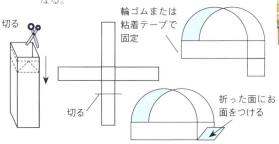

お面のつけ方

お面が動くので楽！収納も便利！

⚠ あごの部分に切り込みを入れて重ねてはり合わせると、より立体的なお面ができる！「のり絵具」は普通ののりを薄めてつくってもよい。

🌸 **CASE** のり絵具で広がる紙の表現！

「のり絵具」と障子紙を使うと、お面以外にもさまざまな紙製作が可能！　新聞紙でつくった土台に着色するときも、風船を土台にしてつくるときも、形づくりと着色が一度にできるのがポイント。子どもたちもこの技法はフィンガーペインティングのように楽しめるので大好き！　風船を土台にするとお面もつくれる。気球づくりではのり絵具が乾いてからなかの風船を割る楽しみのおまけつき！　左はビニール袋に空気を入れた土台からつくった雪だるま。

3章　造形を楽しむための造形　47

ビニールの技 — 装 う

　ビニールは身近にあり、丈夫で便利です。造形材料としてもさまざまな活用方法がありますので探ってみましょう。教材用カラービニールを布のように裁断・接着するとすてきな衣装をつくることができます。

work shop　ビニールの帽子

用意　ビニール材いろいろ・はさみ・油性ペン・両面テープ・ビニールひも

手順
- 帽子のイメージに合わせて頭にかぶれるサイズのビニール袋を選び、口の部分を丸める。
- 上の部分を1つか2つにしばってとめる。
- 自由に装飾する。

発展
- 厚手のビニールをギザギザに切り大きさを調整し、下部を折り込めば王様の冠！

  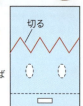

目の穴をあければお面にもなる

work shop　ビニールの衣装

用意　ビニール材いろいろ・はさみ・のり・油性ペン・両面テープ・ビニールテープ・ビニールひも

手順
- ファッションショー、劇などの目的を決める。
- 45リットル大のビニール袋に底の中央に頭、横に両腕が通る穴をあける（右図）。
- さまざまな素材を使って自由に装飾する。両面テープを使用すると仕上がりがきれい。

発展
- ギャザーを寄せた袖つけも可能。
- 厚手の袋の真ん中をつかめば大きなリボンができる！
- 装うことや変身することの楽しさを感じ、変身していないときの気持ちとの違いを考察してみよう。

 家庭用の半透明袋でもできる

お面のイメージに合わせよう　　お祭り用浴衣もできる

work shop　ビニールの人形

用意　ビニール材・はさみ・油性ペン・リボンや毛糸・両面テープ・セロハンテープ

手順
- プレゼントなど目的を決め、中型ビニール袋にクッション材、柔らかくもんだ新聞紙などを入れて形を整えながら、どのようなぬいぐるみをつくるかイメージする。
- 首や耳を輪ゴムでとめ、顔を描く。
- 装飾をし、それぞれに発展させる。

発展
- 大きなビニール袋を丸めて形をつくることも可能。
- ビニールで小さくつくると軽いので、棒やストローなどにつけて「ペープサート」として演じることも可能。

1枚の袋から形をつくった例

10. ひもの技 — 編む・織る

　ひもを使った技能は、結ぶ・編む・織るなどさまざまで、昔から人々の生活を支えてきました。1本のひもが変身をとげる不思議さ、先人の知恵のすばらしさとつくる楽しさを実感しましょう。

work shop　指編み

- **用意**　太めの毛糸・はさみ
- **手順**
  - 親指と人差し指の間に毛糸の先端をたらし①、毛糸玉をもち指にからめていく②③。小指から人差し指に戻ると指1本に毛糸1本がかかっている状態になる。毛糸を小指側にたらし、指の毛糸の上にもう1本の毛糸がある状態にする④。
  - 指1本ずつにかかっている毛糸を反対の手の指先でつまみ⑤、あとからかけた毛糸をとびこして指の向こう側にはずす⑥⑦。4本共できたら⑧また手のひら側に毛糸をたらし⑨、くり返す⑩。親指の毛糸は数段編んだらはずす⑪。
  - 毛糸がなくなったら次の毛糸を結びつける。
  - 終えるときは毛糸の先端を指の毛糸に1本ずつ通して指をはずす⑫。

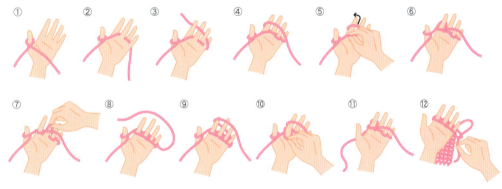

- **発展**
  - 子どものカチューシャになる。ポンポンをつくって両端に下げると人形用ミニマフラー！

　はじめは指2本で覚えてもよい！

（指編みイラスト）西田ヒロコ

work shop　リリアン編み

ティッシュ箱でつくると帽子サイズ！

- **用意**　太めの毛糸・はさみ・丈夫な芯（クラフトテープの芯等）や牛乳P・布テープ・＜ティッシュ箱＞
- **手順**
  - リリアン用具をつくる。（割り箸は偶数）
  - 指編みの指を棒に置き換えて編む。
- **発展**
  - ティッシュ箱でつくると子どもが実際にかぶることができる。ポンポンをつける。

リリアン用具のいろいろ

クラフトテープの芯＋割り箸（偶数）

牛乳パックを半分に切り切り口を凹凸状に切り込む。

3章　造形を楽しむための造形　49

work shop 織る技から

用意 毛糸2色・ダンボール片・割り箸・はさみ・セロハンテープ・＜リボン・小枝＞

手順
- ダンボール片の上下に4か所ずつ切り込みを入れ毛糸をかけ、割り箸をはさむ。別の毛糸を小さなダンボール片に巻き、縦糸の間を交互に通し往復する。

発展
- 縦糸を増やす、リボンや紙を使うなどの応用ができる。
- 割り箸や枝に糸を結び、巻きつけていくときれいな飾りができる。
- ダンボールに切り込みを入れ、毛糸を巻き、小枝を交互に編むと、壁かけ飾りができる。ダンボールをはずして上下に太めの枝を通す。

割り箸の間を織ってつくる　　毛糸で織る

リボンを使った作例　　枝を使った作例

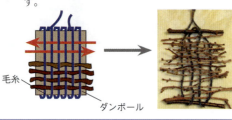
毛糸／ダンボール

CASE 指くさり編みであやとりひもをつくろう！

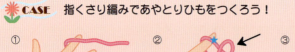
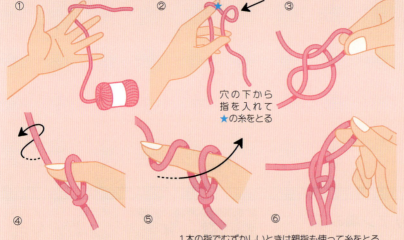

① ② ③
　　穴の下から指を入れて★の糸をとる
④ ⑤ ⑥
1本の指でむずかしいときは親指も使って糸をとる

弾力のあるくさり編みのひもであやとりをすると楽しい。どんなあやとりを覚えているかやってみよう。あやとりの本を調べてみよう。

（指くさり編みイラスト）
西田ヒロコ

CASE 三つ編みでつくるマイなわとび

5歳児クラスでは、なわとびをそれぞれ自分でつくるという取り組みも可能である。木綿の布を細長く切ったものから、3色を自由に選び、3本まとめて結び目をつくり、それを足の親指と人差し指の間にはさんで三つ編みをする。三つ編みをマスターするには練習が必要。その過程で"ひもの色が違うと真中になる色が順にくり返す"ということに子ども自身が気づいた。（実践：和光保育園）

11. 新聞紙の挑戦

　新聞紙は紙のなかでも身近にあり、入手しやすく、全身でかかわることができる材料です。"こんなこともできる" という活用範囲を広げておきましょう。

work shop　新聞紙でスポーツ！

1/2コマ

用意　新聞紙・はさみ・クラフトテープ・輪ゴム・ホチキス・油性ペン（または顔料ペン）・〈ビニール袋・ゴム〉

手順
- 新聞紙でコーン（受けるもの）とシャトル（投げるもの）をつくり、キャッチボールする。
- ほかにも新聞紙を使ってできるスポーツを考え、道具をつくる。
  例：野球、ボーリング、新体操、ボクシング、なわとび……。

発展
- 「新聞紙運動会」を企画してみよう！
  例：競技種目（障害物リレー・玉入れ・ゴール…）
  　　：応援団（衣装と小道具・メガホン・紙鉄砲…）
  　　：開閉会式（旗・優勝カップ…）
- 新聞紙で遊ぶための基本技法を覚えておこう！

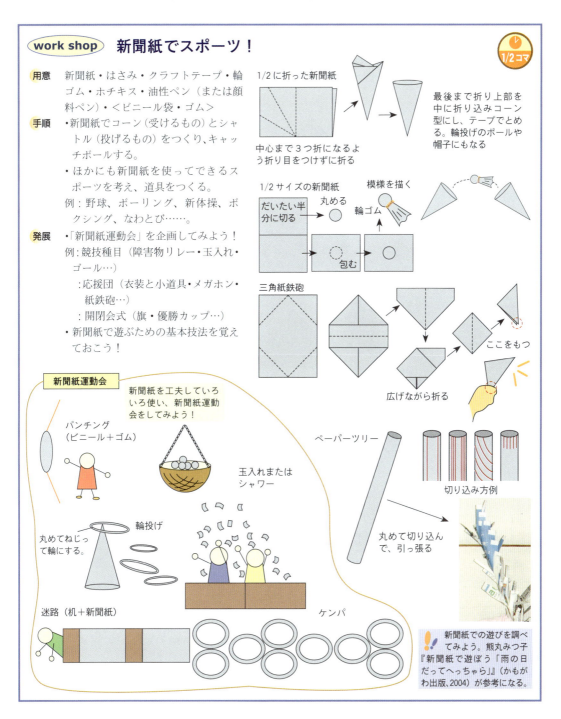

　新聞紙での遊びを調べてみよう。熊丸みつ子『新聞紙で遊ぼう「雨の日だってへっちゃら」』（かもがわ出版、2004）が参考になる。

3章　造形を楽しむための造形　51

work shop 新聞紙の国

用意 新聞紙・はさみ・クラフトテープ・輪ゴム・ホチキス・油性ペン（または顔料ペン）・ビニールテープ・ゴム・ひも類

手順
- "何もかも新聞紙でできている「新聞紙の国」があったら？"というテーマで、グループでさまざまなものを新聞紙でつくってみる。食べ物・家庭用品など。
- 「新聞紙の国」の王様やお姫様、動物、鬼なども考えてみよう。

発展
- この課題では伝承的な折り方を用いても、あらたな技法や表現を生み出しても自由である。どちらのかかわり方を好むか、感じることがどう違うかを考察してみよう。

紙かぶと（正方形から）

① ② 両はじを折る ③ 上へ折る ④ 両側に開く ⑤ 下を折り上げる ⑥

完成　⑩間に折り込む　⑨　⑧　⑦裏側に折る

変身帽子

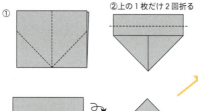 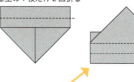 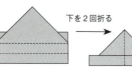 

① ②上の1枚だけ2回折る 下を2回折る 真ん中をもって広げる 完成　目をあける

 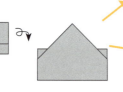 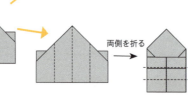

③ 両側を折る 内側に折り込む 完成　上を折ると店員さん　耳もつけられる

CASE 卓上ゴミ入れをつくろう

新聞紙2分の1でつくって、材料入れやゴミ入れにすると便利！

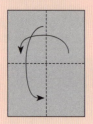

反対側も折って中心をひらく　両側を折る　2回折って、ひらくと、完成！

12. ダンボールの冒険

ダンボールは丈夫で加工しやすく独特の温かみのある材料です。ダンボールからは、ほかの材料ではできない楽しい表現やスケールの大きな活動が生まれます。

work shop　ダンボールと仲良くなろう！

- **用意**　ダンボール片・はさみ・カッター・カッターマット・クラフトテープ・グルーガン・お花紙、丸シール、毛糸等の追加素材
- **手順**
  - ダンボールからＡ４サイズくらいを切り取り、＜切る・折る・丸める・立てる＞を試みる。
  - 素材や技法からイメージして何ができるかを考え、自由につくる。
- **発展**
  - ダンボールを棒状に切り、材料を限定して何ができるかを試みることもできる。

!　折るときはカッターの刃先で跡をつけてから！　接着はグルーガンを使うとすぐにつく。

work shop　小さなダンボールハウス

- **用意**　ダンボール箱・はさみ・カッター・カッターマット・クラフトテープ・布テープ・グルーガン・両面テープ・顔料ペン・片面ダンボール・追加素材いろいろ
- **手順**
  - ダンボール箱を家にする。２階建て、両側に開く、屋根をはずせるなど自由にデザインし、内部をつくる。
- **発展**
  - 平面でつくっても、ドアや窓の開く家をつくることができる。
  - たくさん飾ると町並みができる。

COLUMN　ダンボール

ダンボールの種類

片面ダンボール……１枚の板紙に波型の紙がはられたもの。
両面ダンボール……波型の紙を両側から板紙ではさんだもの。

複両面ダンボール……通常「ダブル」といわれ、段が二重になっているもの。
　　ほかには、段が三重になっているものもあり、家電などのとくに重い商品に用いられる。30cmあたりの段数でさらに種類が分かれている。

- **切る**　普通のカッターナイフも使えるが、安全に配慮したダンボールカッターを使えば、年長児でも切ることができる。
- **折る**　折る部分にヘラなどで筋をつけるか、カッターの刃で表面だけを切る。新聞切り抜き用のカッターも便利。机の角などに押し当てるときれいに折れる。
- **接合**　粘着テープを用いるが、丈夫にするためには、削った丸箸等で穴をあけてひもやビニールタイでつなぐ。接着剤（木）を使うとより丈夫に仕上がる。
- **遊び**　迷路だけでなく、さまざまなゲームや工作に使用できる。

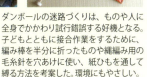

ダンボールの迷路づくりは、ものや人に全身でかかわり試行錯誤する好機となる。子どもとともに接合作業をするために、編み棒を半分に折ったものや縄編み用の毛糸針を穴あけに使い、紙ひもを通して縛る方法を考案した。環境にもやさしい。

!　巡静一・まつやまきんじ『ダンボールで遊ぼう』（黎明書房、1987）が参考になる。

3章　造形を楽しむための造形　53

work shop 大きなダンボールハウス

用意 ダンボール箱（家電用2〜5箱）・はさみ・カッター・クラフトテープ・布テープ・両面テープ・顔料ペン・追加素材いろいろ

 ダンボールの金具は危ないので、取るかテープで目張りしておこう！

手順
- グループをつくり、大きなダンボールを用いて目的をもってつくる（学園祭等）。またはつくったあとに利用してもらえる場所（幼稚園等）を確保し、希望を聞いておく。
- どんな家にするかを話し合う。設計図を書く。
- 折り目に刃先をあてる。計画にとらわれずにつくっていく。

発展
- すべり台づくりに挑戦しよう。
  下記の例はおばけやしきの出口。

正面　側面

お店やさん（カウンターつき）

家電の箱5箱使用

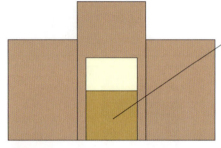

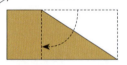
すべり台部分

箱1個を横にして坂の形に切る。上の面は補強のために中に折り込み、横の面は中に立てる。

すべる面

すべる面は、別の箱からとる。サイズを合わせて折り目と切り込みを入れ、差し込んでつくろう。

差し込む　差し込む

点線は、折り目
赤線は、切り込み

差し込む部分をつくり、坂の中の壁を箱の強度に応じて増やして丈夫にする（写真は坂の部分だけを別につくった例）。

→ こんなダンボールハウスもできた！みんなで工夫して、いろいろなダンボールハウスをつくってみよう！

おばけやしき出口（すべり台つき）

13. 生活素材の変身

　毎日の生活のなかで、さまざまな容器や素材がゴミとして捨てられています。また、割り箸やストローなどは新品でも入手しやすく、造形材料として豊かな可能性をもっています。ここではそれらの身近な材料を「生活素材」とよび、保育のなかでの活用を想定しながら夢のような変身を楽しみます。素材の種類が多種多様なので、「筒・棒材」「丸・カップ材」「箱材」の3種類に分けて考えます。

work shop　筒や棒を使って──芯・ストロー・割り箸からの発想　1/2コマ

- 用意　はさみ・セロハンテープ・ビニールテープ・輪ゴム・ひも類・丸シール
- 手順
  - 身近な素材のなかから、筒や棒の形のものを集める。
  - 材料に触れ、可能なかかわりを想起する。「もつ」「のぞく」「つぶす」「つなぐ」「切る」……。
  - かかわりのなかから生まれたイメージをもとに遊びを考えたり、作品をつくってグループごとに発表しよう。
- 発展
  - さまざまなつなぎ方を試して何かに見立ててみよう！

- さまざまな切り方で芯を切って変身させてみよう！
- 子どもたちの発想に近いものはどれか、興味を示すのはどんな表現かを考えてみよう！

work shop　カップや丸い材料を使って──人形・転がるもの　1/2コマ

- 用意　はさみ・セロハンテープ・ビニールテープ・輪ゴム・ひも類・丸シール・ストロー・割り箸・ペン類
- 手順
  - 紙コップ・クリアーカップ・紙皿など、丸い材料を集める。
  - 材料に触れ、形からイメージし、可能な操作や変形を考える。
- 発展
  - 子どもたちが技能的に可能な操作、意欲をもつ取り組みについて考えてみよう！

3章　造形を楽しむための造形　55

work shop 箱を使って──乗り物・動物・建物

用意 はさみ・セロハンテープ・箱（ティッシュペーパーの箱・牛乳P・お菓子の空き箱）・ペン類
手順 ・材料に触れ、形からイメージし、可能な操作や変形を考える。
発展 ・以下のようなテーマでつくってみる。子どもたちの作例を参考にしよう！　こうした製作の過程で
どのような学びや表現力が獲得されるのか、考えてみよう。資料を用いてもよい。

1. **乗り物**……箱を乗り物に見立て、部品を加えてさまざまな乗り物づくりに取り組む。

2. **動物園**……箱を動物の体に見立てていろいろな種類の動物をつくる。動物園やペットショップに配置する。

自由な箱の組み合わせでつくる例

ティッシュ箱でつくる例

牛乳パックでつくる例

切り込む

切った部分が耳になる

牛乳パックは家に見立てやすい

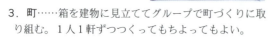

3. **町**……箱を建物に見立ててグループで町づくりに取り組む。1人1軒ずつつくってもちよってもよい。

4. **ロボット**……箱をパーツにして空想のロボットをつくる。機能も考えよう！

56

14. 自然素材のめぐみ

　四季の移ろいのなかで自然のめぐみとして得られる材料が「自然素材」です。それを加工した材料にも同様の味わいがあります。同じものが2つとない尊さや繊細な美しさに気づく感性を育みましょう。

work shop　土と砂の絵

水のなかの恐竜？

用意　スチレントレー・カップ容器（2〜）・接着剤（木）・ペットボトル（水）・スプーン・〈ダンボール・はけ〉

手順
- 色の違う砂や土を探してカップに採取し、混ぜるための枯れ枝、松ぼっくりや木の実、木の葉、草の実、小石などを少量拾う。
- 別々の容器に入れた砂と土にドロドロになる程度の水を入れ、接着剤を少量、混ぜる。何を表現するか材料からイメージする。
- トレーを画面と考えて、スプーンでそれぞれの形をつくり、他の素材を加え乾かす。

発展
- 野外ですべての作業を行うとイメージに合う素材探しを楽しむことができる。
- 接着剤を含んだ泥は、固めなら立体表現ができ、水分を多くすれば絵具代わりにぬって「地面」「山」「砂浜」を表現することもできる。ダンボールの上にぬる、指で跡を残すなど工夫してみよう。

work shop　タペストリー——麻のシートや毛糸を使って

用意　はさみ・麻のシート（園芸用）・万能ばさみ（生花用はさみも可）・接着剤（木）・麻ひも・毛糸

手順
- さまざまな自然物を少量ずつ採取する。
- 毛糸と枝を使って麻布を下げられるようにする。
- 材料からイメージした画面をつくる。

発展
- 麻シートの両脇を編むとポシェットができる。

ウールを飾った

白樺の雪だるま

work shop　木の葉のペンダント——透明テープを使って

用意　はさみ・透明幅広テープ・ラッピング用素材・毛糸等・一穴パンチ・落ち葉（押し葉にしておく）

手順
- 紅葉が美しい季節に葉っぱ拾いを楽しみ、拾った葉は新聞紙の間にはさみ、翌日まで押しをしておく。
- ラッピング素材をコーティング用のテープの幅に切り、葉っぱを置き、上からテープでコーティングし、好きな形に切る。

発展
- 穴をあけてペンダントにするほか、装飾やコースターにも発展可能。
- 押し葉以外にも子どもたちとのお散歩時にクローバーや花などで楽しむことができる。

3章　造形を楽しむための造形　57

work shop 自然素材を飾る

用意 さまざまな自然物・ダンボール・フェルト布・はさみ・接着剤（木）・安全ピン

手順
- 自然素材の美しさを飾るものをつくる。身につける、部屋に飾るなどの目的を決める。

発展
- 丸く切ったフェルト布に切り込みを入れ裏に安全ピンをつける。かぼちゃなどの種を周囲にはり、ポップコーン用のコーンを接着剤（木）と混ぜて中心にスプーンで盛る。ブローチのほかペンダントもできる。
- ダンボールとの組み合わせで壁飾りをつくる。
- ドーナツ状に切ったものの上に自然物を接着剤で飾りつけるとリースになる。ほかにも、芋のツルやアケビや葛のツルを丸めてしばって乾燥させるとリースになる。

裏側

葉の美しさを飾る

綿のリース

ツルとまゆ玉のリース　綿の花

こうした活動を豊かにするためには、園庭や室内にどのような環境が必要かを考えてみよう。

---

work shop 木の実から生まれる世界

用意 はさみ・さまざまな木の実・カップ容器・追加材料（綿や光る素材など）・カラーペン（顔料）・グルーガン・接着剤（木）

手順
- カップ容器の中か上に木の実を使った小さな世界をつくる。
- 形をいかしたシンプルな表現にしよう。

発展
- 表現した世界の物語を書きとめてみよう。

 どんぐりは落ちたばかりのものが柔らかくて使いやすい。時間がたったものや皮の柔らかいものは虫が入っていることが多いので、2晩冷凍庫に入れて虫を退治してから使おう！

どんぐりのひな祭り

松ぼっくりの小さな世界

どんぐり人！外の皮だけにすると笛や舟にもなる

---

work shop 木の葉から生まれる世界

用意 落ち葉（押し葉にしておく）・はさみ・接着剤（木）・画用紙（SB、八）またはダンボール

手順
- 落ち葉に触れ、触感やにおいを味わう。大きさ順に並べる、色別のグループをつくるなどしたあと、1枚で見立てられるもの、葉の組み合わせや置き方、並べ方によって表現できるものをなるべく多くイメージする。
- 画面に置いて気に入ったものを接着剤ではる。

発展
- 作品に仕上げるほかに、野外空間で、地面の上に並べる、石の上に置く、砂場に置くなど、空間展示（インスタレーション）を楽しむことができる。

落ち葉の色合いから花をイメージした作品

木の葉の形を見立ててつくったおしゃれうさぎ

落ち葉につやを出したいとき、乾いて破損するのが心配なときは、表面に薄く接着剤（木）をぬっておくとよい。乾くと透明な被膜になる。

稲本正『森と遊ぶ』（岩波書店、1993）は参考になる。

work shop 木片を楽しむ

用意 はさみ・木工用具・釘・金具・毛糸・接着剤（木）・布・木片（教材で100人程度が使用できる箱入りの不定形材がある）・板材（はがきサイズ以上、1人1枚以上）・布テープ・丸棒（タイヤ用〜細いもの）・竹ひご（太・細）・アクリル絵具または顔料ペン・油性ペン

手順
- グループ単位で木工用具セットを用意する。机に万力を取りつける。木片に触れ、テーマを選択し、イメージに合った木片を適宜選び、完成予想図を描く。さらに必要な材料を集める。
- 木工作業を行う際は作業用ベニヤを敷く。ない場合はカッターマットの裏で代用する。

発展
- 遊べるおもちゃを考えてつくってみよう！
- 木の種類や性質、工具については専門書で調べよう！

■ 基本的な木工用具

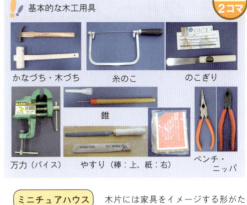

かなづち・木づち　　糸のこ　　のこぎり

万力（バイス）　　やすり（棒：上、紙：右）　　ペンチ・ニッパ

ミニチュアハウス　木片には家具をイメージする形がたくさんある。布を効果的に使うと、木の暖かさいっぱいの室内を表現することができる。

釘打ち＋毛糸　釘打ちの入門的な活動になる。不規則に釘を打って模様づくりをしてもよいし、形を描いた上に釘を打って面をつくってもよい。釘が短すぎると毛糸がしばりにくい。釘をどこまで打つとよいかをよく考えながら作業しよう。

毛糸で迷路！　　雪だるまの飾り

木片を使って何ができるかな？

くぎっ子！　釘を効果的に使った人間や動物や昆虫の表現を楽しもう！　さまざまな大きさの釘やねじ釘があると表情が豊かになる。

走る乗り物　走るしかけのある乗り物をつくってみよう！　タイヤ用の丸棒がないときはキャップで代用できる。

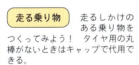

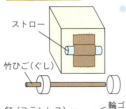

ストロー

竹ひご（ぐし）

釘（ステンレス）　輪ゴム

トレーなど

糸のこを使って　糸のこを使用すると曲線が切れる。電動の糸のこ機があればパズルもすぐにできる。大きな穴もドリルであけた小さな穴に糸のこの歯を通してあけることができる。

プロペラをたくさん回すとゴム動力で走る。

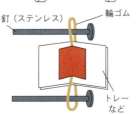

3章　造形を楽しむための造形　59

15. グループ製作活動

　個人個人のイメージはそれぞれに異なります。保育現場に立つみなさんには、互いのイメージの違いを理解し、尊重し合いながら伝え合い、重なりや広がりを楽しむ経験をぜひしてもらいたいと思います。共同製作は、"形に残る"という点がコミュニケーションを目的とした活動とは違います。作品づくりという共通の目的はもちやすいのですが、活動のプロセスはかならずしもスムーズではないかもしれません。それでも、作品をよりよくするためにイメージのずれを修正し合い力を合わせる体験には、個人製作にはない楽しさがあります。楽しんだあとに、どのようなときに夢中になれたか、達成感があったかを振り返り、他者と共につくる体験にはどのような意味があるのか、子どもの集団での遊びとの共通点や相違点についても考えてみましょう。

work shop　共同コラージュ製作

個人でコラージュを楽しむ

3コマ

用意　はさみ・のり・接着剤・画用紙（SBまたは八）・パネル（B1〜模造紙大）・コラージュする材料（処理を考えて材質を制限してもよい）・ペン

> パネルは木製（ベニヤ）パネルまたはスチレンボード5mm厚を用意し、模造紙を巻いて使い、再利用するとよい。

手順
① ・はじめは個人で『素材カタログ』をつくる。それぞれが、紙やひも類、布、綿など"質感がおもしろい""捨てるのはもったいない""何かに使えそう"と感じた素材を持ち寄る。グループ（4〜8人）の机の中央に置き、手にとって「……みたい」というイメージを伝え合う。それらを自由に切り、画面にはって加筆する。カタログ的な関連性のない画面でもよいし物語性のある一場面にしてもよい。
・1時間程度取り組んだら、発表し合い、パネルの準備をする。次回までにつくりたい画面を考えて用紙（p.62）に記入し、案と材料を持参する。

② ・各自のアイデアを発表し合意するまで話し合う。リーダーを決め役割分担をする。下絵・下ぬりを進め、はるものを準備する。
③ ・コラージュをする。計画にとらわれずにつねにアイデアを出し合い、話し合いながら活動を進める。
④ ・コラージュを仕上げ、作品と製作過程を発表し合う。

発展　・額縁をつけると画面がひきしまる。（3章 p.43 参照）
・自分の思いを十分に表明することができたか、他者の思いに気づき、受け止めることができたか、振り返ってみよう。
・写真を用いて「フォト・モンタージュ」の技法を加えることもできる（次頁コラム参照）。

work shop 共同オブジェ製作

用意 はさみ・筆記用具・ダンボール（パネル等の台）・必要な材料と用具

手順 ①・グループ（4〜8人）をつくり、司会役を決め、個人作品を発表し合い、さらに取り組みたい技法や材料やテーマについて話す。
・発表にもとづいてグループで取り組む立体製作のテーマを決める。決まったら、各自でアイデアスケッチを描く（p.62の用紙も利用可能）。アイデアを見せ合い最終案を決め、リーダーを決める。
・必要なものを出し合い、台と材料の準備をして持ち物を分担する。
②・役割分担しながら製作を進める。互いに思いを伝え合い表現するよう心がける。時間になったら記録を取り、次回に向けて準備する。
③・仕上げて発表し、展示する。

発展 ・個人個人のイメージや経験や技能の違いは、この取り組みでどのような意味をもったかを振り返り、「協同的学び」の意味について考察してみよう。
・この活動と子どもの集団遊びとの共通点と相違点は？

コップ人形の合唱団　3コマ

サーカス／水族館

動物園

ウェディングケーキ

みんなの花咲く木

お城

COLUMN　コラージュ

はって表現する絵画技法（パピエ・コレ）を発展させ、印刷文化の産物（写真、カタログ類）を素材として超現実的な絵画作品をつくる表現技法として誕生した。一般的には、はることによる表現技法全般を「コラージュ」とよぶ。心理療法に用いられることもある。2枚以上の写真を切り抜いてはりつけ、新しい別な意味を表現するものを「フォト・モンタージュ」とよぶ。

COLUMN　コラボレーション (collaboration)

一般には「共同作業」という意味であるが、最近では多様な背景をもった専門性の異なる者同士が補完・影響し合って、個別では得られなかったあらたな成果を得るような仕事の仕方を指すことが多く、「協働」と訳される。対人関係能力の欠如による問題が頻発している近年、教育においても協働体験や相互作用の重要性に対する認識が高まっている。たとえば「グループ・プロジェクト」は、協同による探究活動の過程に相互作用とコミュニケーションを組み込む学習方法であり、デューイ（John Dewey 1859〜1952）の教育思想にもとづいている[*]。デューイは、一斉指導では"情報の受取人"である生徒を、"協同的に知識をつくりだしていく学習コミュニティの一員"と位置づけ、体験を重視し、協同学習は民主的な社会における問題解決能力を育成するとしている。実際に「グループ・プロジェクト」は、一斉指導形態より友好的な関係が促進され、教師とのコミュニケーションが個人的・受容的・建設的になり、学習参加が積極的になるという効果が示されており、幼児に対する適用も論じられている。このように保育においても「協同」が注目されはじめているが「一致」というイメージに違和感を覚える人も少なくない。アートにおける「コラボレーション」は、競作や共演のことで、複数の作家がかかわることで生じる摩擦やずれを含んだ創作行為全体が評価される。個人を犠牲にせず、むしろ個人の関与をいきいきとさせるものである。保育の場では、アートの「コラボレーション（協働）」を目指したい。全員が楽しく「コラボ」ることができることは、本章の最終的なねらいでもある。

*）Y.シャラン／S.シャラン『「協同」による総合学習の設計−グループ・プロジェクト入門−』北大路書房、2001

3章　造形を楽しむための造形　61

COLUMN 共同製作用記入用紙と製作環境の例

以下は、共同製作の際に使用した書き込み用紙の例。共同製作では、それぞれの参加意識とイメージの共有化が大切。

コラージュ		素材ワークからグループワークへ
素材のイメージでつくったコラージュの表現の記録		
素材名	イメージ （…みたい…な感じ）	表現したもの
1		
2		
3		
4		
5		
6		
7		
8		
9		
10		
11		
12		
その他、使用可能な素材		

上記を参考にして、共同製作の案を描こう！

共同製作の案 I
- テーマ
- 背景
- コラージュするもの

共同製作の案 II
- テーマ
- 背景
- コラージュするもの

グループ名　No.　Name

＜ヒント＞背景の例：夜空、青空、夕焼け、雪景色、海の名、宇宙、森、ジャングル、未来都市、雨…
コラージュの例：動物、魚、鳥、雪だるま、天使、子どもたち、乗り物、食べ物…

資料　グループ製作［立体作品］記録用紙

グループ名　No.　Name

テーマ	アイデアスケッチ （1回目に記入）	完成図（最終回に描こう）
	アイデア1	
	アイデア2	

	活動計画 （自分の分担）	持ち物	個人の活動記録 （やったこと・がんばったこと）	ものづくりについて学んだこと	「協同すること」で学んだこと
1回目 ／	アイデアスケッチ、台紙・材料準備				
2回目 ／					
3回目 ／					
4回目 ／					
発表会	感想：				

棚の活用例「材料銀行」
下部は自由に出し入れできる

木片を分類してワゴンに設定

4章 子どもの造形表現の発達

誕生から幼児期にいたる時期は、生涯のなかでももっとも劇的な発達的変容をとげる時期といえるでしょう。造形的な表現の発達においては、その過程で系統発生における類人猿との岐路を見ることができるという指摘があります[1]。たとえば、描画表現の発達過程が、文化の異なる世界中の子どもたちにほぼ共通するものであること、学習能力のある優秀なチンパンジーの絵が人間の幼児前期のスクリブルの段階を超えないことなどがその根拠としてあげられています。また古代人の描画との共通性も指摘されており、子どもの絵に関する研究は、人の認知や表現の根源にかかわる領域として、多くの研究者をひきつけてきました。ここでは、そうした研究成果のなかから、子どもの造形表現の理解につながる理論を紹介し、"どのように発達するのか"を示し、"どうして発達するのか"を考える視点を提示します。また、それらを「発達に即した援助」にどのようにつなげるかを考えます。そして、発達を一般化する過程で見落とされがちな「個人差」に関する理論を取り上げ、その理解と援助の手がかりを示します。表現に関する多様な理論の枠組みに触れることは、多面的で柔軟な子ども理解につながるでしょう。

子どもの表現の発達は研究対象としても魅力的な領域です。現代の子どもたちはかつてないほど視覚的な情報が氾濫する社会環境のなかで育っていますが、20世紀に重ねられた研究成果は今も有用なのでしょうか。本章には、研究的な視点をもつきっかけになるようにという期待も込めました。それぞれに関心のあるトピックを探してみましょう。

子どもたちは発達という1本のレールの上を歩んでいるわけではありません。一人ひとりがそれぞれに自己を形成し世界を広げているという発達観をもち、それらを重ね合わせたときに見えるものとして発達の道筋を理解し、造形表現の発達理解を一人ひとりに応じた援助に役立てましょう。

---

1) 東山明・東山直美『子どもの絵は何を語るか――発達科学の視点から』NHKブックス、1999、p.10

● チンパンジーの絵
色を見分けることができるチンパンジーであっても形体を描出しイメージを付与することはない。「京都大学霊長類研究所」のホームページから見ることができる。粘土表現については、中川織江『粘土遊びの心理学』（風間書房、2005）参照。

スクリブル（scribbling）を「なぐりがき」「錯画」と訳している文献もあるが、本書では「スクリブル」という表記で統一する。

1. 造形表現の発達論

生まれてはじめての描画

ここでは、子どもの造形表現がどのように発達するのかを概観します。まずはじめは、造形表現の発達理解に有用と思われる発達論を紹介します。次に造形表現に関する発達論を取り上げ、一般的な道筋について考えます。

(1) 表現の発達の基礎理論

保育者は子ども理解にもとづいて保育行為を行いますが、そのために発達の理解は不可欠です。発達を理解する手がかりとしては、質的な節目に着目して区分する発達段階説があります。発達段階は"発達をどのように見るか"という視点を示したもので、子どもたちの姿のすべてを説明するものではありませんが、表現に不可欠な象徴機能の獲得を発達に位置づけたピアジェの発達段階説は、乳幼児期の表現の発達理解の基礎になります。

ピアジェは、生まれてから1歳半～2歳ころまでの時期を「Ⅰ. 感覚運動的段階」とし、感覚と運動によって外界に対応する時期で、触ったりなめたりすることで外界を知り動作シェマを形成する時期としています。たとえば、つかむというシェマに当てはまるか、音を出すというシェマにはどうかと試すことで事物を見分けて概念を形成します。スプーンは口に運んで食べるときに使うものというような動作的な理解が成立し、後に人形遊びなどで再現されるようになります。また、ものを落としてみることなどによって行為と結果という基本的な因果関係を理解します。それ以降は「表象的思考段階」と考え、7歳ころまでを自己中心性を特徴とする「Ⅱ. 前操作的思考段階」、それ以後は論理操作を用いる「Ⅲ. 操作的思考段階」と分けています。「Ⅱ. 前操作的思考段階」の前半は、目のまえにないものを思い浮かべる表象（イメージ）が出現し、言葉でとらえられるようになる「Ⅱ①象徴的思考段階」（4歳ころまで）で、見立てやごっこ遊びをします。その後、自分からの見え方にこだわりつつも分類や関連づけができるようになる「Ⅱ②直観的思考段階」に移行しますが、この段階の思考の手がかりとなるイメージは自己の観点からの個人的なもので、「保存課題」で示されるように目立つ特徴に固着し、主観的に判断する自己中心化傾向があります。それ以後の「Ⅲ. 操作的思考段階」の前半を、概念的シェマが形成され自己中心的な思考から脱却して具体的なものに関する思考ができるようになる「Ⅲ①具体的操作期」とし、抽象的な論理思考ができるのは、「Ⅲ②形式的操作期」（11

● **発達段階**

時間的経過にともなって生じる変化を非連続的なものととらえ、質的に異なる特徴や性質が安定して持続する期間を仮定する。段階説では、個人差、文化差、多様性、領域固有性より一般性、普遍性が追及され一次元的な見方が強調されやすい（仲真紀子／子安増生・二宮克美編『発達心理学』新曜社、2004、p.50参照）。

● **象徴機能**

あるものをそれではないもので代用させる働きのこと。イメージや言葉が象徴である。

● **ピアジェ（J.Piaget）**

スイスの心理学者。人間の認識の起源を系統発生と個体発生の両面から体系化しようとした。

● **シェマ（schema）**

英語読みではスキーマ。外界を認識する認知的枠組み。概念。

● **保存課題**

同じ2つの容器に同量の水を入れ、一方だけを別な容器に入れ替えてどちらが多いかを問う課題などがある。細長い容器に移し替えると高さの違いに着目して多いと判断する子どもは、保存性が獲得されていないとみなす。

歳ころ以降）であるとしています。段階間の移行はそれまでのシェマでは課題解決ができないときに生じる葛藤から生じる同化と調節によって起こるとし、環境との相互作用、葛藤と解決の重要性を示唆しています。

近年の脳研究においても、感覚刺激運動反応が言語野の形成に関与することが示され、ピアジェの発達論の流れは、表現の発達の基本と考えることができます。また、自己に固着していた視点が移行可能になるという流れも、子どもの描画表現の発達に即しています。ピアジェの発達理論については、その後の研究で、乳児の有能性や領域固有の発達の姿が明らかになり、年齢区分や一般化に対する疑問が示されますが、その基本には普遍性があります（p.70参照）。

ブルーナーは認知の成長に関する発達理論のなかで、「表象作用の発達には、次の3つの明瞭な変化がみられる」[2]とし、子どもが世界を知る方法として、まずはじめは「することを通して知る」が、やがてそうした動作からは開放された「そのものの画像あるいはイメージ」を通して知り、さらに「動作や視覚的イメージを言語に翻訳する」という手段が徐々に獲得されると述べ、「これら3つの姿を異にする表象——動作的（enactive）、映像的（iconic）、象徴的（symbolic）な表象——は、それぞれユニークな仕方で表象作用を営み、人間の精神生活のそれぞれ異なった時期にその特徴を発揮するが、成人ではそれらの3つが相互に作用しながら存続している」と述べています。

これまで個体内を中心とした認知発達理論を取り上げましたが、ワロンが「情動は表象の扉をひらく」[3]と表現した"情動の役割"や子どもを包む環境との関係性にも着目しながら、表現の発達について考えてみましょう。

子どもの表現は、泣くことが受け止められることからはじまると1章（p.10参照）で述べましたが、視覚・聴覚・触覚などの情報の入力機能と音声・動作などの出力機能は、個体内だけで成熟するのではなく、受け手との相互作用によって育まれ、愛着関係と共に発達します。たとえば視覚については、生後3か月にはアイコンタクトに応じ、10か月ころにはものを受け取ると差し出した人を見るようになり、指さしによっておもちゃなどの対象に対する注意を共有できる「共同注意」が可能になります。発するだけであった音声（喃語）は人に向けられるようになり、12か月ころにはおもちゃを見たあとに、相手も見ているかを確認する様子が見られるようになります。この時期に言葉を介した対話の構造の原型となる＜自分・もの・相手＞の三項関係が生まれ、他者の意図を理解する「心の理論」の基盤が形成されはじめると考えられています。またイメージは、愛着対象との身体接触とそこからの分離という情緒的な体験によって生成されると考えられています。愛着対象が心のなかに形成されることがイメージ化のはじまりであり、表

● 乳児期
　生後1年ないし1年半の時期を乳児期とし、5、6歳までを幼児期とするのが一般的である。

2）J.S.ブルーナー／岡本夏木他訳『認知能力の成長』明治図書、1970、p.23

3）H.ワロン／久保田正人訳『児童における性格の起源』明治図書、1965、p.80

● 愛着（attachment）
　他者に対してもつ情緒的な絆。ボウルビィ（J. Bowlby）が提唱した。

● 共同注意
　注意を共有することで自己と他者が何らかの意図をもつことを理解する。

● 喃語（なんご）
　生後3～4か月ころの単音節の「クーイング」に続いて、6～8か月に発せられるようになる複数の音節からなる音声。「バーバー」「ダーダー」「バブ」などで、一人でも発するが、対人交流の基盤にもなる。

● 三項関係

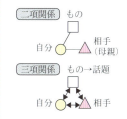

● 心の理論
　他者や自分の心の状態を理解するための枠組み。

4章　子どもの造形表現の発達

> **CASE　スクリブルの初期**
>
> 12か月ではじめてクレヨンを手にした場面。口に入れようとするのを母親に制止される。次にクレヨンを持ったときには、母親の顔を見ながら口に入れようとする様子が観察された。はじめてのものに出会うときには「社会的参照」（養育者の情動を読み取ることによって状況を判断し行動を変化させること）を必要とする。その後、手を持ってもらい描くことをきっかけに点描をはじめた。スクリブルの初期には視覚的な関心が低い。

現に必要な諸機能も、愛着対象に自分を重ねようとする模倣によってその発達が促進されます。このように、身体や情動レベルで通じ合う経験は表現の発達の基盤になります。そして、幼児期には生活の場が広がり、表現の発達にかかわる関係性が社会との関係性に拡大していきます。

　また、造形的な表現の受け手は他者だけではありません。自己との対話や自己存在の主張という側面があるのが特徴です。そのため、造形表現の発達も「自己の発達」と関係づける必要があります。自己意識は、生後3か月ころの自分の手を真剣に見つめる行動（ハンドリガード）が見られるころに芽生えはじめ、1歳半ころには鏡映像を自分であると理解するようになり、名前の理解が状況や時間を超えて一貫する自分の理解に役立つと考えられています。情緒的に自他が未分化な状態から、愛着対象への密着が制限されることによって徐々に別々なものであることに気づきはじめ、2歳ころからの自己主張や反抗を通して自他の分離が明確になっていきます。

　また、発達の初期における愛着関係が肯定的なものであれば、自己イメージが"愛される価値のあるもの"として形成されると考えられています。「発達早期の愛着関係の肯定的あるいは否定的要因が、後の対人関係に影響をおよぼし、自己表象にも影響をおよぼすという発達観は、心理臨床の根幹にかかわる人間理解」[4]になっており、自己イメージは、その後も自己表現に関与し続けます。また、4歳ころからは自己概念に時間的な一貫性をもつようになり、「過ぎ去ったじぶんの出来事（エピソード）を自伝的な記憶として編み上げていくこと」[5]ができるようになります。過去・現在・未来という複数の自己の表象を保持できるようになることは、過去の経験を生かし見通しをもって行動できるようになると同時に、過去を引きずり先のことに不安をもつようにもなります。この時期に、言葉を用いた抽象的な比喩表現ができるようになり、不快や不安は象徴的な表現（遊びや表現媒体を用いた表出行為）を通して和らげられることを体験します。

　また、幼児期は一般的に自己評価が高く、比較や他者評価を取り入れるのは学童期とされていますが、重要な他者からは評価を得ようとします。「内なる他者」を抱え込む[6]ようになるのもこの時期と考えられ、これらの指摘は、表現の理解と援助を考えるうえでも重要です。

---

4) 山上雅子／下山晴彦・丹野義彦編『講座臨床心理学5 発達臨床心理学』東京大学出版会、2001、p.40

5) 岩田純一『子どもはどのようにして〈じぶん〉を発見するのか』フレーベル館、2005、p.173

> 「遠足の思い出」の絵を描くのであれば、何歳児以降が適しているだろうか、考えてみよう。

6) 石橋由美「社会的関係と自己」／祐宗省三編『子どもの発達を知る心理学』北大路書房、1994、p.92

● 内なる他者
「内なる他者」はワロン（浜田寿美男訳編『身体・自我・社会』ミネルヴァ書房、1983）の示した概念。他者や共同体の視点や評価を代表する。

（2）描画表現の発達論

次に描画表現についての発達論を整理します。子どもの描画に関する研究は、19世紀後半にはじまり、20世紀初期にはグッドイナフの「人物画テスト」に代表されるような心理測定的な研究が行われ、投影的観点から絵を見ようとする精神分析的アプローチによる研究が現れ、「発達的」観点からも多様な研究が行われるようになりました。その成果として示された発達段階は一様ではなく、すべての子どもに当てはまるものではありませんが、発達の道筋の共通性は高く、子ども特有の表現様式の受容と理解、見通しをもった援助に有効であると考えられます。ここでは、それらのなかから幼児期に焦点を当てた研究を紹介します。

ケロッグは、世界中の子どもの絵の詳細な検討から20種類の基本的スクリブル（下記コラム参照）を抽出し、「絵は基本的にスクリブルに分解できる」[7]ことを明らかにしました。その組み合わせから「マンダラ ✧ 」などの図式が生まれ、それが「太陽」「太陽の顔」「太陽人」「人間」へと発達的に推移するという発達段階を示しています。子どもたちが用いるシンボル表現から、美的なバランスを好む傾向は先天的で生物的な能力であり、子どもの初期の描画が世界的に共通であるのは大人から学ばず自己発見的であるからとし、それが原始絵画との共通性にもつながるとしています。また、子どもたちがスクリブル動作から形を見いだし、紙面上に意識的に配置することから、スクリブル動作の基本的要因は視覚的興味であり、子どもの絵は、運動と視覚の統合、形や線の知覚と美的な喜びと筋肉的満足の統合であるとしています。

ブリテンは、この時期の描画発達を、身体機能の発達と関連づけて論じています。最初の段階は「無統制スクリブル」（1歳～2歳半ころ）で、描画材を握りしめ、手首があまりよく動かず、腕の振り動かしで線描の方向や長さが決まり、ときにはよそ見をしながら弓なりの弧線をくり返し描き、ひじを曲げると縦線、手首がしなやかになると小さな円弧になりますが、まだ指の動きも乏しい時期です。肩を支点とした腕全体の運動にひじから先の回転運動、手首の動きが加わり、曲線や渦が描かれます。この段階の特質は身体機能の発達によってもたらされるとしています。次は

● 人物画テスト
　グッドイナフ（F. Goodenough）が考案した。人物画の要素が描けたら点を加算して精神発達測定を行う。方法や点数化に対する批判もある。

7）R. ケロッグ／深田尚彦訳『児童画の発達過程』黎明書房、1971、p.27

子どものスクリブルのなかからマンダラ図形や美的バランスを好む傾向を探してみよう！ すべての子どもに見られるだろうか？ 美的バランスについては、スタンピングやブロック遊びなど、ほかの場面でも探してみよう。

COLUMN 基本的スクリブル

2歳までの幼児がつくる20種類の形。これらは絵画を建築と見た際の煉瓦（building blocks）にあたる。

1. 点		11. うねうね閉線	
2. 単縦線		12. ジグザグ・波線	
3. 単横線		13. 単輪線	
4. 単斜線		14. 複輪線	
5. 単曲線		15. 渦巻線	
6. 複縦線		16. 重なり円	
7. 複横線		17. 複円周	
8. 複斜線		18. 拡がり円	
9. 複曲線		19. 単交円	
10. うねうね開線		20. 不完全円	

（前掲書『児童画の発達過程』p.22 より）

1歳〜2歳のスクリブル

3〜4歳のスクリブル
（「たまご」と命名）

8）W．L．ブリテン／黒川健一監訳『幼児の造形と創造性』黎明書房、1983、p.45、p.47

● 頭足人
3歳ころに現れる初期の人物画で、頭となる円形の線と縦線によるもの。腕はなかったり、円形から直接出ることもある。

● リュケ（G. H. Luquet）
フランスの研究者。1927年に書いた『子どもの絵』（須賀哲夫監訳、金子書房、1979）は児童画研究の出発点ともいえる。

● アルンハイム（A. Arnheim）
ゲシュタルト心理学を背景とした芸術心理学に関する論考を発表しているドイツの心理学者。

❗ 重なって見える図形の面をグラデーションの段階でぬり分けることによって「透明視」（3章 p.36参照）が可能なのも、「簡潔性の原理」による。点が並んでいるとなめらかな線を感じるという「群化の法則」もこれによるものである。
（仲谷洋平・藤本浩一『美と造形の心理学』北大路書房、1993、p.18参照）

「統制スクリブル」の段階で、自分の描くものをよく見るようになり、描画材の握り方も大人に近づき手首もしなやかになり紙からはみ出すこともなくなり複雑な輪状や渦状の形が見られるようになります。3歳半から4歳くらいのころは、描いている形に名前を当てはめるようになる「スクリブルへの意味づけ」の段階であり、見た目ではそれとわかる表示ではありませんが、命名することで意味が与えられます。線描と物事との関連づけに気づき、描いたものを意味する表象として理解できる段階になりますが、表そうとする物事に似せてそれらしくなるのは4歳をすぎてからで、それまでは筋運動や触覚などの感じの現れであり、「目を閉じて感触だけを思い浮かべながら毛布を描くと3歳児のスクリブルにそっくりになるであろう」[8]と述べています。また、子どもは「事物とかかわる自分の体験を描くのであって、事物の見えるままの形をカメラのように再生しようとするのではない」[8]とし、人間というものの表象として「頭足人」表現を用いるとしています。

4、5歳以降は「前図式的段階」であり、画面内に秩序がもたらされ上下関係や空や地面を表す線（基底線）が描かれます。人間にも胴体が描かれ、人間のさまざまな描き方を試すようになり、自分なりの方法を編み出していくようだと考察しています。それ以後の発達段階については、ローウェンフェルドとの共著のなかで整理しています。

またリュケは、子どもの絵は見えるままに描く「視覚的リアリズム」ではなく、知っているように描く「知的リアリズム」であることを唱え、見えないはずのものを描くことへの理解を促しました。一方アルンハイムは、「視覚的思考」を唱え、見ることそのものに全体的特徴や一般性の把握が含まれると考えました。見ることで構造特性を把握し、見たものを描くのだと主張します。

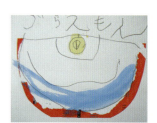
「ドラえもん」幼児期の子どもの絵はそれぞれのイメージを表している。

その背景にあるゲシュタルト心理学では、人にはいくつかのものをまとまりのある形態（ゲシュタルト）として見ようとし、もっとも簡潔な「よい形」にまとまって知覚されるという法則（簡潔性の原理）があると考えます。子どもたちは大人の原理とは異なる主観的な構造把握を行って映像的な表象を構成し、限られた描画力を駆使して描出すると考えられます。

ピアジェとアルンハイムの理論にもとづいて、イメージと思考の発達過程と視覚的言語を通して表現の文法を習得する過程の統合を試みたのがスミスです。絵画表現の発達を物語的、感情的、構図的特質の組織化の問題として

とらえ、動作と印によって手段を取得し、名前とシンボル・視覚的要素の獲得によって再現的描写を発見し、経験の描出とデザインへと向かうという理論を展開します。

また、ガードナーは観賞力の発達論を展開しています。平面図像に三次元の世界を感じる能力は、生得的・経験的に獲得され、2歳までに絵の奥行きを知覚できるようになるが、7歳までは「シンボルの認識の時期」で、絵は事物として認識するだけで「誰がどのように描いたとか、訓練や才能にも無関心でお絵描きは紙が一杯になったり疲れたときにおしまいになる」9)としています。そして7歳以降は写真のような絵を高く評価するようになり、9歳以降は表現的な側面に注目するが個人差が大きくなると述べています。

ここで、これまでに概観した基本的な描画表現の発達の流れを理解する手がかりとして、「描画発達体験ワークショップ」を行いましょう。内面の発達の追体験はむずかしいので、身体機能の発達を中心とします。

● スミス（N.R.Smith）
　アメリカの美術教育の研究者。絵の表現活動は意味の創造にあると唱え指導法も示している。N.R.スミス／上野弘道訳『子どもの絵の美学』（勁草書房、1996）参照。
● ガードナー（H.Gardner）
　描画の発達論は『子どもの描画』（H．ガードナー／星美和子訳、誠信書房、1996）参照。ＭＩ理論（4章 p.80 参照）を提唱し、理論にもとづく実践を行っている。
　9）村山久美子『視覚芸術の心理学』誠信書房、1988、p.137

!　発達の学習方法には、縦断的な記録を縮小コピーしてカードをつくり、発達順に並べるワークショップも有効である。裏に年齢を書いておき複数の子どもの絵を用いて段階ごとに分けると情緒的な側面の大きさや個人差についても理解される。

work shop　発達体験

見本を見ないで赤ちゃんになった気分ではじめましょう！

用意　A4用紙・クレヨン（または丈夫なペン）

A．スクリブルの発達（身体機能の発達は体躯から末端へと進む）
① 生後3か月、仰向けになって自分の手をながめている。手の動作は？　その後の寝返り・はいはい・つかまり立ちは、どのような機能を高め、手はどのような役割をはたすだろうか？　一人座りによって手を使う機会が増え、歩行までに「握る」「はなす」「つまむ」「振る」という手腕的運動技能を獲得する。
② 1歳になり、歩行可能になると大人の様子がよく見える。文字を書く姿を見て、はじめて筆記具を手にする。どのように持つだろうか？　クレヨンを握ってみよう。持ち方は試みから徐々に洗練されていく。
③ いろいろな握り方をしてみよう。握ることに集中すると手首やひじが固くなる。肩の自由によってできる動きは上下運動である。視線を紙からはずして腕の上下を楽しもう。点ができ、体を動かすと短い線ができる（Ⅰ）。
④ 慣れるとひじが自由になるので「振る」動作をすると扇状に跡がつく。よそ見をするとずれていく（Ⅱ）。
⑤ ひじと肩が連動すると回転運動の跡が残る。目と手の協応が進むと視覚にコントロールされた線や小さい渦巻を描く、画面内に配置するなどができるようになる（Ⅲ）。「これ何？」と聞かれたら何と答えるだろう？　1歳〜2歳児の関心事や言葉から答えよう。描いたものと意味のつながりを知る。
⑥ 手元を見るようになり手首や指先がやわらかくなると、持ち方も大人に近づく。閉じた形を描こう（Ⅳ）。形の描出は内部と外部、地と図の理解と文字を書く筋運動機能の獲得を促す。2〜3歳の言葉で命名しよう。
⑦ 3歳になると生活が広がり、イメージや言葉も豊かになる。これまでに描けるようになった点・線・円形を構成して形を描いて見立てて命名してみよう（Ⅴ）。描ける形で家族や知っているものを表してみよう（Ⅵ）。

B．前図式〜図式期の発達段階（知的リアリズムと視覚的思考による表現）
① 4歳ころからは言語表現も著しく豊かになり、1人称を使い、4、5語をつなげ、理由をつけて話すようになる。「私（僕）がおうちの中のツリーのそばで早く来るといいなーと思ってたら外にサンタさんがプレゼントをいっぱい持って立っていたの！」というイメージを描いてみよう。描けるようになった視覚的な要素を使い、感情を込めて描こう！　おうちは三角屋根にしてエントツを描いてみよう。
②「四角い机に家族4人で座って大きなピザを食べたの！」と描いてみよう。どのような表し方があるか考えよう。

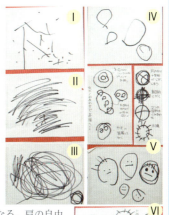

4章　子どもの造形表現の発達　69

（3）造形表現の発達論

> シルマッハーは、粘土遊びの発達段階を
> 1. 何物なの？（2歳児ころ）
> 2. 何ができる？（3歳児ころ）
> 3. 見て、できた！（4歳児ころ）
> 4. 何がつくれるか、わかってるよ！（5歳児ころ）
> と表した。図表4-1の段階と重なっている。

　つくる表現の発達研究は描画と比較して少なく、表現媒体の種類も多様なので、ここではいくつかの媒体について一般的な発達の順序とおおまかな発達段階を示します。ブリテンは、粘土表現にも探索的かかわりから単純な形をつくって見立てて命名し、組み合わせて複雑化し、5歳ころには宣言をしてからつくるという発達的変化が見られると述べています。材料体験の開始時期が異なるので年齢は明記しませんが、ピアジェの発達段階を併記すると、異なる媒体に共通する順序性が理解されます（図表4-1）。

　実際の子どもの姿は、何歳であってもはじめて出会ったものに対しては探索の段階に戻り、仲間との遊び場面での模倣によって、発達段階が移行するので、年齢との対応や順序性が明瞭ではありませんが、発達の流れの理解

図表4-1　つくる表現の発達段階

ピアジェの発達段階	積木でつくる	粘土でつくる	ものでつくる	砂でつくる	キーワード
感覚運動的段階	探索する（音を出す等）	探索する・跡をつける（つぶす・ちぎる等）	探索する（つぶす・投げる等）	探索する・跡をつける（水と混ぜる等）	探索・もて遊び
象徴的思考段階	操作し、見立てて遊ぶ	単純な形（へび・団子等）をつくる・見立てる	見立てる・組み合わせて命名する	型を抜く・線を書く見立てる・穴を掘る	見立て・意味づけ・象徴
直観的思考段階	構成する・できたものから発想する	半立体的に表す・組み合わせてつくる	形や色から発想してつくって遊ぶ	半立体、立体的に表す・理論を試みる	構成・つくって遊ぶ
具体的操作段階	目的や構想をもってつくる・利用する	立体で表す・宣言してつくる・グループでつくる	目的をもってつくる・遊びに利用する	目的や構想をもちグループでつくる	目的・共同

図表4-2　乳幼児期の子どもの造形表現に見られる発達段階

年齢区分	ピアジェ	ブルーナー	ケロッグ	ブリテン＆ローウェンフェルド	造形的な表現の姿 ●リュケ ◆シルマッハー	表現・認知・遊びの姿のキーワード
0～1歳ころ	感覚運動的段階	動作的表象（身体）			見る　触れる 見ながら触れる	泣く・笑う・喃語・愛着形成・永続性理解
1～2歳ころ			スクリブルの段階（20の基本形）	無統制スクリブル期	スクリブルを描く ものの探索 ◆媒体の操作（スクリブルと印）	探索・身振り・言葉理解・指さし・2語文・見立て・ふり遊び
2～3歳ころ	表象的思考段階　象徴的思考	映像的表象（視覚）	配置の段階 図形（ダイアグラム）の段階	統制スクリブル期	閉じた形（円）を描く 形を見立て・意味づける 人物（頭足人）を表す ◆個人的な形・輪郭線・デザイン・シンボルづくり	象徴機能・指先機能・語彙増加・1人称・自己主張・知的関心・構成遊び・平行遊び・ごっこ遊び
3～4歳ころ	前操作的思考		デザイン（結合・集合体）の段階	命名スクリブル期（意味づけ期）		
4～7歳ころ	直観的思考	象徴的表象（言語）	絵の段階	前図式期	構成（デザイン）する（視覚的思考）基底線を描く ●知的リアリズム ◆他者にわかるようになる絵	目的・不安・我慢・共通のイメージ・共同遊び・協同遊び
7～9歳ころ	操作的思考　具体的操作			図式期	経験を描く 目的をもって表す ●視覚的リアリズム ◆写実	思考力・認識力 文字・共同

70

は、探索の時期の必要性、段階は移行すること、また、目の前の子どもがどのような段階を楽しんでいるのかを理解して援助するのに役立つでしょう。

これまでに示したおもな理論を総合して、発達段階を表に整理しました（図表4−2）。スクリブルから写実への流れはピアジェの示した運動から表象へ、主観から客観への流れと重なります。またブルーナーが示したように、主導的な役割を果たす感覚器官とイメージが"身体・動作的→視覚・映像的→言語・象徴的"と移行する過程で造形表現に必要な機能の獲得と協応が促され、表現の手だてと内容が徐々に豊かになっていく流れを読み取ることができます。ただし、ものを媒体とする造形表現の発達は、環境との相互作用の影響を強く受けるので、個人差の大きさに対する理解が必要です。

> 子どもたちの発達過程は一様ではない。子どもたちは、それぞれに触れて見て感じ考えることによって、周囲の世界とのかかわりを深め自分を織り上げるさまざまな糸を増やしながら自分なりの織り目をつくっていく。

2. 子どもの描画の特徴とその背景

次に、発達の流れの背景を、幼児期の絵の特徴から考えてみましょう。

（1）色彩表現の特徴

色の識別の発達については、生後2か月から赤と緑の識別ができ、青は数か月遅れて識別され初期には赤や黄色にひきつけられ、2歳程度で色名を発しはじめ、色と色名が一致するのは4歳以降であることが明らかになっています[10]。3、4歳までは生理色の段階であり6色程度を識別して主観的に用い、7、8歳までは概念色の段階で、葉は緑というように、ものと色を関係づけ、性差が見られるようになり、色の再現は8、9歳以降にはじまります[11]。そして、色が同じものは形が違い、形が同じものは色が違っているもののなかから「同じものを選ぶ」という色反応と形反応の検査結果から、22か月では形、4歳半で色が優位となり、約5歳に再び形優位へ移行しはじめ、9歳までにはほぼ形が優位になり、大人の90％が形反応であることが明らかになっています[12]。このように4歳までは色に無頓着な傾向があり、3歳では色の選択時に絵具の容器の並べ方の影響を受けるという研究結果もあり、幼児期の色彩の用い方によるパーソナリティとの関連づけについては慎重であるべきだと考えられています（5章p.123参照）。

5歳男児が行った色づくり。色にこだわらない男児も多いが個人差が大きい

10) J.アトキン／金沢創・山口真美監訳『乳児の視覚と脳科学　視覚脳が生まれる』北大路書房、2005、p.90

11) 皆本二三江編『0歳からの表現・造形』文化書房博文社、1991、p.56、p.61

12) D.T.シャープ／千々岩英彰・齋藤美穂訳『色彩の力』福村出版、1986、p.23

(2) 頭足人 ──人物画表現

メキシコの4歳児の絵（2枚）

頭足人は、幼児期に描く人物画に典型的に見られる表現で、万国共通であることが研究者の関心を集めてきました。

コックスは、「頭足人」を描く子どもに対する、"はり絵による人物表現を促す実験"や"おへそを加筆してもらう実験"[13]によって、「頭足人」を描くのは胴体を知らないのではないことを明らかにしました。はり絵では胴体部分が表現され、そこから手足が出ており、おへそを描き加える場所は頭部と思われていた円の下部と足と思われていた2本の線の間に描く子どもが半数ずついたという結果が示されました。この時期の人物画は、再現性を問わず、象徴（シンボル）として理解する必要があるでしょう。

ケロッグは、この時期に子どもたちがどれだけ多様な方法で人物

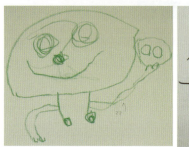

日本の4歳児の絵（左：「ママ」。手が足の部分から出ている頭足人。この絵の場合は、足の部分が胴も表していることがわかる）

を表すかという興味深い分析結果を示していますが、実際の保育の場ではどうなのでしょうか。現代の子どもたちのなかには、小学1年生でも「頭足人」を描く事例があるという指摘[14]もあります。実際にどのような「頭足人」がいつごろ描かれるのかをあらためて検討することも子どもの表現の現状を理解するのに有効でしょう。

> ❗ 世界中の子どもの絵についてはR．ケロッグ『児童画の発達過程』（黎明書房、1971）参照。

13) M．コックス／子安増生訳『子どもの絵と心の発達』有斐閣、1999、p.46、49

14) 三沢直子『描画テストに表れた子どもの心の危機』誠信書房、2002、p.150

(3) 透明画（レントゲン画）・誇張画

リュケの唱えた「知的リアリズム」を理解するために「レントゲン画」とよばれる"見えないはずの部分"を描く表現を見てみましょう。「ワークショップ 発達体験 B」（p.69）の"おうちのなかで"の表現に有効であったはずです。この方法によって、家の壁より描きたいものを描くことができます。

また、子どもたちはしばしば実際の大きさの関係性とは異なる表現をします。家より大きな人物を描き、家族の絵では、母親だけを大きく描くことがあります。自己中心性と一側面に関心をもつ認知的特性（中心化）も要因ですが、大切な部分が強調され、そうでない部分が省略されるのは、感情の投影でもあります。

レントゲン表現だけでなく誇張表現も見られる（ドイツの5歳児の絵）

「大好きなママ」人物の表現方法もそれぞれに異なっている

> **COLUMN　交線回避**
>
> 前図式期では前後を重ねて表現しないので、線が交わるのを避ける傾向がある。一般に髪を描くときは横に広げる、手を短く描くなどの表現が見られる。ところが、両方とも大切な場合は重ね描きなど個人的な工夫が見られる。こうした葛藤が表現の幅を広げていく。

交線の回避と克服

（4）展開描法（擬展開図）・多視点画

　特徴的な空間表現としては「展開描法」とよばれる表現方法があります。「ワークショップ　発達体験 B」（p.69）ではどのような表現をしましたか？

　子どもたちは、囲んでいる表現をするのに、放射状に倒れているかのように描くことがあります。運動会の障害物競争を表現した絵からは、自分との関係性を紙の上に表そうとした工夫の跡が見られます。

　また、この時期には視点を１つに定めない表現が見られます。"車体は横からの形でタイヤは４つの車"や"たたくところだけ上から見た太鼓"などの多視点表現は、論理操作の未熟さだけでなく、対象の内的モデルが情報によって形成され、その伝達が優先されているとも考えられます。

　この時期は、描く機会をもつことは自分で考えることであり、自分をたしかめることでもあることが理解されます。

● 多視点表現

　多視点表現は、子どもの描画だけではなく、古代エジプトの絵画表現などにも見られ、ピカソなどの立体派とよばれる画家たちは立体を平面に表現する手だてとしてあえて用いている。

> **COLUMN　エントツ表現の発達？**
>
> 「ワークショップ　発達体験 B」（p.69）ではどのようなエントツを描いただろうか。子どものエントツ表現は一様ではない。斜めの屋根の線に対して垂直に立つエントツ、地面に対して垂直に立つエントツ、その中間的な表現のエントツ等が見られる。
>
> さて、その違いの要因は何であろうか。地面に垂直なエントツは、１対１の関係性を越えた画面全体の空間的な関係性の把握によって描かれる。それは自己中心的視点からの移行を意味する。最後の写真の描画は「視覚的リアリズムの段階」の小学生の絵である。

５歳　　　　　　　　６歳　　　　　　　　小学生

4章　子どもの造形表現の発達　73

5歳女児が園庭で見ながら描いた絵。鉄棒は横から、プランターや砂場は上からの視点で描かれ、遠くのものは上に描かれている。遮蔽によって奥行を表現するのは7、8歳以降と考えられている

15) 空間認知の発達研究会『空間に生きる』北大路書房、1995 参照。学齢期の表現については大橋皓也『子どもの発達と造形表現』開隆堂、1982、p.132。

● 模写課題

見たとおりに描くという模写課題で、コップを取っ手が見えないように配置しても取っ手を描いてしまうことを"知的リアリズムによるエラー"とし、年齢と共に減少することから視覚的リアリズムへの発達的移行が示される。エラーではなく、子どもの課題理解や何を期待されているかという推測や情報伝達意図による調整等によるのではないかという指摘がなされている。

花には根があることを知っていても擬人化表現が見られる

16) 稲垣佳世子／内田伸子編『よくわかる乳幼児心理学』ミネルヴァ書房、2008、p.169

(5) 基底線と遠近表現

それまでカタログのようにバラバラに配置されていた図が、上下のある画面内に描かれるのが「前図式期」です。地面、あるいはその象徴として描かれる線を「基底線」とよびますが、紙の下辺が代用されることもあります。空は上部に線や雲や太陽で表され、通常背景としては描かれません。奥行きの表現ができないので、遠くのものは分離させて上に描くという「積み上げ法」の遠近表現が用いられることがあります。そのほかに「俯瞰表現」によって空間を表現し、多視点を合成して描くこともあります。

立体や空間の表現の発達についてはさまざまな研究が行われています[15]。「模写課題」を与える実験においても、この時期の子どもは写実的には描かないことが確認されていますが、見たとおりに描かないのには理由があるという実験結果も報告されており、子どもにとって描画は自分の意図を表すものであり、認知の表れだけではないことが理解されます。透視画法ができない段階の描画は一見未熟なようですが、自分の心のなかにこそ実在があり、絵画は見る人の側に存在するという考え方に通じる魅力があります。

(6) アニミズム的（擬人化）表現

擬人化は、人間についての知識を使ってほかの生物の属性や行動を類推しようすることで、アニミズムは、無生物に対して生物の属性を付与する無生物の擬人化を意味します。幼児期の子どものそうした心性は、未熟な思考によるものと考えられがちですが、そ

「お買い物に行こう！」（6歳女児）

の対象と、人と同様に、あるいは生きているかのように心を通わせていることを表しているとも考えられます。また、こうした思考が、対象の理解を誤らせているということはなく、「擬人化は生物学的な推論として働くことが多い」ことから、「自発的に示す擬人化は、生物界を理解するのに役立っています」[16]。子どもの周囲の世界への共感的な理解として受け止めましょう。

(7) 概念画

次ページ上の2枚の絵を比較してみましょう。この絵は、ある女児が2年保育の幼稚園で使用していた自由画帳に描いたもので、入園間もない時期と

年長児クラス後半の絵です。どのように発達しているでしょうか。技巧や彩色の巧みさなどからさまざまな発達が推察されますが、イメージや表現性については、入園当初のほうが豊かであるように感じられます。下の絵では友達の存在が大きく、通じ合える表現方法を習得した安定感があり、社会性の発達が伝わってきます。このように描き方がパターン化された絵やくり返し描く絵を「概念画」とよびます。創造性育成の観点から否定的な評価をする場合もありますが、子どもたちの絵に対する評価基準には「独創性」や「表現性」などはないので、大人が考える子どもらしい絵やよい絵を描く必要性を多くの子どもは認めていません。自由画帳にはその子どもの発達や心情が表れているので、縦断的な変化に、どのような発達や意味があるのかを読み取る機会としましょう。

（上）２年保育の入園時（下）年長後期

3. 発達に即した援助

ここでは、それぞれの発達段階に応じつつ、段階の移行を支える援助について考えます。発達は、生物的成熟だけでなく環境との相互作用の結果から起こり、その過程で生じる葛藤や挑戦的な課題の解決が、段階の移行に対して促進的な役割を果たします。子どもは環境への適応の限界を、自分を変えつつ乗り越えていくと考えられています。発達を加速するのではなく、それぞれの時期を共感的に理解しながら、発達の契機となる刺激をいかに適時適切に与え、表現する姿をどう支えていくかが課題となります。

２歳児の絵具遊びの途中で与えられた環境。あらたな挑戦課題に楽しく取り組む活動が発達を支える

（1）乳児期〜幼児期初期
　　　　──無統制スクリブル期／感覚運動的段階

この段階に即したおもな援助は、心地よい場を設定し、視覚や触覚に適度な感覚刺激がある遊具や絵本や日用品や描画材、イメージの生成や運動制御につながる構成遊具や粘土、情緒的な安定を促す水や砂での活動に親しめるようにすることです。対象を口で知覚することを想定し、安全にも配慮します。発達に必要な探索的なかかわりには「つぶす」「こわす」行為も含まれるので、情緒的な表出か挑戦的な探索かを推察しながらていねいに応じます。ものによる表出も、言葉による表現の源です。スクリブルが可能になったら、自発的に筆記具を手にし、汚れを気にすることなく取り組める環境を用意し、身体運動によって跡をつけることを楽しめるようにします。

カラフルで見立てやすいシンプルな形の安全な遊具がよい。動かすと乗り物や生き物に、お皿の上に置くとご飯に見立てられる

4章　子どもの造形表現の発達　75

1か月後に大人といっしょに描いた絵。刺激から線描が複雑になる

「ぬり絵」ではなく線という視覚刺激に応じる「らくがき遊び」。はみ出すことを楽しみながらコントロール力を育てる

● 平行遊び
　遊びの分類において、"複数の子どもが同じ遊びをしていてもとなりの子とはいっしょに遊ばない状態"をさす。「一人遊び」や共通の話題にもとづく「連合遊び」や役割やルールのある「協同遊び」と区別される。

1枚の紙をちぎってそれぞれに顔を描く遊び

デカルコマニーに加筆した

　「無統制スクリブル」が次の「統制されたスクリブル」に移行し、「形」が描出される契機となるのは、身体機能の発達と表象（イメージ）の出現です。描画機能の発達に必要なのは、視覚と手の関係性を深める体験です。大人とのかかわりや子ども同士のやりとりを楽しむスクリブルの場を設定すると、一人とは違う楽しさが得られます。声を出し、共振し、描いた線への注意を共有する体験は、コミュニケーションの原型でもあります。イメージの生成には、多様な環境（空間的・人的・物的・文化的）との相互作用による情報の貯蔵が必要です。「直接体験」と「相互作用」が段階の移行を支えます。

（2）幼児前期
——統制スクリブル～意味づけ期／象徴的思考段階

　形が描けても、イメージは個人的で伝わりにくい傾向がある時期です。この段階には、温かく受け止め、形や言葉を引き出す援助が必要です。一人遊びや平行遊びが多く見られる時期ですが、同じイメージで遊ぶことを急がせず、それぞれに探索し表すことを励まし、同じ種類のものを複数用意し、情緒的なつながりを大切にします。また、視覚的な類似によって実物と代用物を結びつける「見立て」が生まれる積木などのシンプルな形の構成遊具を環境内に置き、形や色に親しみ、自分なりに「形」と「イメージ」をつなぐことができるようにして象徴機能を育みます。具体的には、積木遊びのほか、丸を描いて交代に「…みたい」と言って加筆する、紙ちぎりやデカルコマニーなどで偶然できる形を楽しみ、自由に見立てて描き加える遊びなども、形とイメージを結ぶ機会となります。

　「命名スクリブル＝意味づけ期」への段階移行に必要なのは「言葉」です。つくり出した形に意味づけをすることは、形が意味をもち、意味を伝えることを知る機会になります。限定的に対応させず、形態を変化させやすい材料（砂・粘土・絵具等）にかかわりながら言葉で表すなど、イメージや言葉の広がりや多様性を楽しむ援助が豊かな表現の基盤を育みます。ガードナーは、2歳～3歳はシンボル化能力と描画能力とのギャップが大きく、そこから物語づくりがはじまると指摘しています。イメージと形と言葉の間のズレをつなぐという課題が人間特有のものであることは、チンパンジーの絵がこの時期以降の発達をとげないことからも明らかです。保育者がその一致を急いで「○○みたいね」と意味づけてしまうのではなく、「聴くこと」によって子ども自身が見立て、そこからあらたな文脈を生み出し、遊びへと展開する過程を励ますことが目指すべき援助の方向性でしょう。ズレは、なくすべきものではなく"発達の源"と考えます。ごっこ遊びや造形表現活動のなかで存分に自分のイメージを表出し、場を共有することが、仲間のイメージと

のズレや葛藤を生み、そのことが、他者の心を理解し気持ちや考えを伝え合うという課題を生み、自らイメージを調整して共通性を高めることにつながります。

また、この時期にイメージと形と言葉を共に豊かにし、ゆるやかに関連づける援助として有効なのは、自然体験と絵本に親しむことです。どちらもイメージと形と言葉の宝庫であり、情動をともなって子どもの内面に取り込まれます。このころ「言葉は外界の命名機能から自分の内面を表現する機能へと進化するのと軌を一にして、2つの役割（伝達の手段と考える手段）を果たせるように」[17]なります。形を意味づけた言葉は、考える言葉となって自分なりの理論生成の基盤になり、次の段階への移行を促します。

> 幼児前期の発達に応じた造形活動の具体例は、花篤實・辻正宏『0〜4歳児の造形』（三晃書房、1987）が参考になる。

ゆっくり垂れる絵具を見ながら「ゴトンゴトン…」とつぶやく子どもがいた

「つよくてこわいかいじゅうがあるいているんだよ」4歳ころまでのイメージ・形・言葉の関連づけは、形（視覚）が主導的で、描いていく過程で言葉も変わっていくことが多い。その過程を受け止め励ますことが大切

17) 内田伸子編『よくわかる乳幼児心理学』ミネルヴァ書房、2008、p.85

（3）幼児後期 ——前図式期／直観的思考段階

生活や遊び場面では他者視点の獲得がはじまっていますが、絵は、自己中心性と1点に注目し表面に着目する視覚的な傾向が見られます。この時期の描画には、基底線などの自分なりのルールに従って物事の関係性や自分の考えや気持ちを表す「自分の世界づくり」の意味があるので、描き方を教えて客観的な表現を促進することは避け、問題解決過程を励ますことが大切です。また、情緒が複雑化し、さまざまな感情表出もともなうので、認知発達的な視点と投影的な視点の両面からの理解が必要になります。

この時期にはテーマのある課題画にも取り組めるようになりますが、表現が主観的で多様であることを前提に活動を設定する必要があります。たとえば、「イモほり」などの経験画では、イモだけを映像的に「誇張画」で描く、「透明画」で地面の下の様子を描く、自分を「基底線」上に描く等、さまざまであることが予想されます。5歳児クラス107名の課題画「遠足で楽しかったこと」を分析した結果、57%は過去の「自分」を想起して画面に描いていました。描きはじめるまえに、心に残ったことを言語的にとらえる、身振りで再現するなどイメージがもてる導入を工夫しましょう。個別の取り組みのほか、共同の壁面にして表現方法を知らせることもできます（6章p.164参照）。いずれにしても、テーマを与えて課題解決を促すことは、発達的な移行の契機になる可能性があると同時に、課題意識の共有と達成感と個人差に対する配慮を必要とします。

この時期の課題には、重なりや遠近をいかに表すかということがあります。三角形の重なりを示す図を遠近で理解できるのは6

> 5歳児クラスの女児が腕章をつくってくれた。通常の向きにしたら、「反対でしょ」と直された。見るとこの女児も上下反対につけている。この事例から、この女児は腕章をどのようなものと考えているのか、どのような発達の状況なのかを考察してみよう。

同じ遠足の思い出の絵であるが、見たものを描く子と見た自分を描く子がいる

18) 園原太郎『子どもの心と発達』岩波新書、1979、p.78

2つの三角形の重なり図（p.76）

缶けりで隠れることや見つけることの体験が、空間表現の基礎的な体験になっている

はり絵は重ねによる遠近表現がしやすい。また、左右の指定がある製作指導は、向かい合うと左右がわからなくなることを想定する必要がある

19) 奥美佐子「幼児の描画過程における模倣の効果」保育学研究、42-2、p.59～70

模倣は描画以外の場面でも見られる

概念化や消極性が見られる子どもたちでも、環境の工夫次第で新鮮な描画体験ができる。イーゼルは、視野を広げ、客観的な把握を促す

歳以降だと考えられていますが、それ以前でも、遠近に置かれた2つの山を重ねて接近させていき、実際の姿と図を同一視するようにさせると「ああそうだ」と理解するようになることが指摘されています[18]。こうしたことからも、生活のなかで空間的な

遊びのなかの必要感は発達の源

体験を豊富にして、表現する機会を設け、自らズレを解決して「ああそうか」とわかるようにすることが、発達を支える援助といえるでしょう。たとえば、はり絵で表すという課題は、要素を用意して画面内の配置を考えるデザイン的な表現の機会となり、遠近表現に重なりを用いることができ、多様な表現方法の理解を促す手だてとなります。再現的描写の表現能力には、要素を描く力と画面をデザインする力が必要なので、段階の移行には視点の集中と移動だけでなく全体のなかの関係性を把握する力の獲得が必要です。そして、遊びのなかでの必要感から伝達的な表現や文字の使用が生まれます。

また、表現様式の獲得過程で、他者の表現を模倣する姿も見られます。模倣は、遊びの一種や課題解決の一方法として行うことも多く、「描画過程における模倣は視覚的な情報摂取が中心で、基本的に模倣は一過性のもの」[19]であり、創造の契機になるという認識が大切です。

> 子どもは「まねしちゃいけないんだよ！」という言葉を発することがある。その要因を考察してみよう。

（4） 学童前期 ──図式期／具体的操作期

学童期に該当しますが、幼児期の最後にどのような段階に向けての移行がはじまっているのかを理解するためにこの段階の援助について考えてみましょう。

自己中心性から離れ客観性を獲得することがこの段階の特徴です。他者評価に敏感になり、造形表現に対する苦手意識をもちはじめる子どもが見られます。イメージと描画力とのギャップも一因ですが、どのような他者視点を取り込むのかも問題です。幼児期の段階に多様な表現を楽しみ共有する経験を重ねることが、柔軟な評価や表現力の獲得につながることを再確認しましょう。また、この時期の指導の課題は、概念化と写実化の流れに対して、どう援助を行うかということです。概念化は伝達力を高めますが、創造性の育成を担う造形活動において促進するものではありません。否定せず、表現方法の幅を広げる援助が求められます。一方、写実は、発達の流れの先にあるように思われがちです。学童期は写真のようにリアルな絵画に価値をおくと考えられていますが、その思いを受け止めつつ、視点を1点に定める写実は表現様式の一つにすぎないことを知らせることも大切な援助です。言葉の発達について、「言語機能の促進がもたらす積極的な効果のみに目を奪われ、言語化

の促進が発達の促進であるという誤りを生み出している」[20] という指摘がありますが、写実化の促進にも同様の懸念があります。決まりきった言語の使い方は「物自体や現実に対する新鮮な関心やイメージ化の力、想像性、直観性、行動や情動とのつながりや表現意欲等々、人間の能力として幼児期に著しく発達させてきたものを、逆に圧迫し枯渇させてゆく」[20] 面があるという指摘は、写実への移行期の援助に対して示唆に富んでいます。描画は、創造的な思考や美的な工夫の楽しみであり、互いに異なるというズレや新奇さを価値づける表現です。将来の自他尊重の心と芸術への親しみにつながる援助を考えることが、発達に即した援助といえるでしょう。

5歳児クラスの男児が割りピンを使ってつくった「自分」。技法が、概念化を抑制し、写実性を支え、自己イメージを育てる

20) 岡本夏木『こどもとことば』岩波新書、1982、p.177

(5) 発達に配慮した援助

幼児前期までの援助については他章で扱わないので、図表4-3に整理しました。この時期は個人差が大きいので、子どもの姿に応じて環境を整えて待つ援助と言葉が生まれ視覚的な美しさに気づく働きかけが共に大切です。

図表4-3 幼児前期までの発達に配慮した援助の例

段階 ★遊び	発達の姿	必要な環境・援助	発達に応じる環境・教材例 (保育者がつくる場合も含む)		発達を促す援助
運動感覚段階 (0～2歳) ★機能的遊び ★平行遊び	目で追う つかむ（リーチング）→もて遊び 意図的な扱い（合わせる・入れる） ものの永続性（大人・自分・玩具） 指さし（共同注意→コミュニケーション・言語の獲得） 歩行してものをつかむ イメージをもつ	音がするもの・ゆれるもの 安全で丈夫なもの 反応を楽しめるもの 隠す出すを楽しめるもの 言葉を楽しめるもの 動きを楽しめるもの イメージを楽しめるもの	モビール 袋ロケット スポンジ人形 ガラガラ パクパク いないいないばー人形 動物 乗り物 人形 歌・物語に出てくるもの おさんぽ犬・ヘビ 粘土遊び 水遊び	材料： 小麦粉と水・コーンスターチ・香料・食紅・泡・豆・種・パスタ・ブロック・砂と水・柔らかい材料	●感覚・知覚・運動の拡大 ●自己確認 ←身体接触・共振・表出 ●因果関係の発見 ●見立ての促し
象徴的思考段階 (2～4歳) ★平行遊び★象徴的遊び	見えないものを思い浮かべる 動きが活発に自由になる 手先が使えるようになる ふり遊び・ごっこ遊びをする 主観的な表現をする	お話を楽しめるもの 身体を使って楽しめるもの 手先や道具を使って楽しめるもの なりきるのを楽しめるもの 自分を感じ、表すもの	パクパク人形、おうちと人形、道と車 ビニール風船、パタパタ人形、乗り物 絵合わせパズル、お絵描き・紙ちぎり かぶりもの・衣装、ままごと用具日用品 絵具遊び	材料： 砂と水・紙・クレヨン・絵具・粘土・のり・はさみ・ローラー・ビニール・ティッシュ・ストロー・トイレットペーパー芯・木片	●自律性の促進 ←材料選択 ●感覚の発達 ←技法 ●象徴化能力の発達 ←言語による意味づけ ←自己イメージ

4. 発達過程に見られる個人差

(1) 個人差の背景となる理論

これまで、一般的な発達の流れとその要因について考えてきましたが、同じ年齢の子どもたちの表現には、大きな個人差が見られます。こうした個人

5歳児の粘土作品に見られる空間表現の個人差

21) H．ガードナー／松村暢隆訳『MI—個性を生かす多重知能の理論』新曜社、2001

22) NAEYC（全米乳幼児教育協会）、S．ブレデキャンプ＆C．コップル編／白川蓉子・小田豊（日本語版監修）『乳幼児の発達にふさわしい教育実践』新曜社、2000、p.48

23) R.J．スターンバーグ／松村暢隆・比留間太白訳『思考スタイル—能力を生かすもの』新曜社、2000、p.29

24) Robert Schirrmacher『Art and Creative Development for Young Children』DELMAR、2001、p.183

25) 内田伸子・向井美穂／内田伸子編『よくわかる乳幼児心理学』ミネルヴァ書房、2008、p.56

26) 中沢和子『イメージの誕生』日本放送協会、1979、p.168

27) 中沢和子『遊びと個性』「発達」46号、1983、p.10〜17

28) 須賀哲夫『三つの個性』北大路書房、2003、p.76

差の要因について、子ども理解に役立ついくつかの理論が示されています。

まず、発達は1本のものさしだけで測ることはできないという考え方です。ガードナーは、人間には少なくとも7種類の知能——「言語的知能」「論理数学的知能」「音楽的知能」「身体運動的知能」「空間的知能」「対人的知能」「内省的知能」があり、知能は要素（モジュール）の構成体ととらえる「多重知能理論」[21]を示しました。この考え方は、個人差を理解し、それぞれのよさや潜在能力をとらえるのにも有効な理論です。アメリカの乳幼児教育者の専門組織である全米乳幼児教育協会（NAEYC）は、発達にふさわしい実践に関する基本見解のなかで、「子どもは、異なる様式で知ったり、学んだり、異なるやり方で知っていることを表現しようとする」[22]という原理を示し、その背景としてこの多重知能理論を取り上げています。

スターンバーグは、知能の使い方に好みがあるとして「思考スタイル」[23]を提示し、規則をつくるのが好きな「立案型」、従うのを好む「順守型」、評価するのが好きな「評価型」があり、能力とは区別すべきであるとしています。

認知的な特性の個人差については、文脈の影響を受けやすい「場依存」、受けにくい「場独立」という「認知スタイル」が示され、幼児期の子どもにも傾向の偏りがあると考えられています。

また、視覚的なイメージから学びやすい「視覚型」、聴くこと・話すことが得意な「聴覚型」、体験や動きを通して学ぶ「身体感覚型」の学習スタイルを考慮して指導方法を工夫すべきであるという主張もあります[24]。

さらに、乳児が母親の表情を確認する「社会的参照」（4章 p.66参照）行動の出現率の違う子どもたちは、発話の語彙にも違いが見られることが明らかになり、人間関係に敏感な「物語型」、ものに注意がひかれる「図鑑型」[25]の気質が見いだされています。この傾向は実際に集団のなかの子どもの行動に見いだされ、見立てや演じるのが得意な「表現型」を加えた3つのタイプが示され[26]、「物語型」と「図鑑型」は「人派」「もの派」[27]とも表現されています。

個性に関する理論としては、外向・内向という性格や気質の類型による分類が知られていますが、ラベルづけやタイプ分けを行うことは、可能性に満ちた子どもに対する姿勢として適切ではないでしょう。そのなかで、個性を特性の集まりと考えて、「自分自身」「ひと」「もの」それぞれへの傾きから、3つの構成要素の割合で個性を表示するという理論[28]が示されています。

（2）表現の個人差の枠組み

個人差に関する理論のなかから、造形的な表現における個人差の理解に有用な枠組みについて整理してみましょう。

ローウェンフェルドは、盲学校での15年間の芸術教育から、主要な媒介物が眼であり外観から事物に接近する「視覚型」と身体感覚を媒介手段として主観的に経験する「触覚型」の対象へのアプローチがあるとし、幼児期は「触覚型」であることを積極的に認め、価値づけようとしました。

　ガードナーは、シンボル能力が出現する2〜3歳に個人差が登場すると指摘し、「ドラマチスト」は印をもとに物語をつくり、ごっこ遊びや会話を好み「パターナー」は積木が好きで、描画形態の視覚的な可能性の探究を楽しむことを指摘しています[29]。物語的な「ドラマチスト」と装飾的な「パターナー」の表現の分類は、実践の場でも確認されており[30]、両者の個性と可能性を理解し、興味に応じた援助をする手がかりになるでしょう。また、表現の発達の道筋の多様性を理解するのにも有効です。

　ローウェンフェルドとガードナーのタイプ分けの背景には、優位な感覚器官や伝達媒体の違いがあると考えられます。「視覚型」と「触覚型」は「視覚」と「触覚」、「ドラマチスト」と「パターナー」は「言語」と「視覚」です。また、「視覚」は「もの」、「触覚」は「自分自身」、「言語」は「聴覚」を介して「人」との関係性をつなぐことから、個性の3つの構成要素とつながり、3つの学習スタイルにも重なります。

　筆者は、表現の傾向を代表するこの3つの枠組みを「表現スタイル」[31]とし、個人差が大きい幼児期の興味関心に応じ、誰もが表現を楽しめる環境づくりと援助に役立てられるのではないかと考えました。

(3) 個人差を想定した援助

　個人差の大きな幼児期には、集団のなかで互いを受け入れながら自分らしく表現できるような援助が求められます。

　「表現スタイル」の3つの枠組み＜感覚：自分―触覚・身体感覚＞＜もの：もの―視覚＞＜状況：ひと―言語＞を活用すると、発達だけでなく好みの偏りを理解し、個性を受け入れながら異なる枠組みの存在を知らせたり交流を促したりすることができます。具体的な活用方法を示します。

① 環境構成

　環境のなかに、3つの傾向に応じるものを配置します。砂場はすべてに応じる場であり、触覚的・製作的・物語的な遊びとそれぞれのタイプの遊びの交流の場になります。また、絵具と粘土はすべてに応じる材料ですが、扱い方や設定によって枠が異なります。つねにすべての枠を用意する必要はありませんが、自発的な遊びが乏しいときなどに、環境構成に偏りがないかを確認する手がかりになります。5章図表5―21（p.119）を参考にしましょう。

「たたかっているところ」と名づけられた4歳男児の2つの作品。上は視覚型、下は触覚型の表現と考えられる

● ローウェンフェルド
　　（V. Lowenfeld）
美術教育学を確立したといわれる研究者。発達論もよく知られている。くわしくは、竹内清・堀ノ内敏・武井勝雄訳『美術による人間形成』（黎明書房、1963）を参照のこと。

29) H. ガードナー／星三和子訳『子どもの描画―なぐり描きから芸術まで』誠信書房、1996、p.60
30) 田中義和『描くあそびを楽しむ』ひとなる書房、1997、p.25
31) 槇英子『幼児の「表現スタイル」に配慮した保育実践』「保育学研究」42-2、2004、35-44、p.38

5歳児が「自分を見て描く」という課題に取り組むと、個人差が大きいが、どちらも魅力的だ

触覚的な技法を使い視覚的な表現も楽しめ変身できるお面づくりは、どの子にも楽しめる教材である

子どもたちの思いや考えを聞きながら、"身体的にかかわれる視覚的なシンボル"を設定する援助は、"場を共有する仲間同士のかかわりと物語"を生み、どの子にとっても魅力的な環境をつくることになる（本書6章 p.180参照）

② 活動設定

　子どもたちにとって関心がもてる遊びや活動を提示するための手がかりとして、3つの枠を用いることができます。視覚的な作品を仕上げる活動ばかりを提示していると、身体感覚を使って遊びたい、物語をつくって遊びたいと感じる子どもたちがいて、満足感が得られないことが推察できます。全員に提示するときには、3つの枠の要素が入っている活動や、それぞれの枠に向かって発展する活動を選択するとよいでしょう。基本形はシンプルで、動きや装飾やお話づくりをそれぞれに楽しめる教材が、個性に応じる教材になります。6章（p.126参照）で「ねらい」のマークが複数示されている教材は、多様な関心に応じ幅広い発展性があるので参考にしましょう。

③ 指導計画

　全員が参加する表現活動は、子どもたち一人ひとりにとって、意味のある楽しい活動でなければなりません。「表現スタイル」の枠組みを用いると、行事への取り組みや共同画などの活動過程を、個性に対する配慮のあるものにすることができます。

　また、この枠組みは、発達過程で獲得されたものでもあります。ブルーナーの3つの表象の獲得順（動作―映像―象徴）を考えると、好みの偏りは、その段階を十分に経験してないことによると考えることもできるでしょう。必要としている経験を理解し、そのままにするのではなく、「表現スタイル」のそれぞれの豊かさに出会うことができる保育を計画することが、個人差を想定し、一人ひとりに応じる援助なのではないでしょうか。

🌸 CASE　共同製作「みんなの木」

　5歳児クラスの共同製作の過程に、床でダイナミックに木をつくる活動（身体）と人形をつくる活動（もの・言語）を選択できる場面を設ける。それによって、自分の好みにあった表現しやすい活動からはじめることができる。活動が進むと模倣ができ、得意でないタイプの活動への移行もスムーズにできる。また、人形を「自分」とすることは、自分の分身を派遣して世界（人、もの、出来事）を理解する認識論である佐伯の「コビト」論*)に通じる。「自分が登ったらどうだろう」「何をしたいかな」と自分の分身の視点を通して考えることによって、外界への認識を深めたり、物語の世界に入っていったりすることができ、自分を外からながめる客観性の獲得を促すことにもつながるだろう。こうした発達的視点と「表現スタイル」への配慮が、活動を楽しさと達成感のあるものにする。

　　*) 佐伯胖『共感』ミネルヴァ書房、2007、p.17
（「コビト」論は、あらゆる知性の根源には「共感」があるとする）

写真上　：自分が木に登って遊ぶ場面を想像する
写真左下：経木と押し葉でつくった「みんなの木」は木の香り
写真右下：遊ぶときを待つ「自分」人形

5章 造形表現指導の実際

　造形的な活動は、子どもたちの生活や遊びのいたるところにあります。砂場で遊ぶ子どもたちは、偶然できた形からケーキをイメージし、木の実や花びらを飾ります。もっとすてきなケーキにしようとそれぞれの工夫がはじまり、やがて小枝のろうそくが立てられ、誕生日の歌が聞こえてくることもあります。そのような姿に対して、どのような援助をすればよいのでしょうか。

　ケーキづくりの様子を興味深げにのぞき込むことも援助です。より魅力的な材料を知らせることもできます。誕生日の歌をいっしょにうたい、ほかの子どもの参加を促すこともできるでしょう。保育者は、保育のねらいや流れ、それぞれの子どもの育ちへの思いから、理論や経験知にもとづいた援助を行っています。状況や構成メンバーが同じことは二度とないので、もっとも適切な援助は何だったのかを問い直しても、次にそのまま適用することはできません。援助にマニュアルはありませんが、保育を記録し振り返る省察の積み重ねが指導の力量を培います。保育者は経験を重ね学び続けることで適切にふるまえるようになっていく"熟達化をとげる専門職"だと考えられています。

　それでは、経験が豊かではない保育者や実習生は、何を援助の手がかりとすればよいのでしょうか。保育のなかには、砂場のケーキづくりのような「遊びのなかの造形表現活動」だけでなく、描くことやつくることを促す「設定型の造形表現活動」もあります。それぞれに対してどう指導することが望ましいのでしょうか。この章では、そうした指導場面の手がかりとなる理論とその学び方を提示します。模擬保育は、保育現場以外で実践力を鍛える有効な方法の一つです。保育の場でしっかりと子どもに向き合うためにも、基本的な環境の設定方法やどのような援助があるのかについては事前に学んでおきましょう。模擬保育用の書式については、自由に活用してください。体験的な学びを、実際の指導場面にいかしましょう。

● **熟達化をとげる専門職**
　高濱裕子『保育者としての成長プロセス』（風間書房、2001）では、熟達化する専門職としての保育者の成長過程を短期的発達と長期的発達から検討している。

1. 指導のねらい

（1）幼児期の教育のねらいと造形表現

造形表現の指導のねらいを、幼児期の教育全体から考えてみましょう。

『幼稚園教育要領』は総則で、「幼児期の教育は、生涯にわたる人格形成の基礎を培う重要なものであり」、「幼児期の特性を踏まえ、環境を通して行うものであることを基本とする」と明示しています。

また『保育所保育指針』は、保育所は子どもの「健全な心身の発達を図る」ことを目的とし、「子どもの最善の利益を考慮し」「環境を通して、養護及び教育を一体的に行うことを特性」とし、「生涯にわたる人間形成にとって極めて重要な時期にその生活時間の大半を過ごす場である」ことから、「子どもが現在を最もよく生き、望ましい未来をつくり出す力の基礎を培う」ために保育を行うとしており、『教育・保育要領』においても同様に、生きる力の基礎を育成するという立場から、教育に関する「ねらい」と「内容」を〈健康〉〈人間関係〉〈環境〉〈言葉〉〈表現〉の５つの側面から整理しています。造形表現の指導は、どのように位置づけられるのでしょうか。

１章で述べたように、造形的な表現活動は、すべての側面の発達を支える活動ですが、そのなかでもとくに感性と創造性の育成に深くかかわることから、〈表現〉の側面に関して果たす役割が大きいと考えられます。

（2）領域〈表現〉のねらい及び内容と造形表現

『幼稚園教育要領』『保育所保育指針』『教育・保育要領』における領域〈表現〉は、「感じたことや考えたことを自分なりに表現することを通して、豊かな感性や表現する力を養い、創造性を豊かにする」視点から幼児の発達を促すものです。

その「ねらい」は、以下のように書かれています。

〈表現〉ねらい　幼稚園教育要領、保育指針及び教育・保育要領（3歳以上児）
（1）いろいろなものの美しさなどに対する豊かな感性をもつ。
（2）感じたことや考えたことを自分なりに表現して楽しむ。
（3）生活の中でイメージを豊かにし、様々な表現を楽しむ。

ここでは、"もの""身体""音声"という表現媒体を問わず、幼児期は自分なりにさまざまな表現を楽しむことが大切であるという視点が明確に示されています。そのうえで、感性・表現力・イメージ・創造性を豊かにする指

● **幼稚園教育要領**
平成30年4月1日施行。社会の変化に伴う幼児教育の役割の広がりや、社会情動的スキルや非認知能力に関する研究成果や質の向上の必要性に応じた改訂が行われた。

● **保育所保育指針**
平成30年4月1日施行。「全体的な計画」の指標となる文書であり、今回の改定では、特に、乳児と1歳以上3歳未満児についての記述の充実と「幼児教育施設」として「幼児教育」を行うことが強調された。

● **幼保連携型認定こども園教育・保育要領**
平成30年4月1日施行。『幼稚園教育要領』の改訂と『保育所保育指針』の改定の方向性との整合性が図られた（以降、本書では『教育・保育要領』と記す）。

「カレーライス」砂の多様な表情を感じ取り表現している

導が求められています。造形表現活動は、"もの"へのかかわりを通してこのねらいを達成するものであると考えることができます。

(3) 5領域と造形表現

次に他の領域との関連性について考えてみましょう。

> **CASE** 製作コーナーでの観察事例
>
> ラップやホイルなどのさまざまな芯を設定しておくと、興味をもった子どもたちはそれを手に取りさまざまな表現をする。振り回して動きを楽しむ、たたいて音を聴くなどしたあと、もう1本を手にすると、長さや太さを比べてその違いを感じ取っている。太さが違うと中に入れられることに気づき、保育者や友達に発見した喜びを伝え、しくみを言葉で表現する。その形から武器をイメージした子どもは、筒同士をつなぎ、ポーズをとる。同じようなものをつくった友達同士で走り出し、戦いごっこがはじまることもある。別な素材や友達の表現に出会うと、さらにあらたなイメージを得て表現を工夫しはじめ、部品や装飾を加える。

「武器づくり」は内面の表現でもあるが、つくる過程でさまざまな体験をしていることに注目したい

　この一連の活動は、"もの"を媒体とした造形表現活動ですが、活動の過程を整理すると、〈表現〉だけではなく〈健康〉〈人間関係〉〈環境〉〈言葉〉の領域のねらいと内容を含んでいることがわかります（図表5−1）。

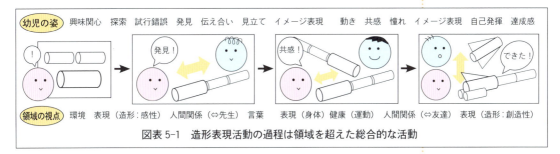

図表5-1　造形表現活動の過程は領域を超えた総合的な活動

　とくに「周囲の様々な環境に好奇心や探究心をもって関わり、それらを生活に取り入れていこうとする力を養う」領域である〈環境〉のねらいや内容には、"気づきや興味関心""ものへのかかわりや工夫して遊ぶこと"などが示されており、それはまさに造形表現活動で見られる姿です。そして〈健康〉のねらいである"心身の健康や伸び伸びとした行動や充実感"にもつながり、〈人間関係〉に示されている"自分の力で行動する充実感と人とのかかわりのなかでの共感や協力の体験"が得られます。そして、"言葉の源となるイメージや対話の機会を豊かにすること"は〈言葉〉の領域のねらいや内容に含まれていることから、造形表現は、〈表現〉の一分野なのではなく、領域を超えた総合的な活動であることが理解されます。

　保育の場では、園生活を通して5領域のねらいが総合的に達成されることが求められています。造形表現活動は〈表現〉のねらいの達成にとくに有効であると同時に、幼児期の教育全体のねらいを視野に入れながら計画する総

ものにかかわる遊びには、領域による区切りがない

5章　造形表現指導の実際　85

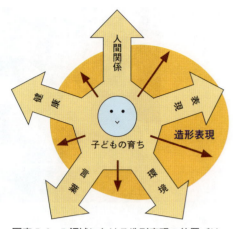

図表5-2　5領域における造形表現の位置づけ

合的な活動なのです。

　つまり、「〈表現〉領域の内容に"かいたり、つくったりすることを楽しみ、遊びに使ったり、飾ったりなどする"と書いてあるので、学校の時間割のように特別な時間を設定して、そのときだけ描画や製作の用具や材料を用意する」と考えるのではなく、「5領域全体にかかわる活動展開が期待されるので、いつでも活動できるように環境を整えておくことが望ましい」と考えます。

　たとえば、パラシュートづくりができる環境を用意することは、〈表現〉だけでなく、〈環境〉と〈健康〉の領域のねらいの達成にもつながります。また、ある子どもが遊びのなかでチケットをつくることを思いついたときに、いつでも使える紙片とペンがわかりやすく設置されていることが、その遊びをさらに楽しく充実したものにします。チケットという目に見えるものがイメージの共有化を促し、遊びのなかにいる子ども同士のコミュニケーションを豊かにし、遊びの外にいる子どもに対しても視覚的な情報を発信します。このように、造形表現活動ができる状況づくりが、〈人間関係〉や〈言葉〉の領域のねらいの達成にもつながるのです。

パラシュートづくりはビニールに絵を描く表現とものへのかかわりや気づきや工夫を促すだけでなく、運動による充実感にもつながる

　以上から、造形表現指導は、〈表現〉に関するねらいの達成を念頭におきながら、5領域全体への発展を考えて計画し、援助するものということがわかりました。これまで、幼児期の教育全体における位置づけから考えてきましたが、次に、造形表現活動の特性から、指導のねらいを整理してみましょう。

（4）造形表現指導のねらい

　造形表現活動は、ものを手がかりとし、ものを用いることを特徴とする表現活動ですが、保育の場におけるねらいは、作品の出来ばえや活動の盛り上りではなく、活動主体である"子どもたち"そのものにあります。こうした考え方は、保育の基本と合致していますが、造形教育の分野においても、子どものもつ創造的な能力の自然な発達を見守る援助の重要性を主張したリード（1章 p.12 参照）やそれを段階的に整理し、創造的な能力のタイプに即した指導を求めたローウェンフェルド（4章 p.81 参照）が提示した創造主義の理念と一致しています。1章においては、造形表現活動は子どもがいろいろな世界を理解するのを助け、全体的な発達に

粘土を使ったグループでの遊びは子どもたちが大好きな活動！

結びつくこと、心の安定につながること、そして感性と創造性の育成にとくに深く関与することを示しました。ここでは、造形表現活動がその育ちに大きな役割を果たす"感性と創造性"について考えていきましょう。

保育の場で育む感性については、1章で述べたように単なる感覚という受動的なものではなく、自ら価値に気づく能動的な感受性と考えるのが適切でしょう。感受性のなかでも、美しいものへの憧れの気持ちは、世界を美的に理解し、よりよく生きようとする心の在り方に結びついています。気づきや情動の体験の機会を増やすだけでなく、それを表現する環境を整え、一人ひとりにていねいに応じながら豊かな感性を育むことは、造形表現指導が担う大切な役割の一つです。

また、創造性は「新しい価値あるもの、またはアイデアをつくり出す能力（創造力）とそれを基礎づける人格特性」ですが、幼児期に育てる創造性は、その子どもにとっての新しい価値を創造する「自己実現の創造性」でしょう。指導においては、相対的に評価せず、その子なりの創造行為に共感することが大切で、一人ひとりへの援助の方向性を見いだしながらの指導が求められます。

幼児期の創造性の育成には、①直接体験を豊かにし、②自ら調べ動かし試しつくり、③空想を認め想像を生き生きとさせ、④ごっこ遊びを通して直観力育成を行い、⑤未知のものに驚き新鮮な気持ちで物事に接する態度を養い、⑥アイデアの具現化のために場や材料を提供し適切に指導し、⑦創造活動のおもしろさと喜びを味わわせて自信をもたせ、創造活動へ動機づけることが大切だと考えられています。ものにかかわる直接体験を通して世界をつくり自分を発見するのを励まし、創造性の基礎を育成することは、造形表現指導上の大切なねらいになります。また、創造性が高い子どもは「型にはまらず人の言うなりにならない」性格であり、集団生活のなかで勝手にふるまうように受け止められる傾向があることからも、創造性を受け入れる集団の気風を育てる努力が必要と考えられています。そうした風土さえあれば、保育の場は、自己を映し出す鏡と鑑（手本）[1]が豊富で多様なモデルや受け手からさまざまな情報や情動体験、フィードバックが得られる拡散的で創造的な環境ということができます。集団のなかで表現の画一性を求めず認め合うことは、創造性を培うだけでなく、子どもたちに自己への信頼感と情緒の安定をもたらします。

以上から、幼児期の教育における造形表現指導の「ねらい」は、"集団生活の場での自発的な表現体験を通して感性と創造性を豊かにし、思考力やコミュニケーション力を育み、情緒の安定をはかって、人のなかで自分らしく生きる力の基礎を培うこと"と考えることができるでしょう。

動物園の遠足の体験は絵のなかで美的に再構成される

● 自己実現の創造性
1章、p.13参照。

● 幼児期の創造性
直接体験と想像体験にもとづいた創造の体験が大切である。くわしくは、恩田彰『創造心理学』（恒星社厚生閣、1974）を参照しよう。

● 創造性が高い子ども
その特性については、阿部智恵（恩田彰編）『創造性の開発と評価』（明治図書、1971）を参照のこと。ただし子どもの創造性の高さを客観的に測る方法は確立されていない。多様性の受容が必要な一要因として理解し、子どもに対する肯定的なイメージ形成に役立てよう。

● 鏡と鑑
人は自分と向き合う他者を鏡としながら自分を認識し、他者の外界へ向かう態度をモデル（鑑）として自己や外界の認識を形成していくと考えられる。

1）岩田純一「自己を作る鏡と鑑」／梅本堯夫編『認知心理学』培風館、2002、p.229

2. 保育者の役割

（1）造形表現指導における2つの役割

> 保育者の役割は、社会の変化とともに、家庭・地域との連携、幼小連携、子育て支援、特別支援教育というように、拡大する一方。ここで論じる役割は、その一部のようであるが、「一人ひとりの子どもを健やかに育てること」が保育者に求められる大切な役割であることに変わりはない。造形表現指導の理解を通して保育者の専門性についての考察を深めてほしい。

『幼稚園教育要領』『保育所保育指針』『幼保連携型認定こども園教育・保育要領』のいずれにおいても、子どもの主体的な活動を確保するために、一人ひとりの行動の理解と予想にもとづき計画的に環境を構成することを保育者に求めています。その際、人やものとのかかわりの重要性を踏まえて物的・空間的環境を構成し、豊かな人的環境としてさまざまな役割を果たし、活動を豊かにする必要があるとしています。そこで、造形表現に対する援助についても、"主体的な造形表現活動のために子ども理解にもとづいた計画的な環境構成を行い、その活動を豊かにして造形表現指導のねらいを達成する"ことが保育者の役割であり、その手だてとして"物的・空間的環境の構成者"と"人的環境"という2つの役割を担う必要があると考えることができます。物的・空間的援助も、保育者が行うという意味では人的な援助ですが、ここでは、援助内容の理解のために区別し、物的・空間的環境の構成者としての行為を「間接的な援助」、豊かな人的環境としての行為を「直接的な援助」と考えます（図表5-3）。

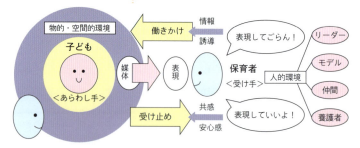

図表5-3 造形表現における保育者の役割——間接的な援助と直接的な援助

間接的な援助例：製作コーナーの用具のわかりやすく使いやすい設定

「間接的な援助」は、自発的な活動が生まれるように子どもたちが能動的に動ける場や時間、手が届くところに選択可能な環境を用意しておく物的・空間的環境構成による援助で、おもに活動の事前準備として行われ、導入段階を決定づけるものです。まず、"何をいつどこでどのように設定あるいは提示することが自発的な取り組みにつながるか"を予測し、ねらいや多様な想定にもとづいた物的環境を準備します。さらに、発展に応じる空間的環境や追加材料を用意します。

「直接的な援助」は、応答的に行う人的援助で、活動の展開場面と評価場面において、重要な役割を果たします。まず"表現しやすい状況づくり"のために一人ひとりの表現する姿を受け止めることが基本です。子どもの思いに共

感し、表情や行為や言葉で肯定的に映し返し、安心して表現してよいというメッセージを送ります。また、"表現意欲がもてる状況づくり"のために興味関心や心情を読み取り、ものや人に関する情報の提示や誘導などの働きかけも必要です。具体的には、何でも話せて共鳴する仲間・憧れのモデル・集団への参加を促す頼りになるリーダー・やさしく見守り困ったときに助けてくれる養護者などの役割が期待されます。

直接的な援助例：作例を身にまとって誘導し、求めに応じて個別に指導する

(2) 活動形態に応じた援助

「間接的な援助」と「直接的な援助」の分類は概念的なもので、実際には複合的であり、その内容は活動の質や集団の状況によって異なります。

本章の最初に例示したように、造形表現の活動場面はその形態から「遊びのなかの造形表現活動」と「設定型の造形表現活動」に分類することができ

図表5-4　造形表現指導における間接的な援助と直接的な援助

活動形態	主導者	動機づけ	間接的な援助	直接的な援助
遊びのなかの造形表現	子ども	おもに、内発的	空間：ねらいにそった遊びスペースの確保とつくって遊ぶ環境づくりの工夫（コーナーの設定） もの：自由に探索・利用できる材料用具の準備・ねらいにそった設定・補充・追加・管理	行動：観察と読み取り・注視の共有・作業の共有・遊びへの参加・遊びが妨げられる状況に対しての介入・間接的援助の修正 言語：肯定的な心情の表明（表現しやすく意欲のもてる言葉かけ）・遊びの発展につながる情報、ヒント、ルールの提示・問いかけ
設定型の造形表現	保育者	おもに、外発的（活動過程において内発的に移行）	空間：適切な指導計画による活動しやすい場の設定と発展的な利用が可能な場の確保 もの：活動を引き出すような選択可能な用具・材料の設定，発展を想定した物品の準備	行動：適切な指導計画による活動提示・誘導・モデル・教示・間接的援助の修正 言語：自己決定、自己表現、意欲的な取り組みにつながる言葉かけ・造形的な表現力につながる情報提示・達成感が得られる肯定的な心情の表明（共感する・感心する等）

ます。まず、それぞれの活動形態における援助を考えてみましょう。

砂場のケーキづくりのような「遊びのなかの造形表現活動」は、子どもが自発的にはじめた子ども主導の活動です。「間接的な援助」としては、わかりやすい場や材料・用具を常設し、五感に訴える工夫や子どもたちが探索し選択しイメージしやすい状況をつくっておきます。砂場の例では、用具入れの中にフライパンな

砂場の環境を支える環境設定例

ど自由に使えるキッチン用具を備え、砂場の周囲に採取可能で食材に見立てられる草花や実など季節感のある環境を用意します。さらに、発想や必要感に応じてあらたな場や材料・用具が提供できる準備をしておきます。

5章　造形表現指導の実際　89

作品袋を飾るはり絵

はり絵の活動の場には色画用紙が色別に設定されていた（5歳児）

そして「直接的な援助」としては、子どもたち一人ひとりの姿を見守りながら遊びのイメージや課題を読み取り、必要に応じて言葉かけや遊びを発展させる情報やものの提示、評価などを行います。砂場の例であれば、「おいしそうね」という言葉かけや食べるしぐさなどですが、不必要な介入は避け、発達に応じて子ども同士でイメージを共有し実現する楽しさや達成感が感じられるように配慮します。どのような状況でかかわり、どの場面で退いたらよいかなどの判断力は、保育行為を省察し事例研究を重ねながら高めていきます。

「設定型の造形表現活動」は、保育者が主導・誘導する活動ですから、指導計画が適切であることが重要です。発達や季節、生活の流れや体験などに配慮します。「間接的な援助」としては、子どもたちの誰もが取り組める興味関心にそった活動を計画し、一人ひとりの子どもの自己表出や自己決定を保障する環境を設定します。そのためには、適切で豊富な選択肢がわかりやすく用意されている必要があります。たとえば、活動の過程で色や形や材質や画材の選択場面をいかに設けるか、多様な発展の可能性にいかに備えるかが大切です。「直接的な援助」としては、言葉かけによって発展できる自由を保障し、モデルを示すことで活動の展開を支え、共感することで子ども自身が活動を価値づけ達成感が得られるよう援助します。

（3）創造性を育む援助

また、造形表現指導にとって重要なのは、創造性を育むという視点です。それを重視するかどうかで保育行為が異なる場合があります。幼児期は、さまざまな知識の獲得期で、それに対する援助も大切です。たとえば、はじめてうさぎ小屋のそうじ当番になってそのやり方を学ぶ場面では、手順などのその活動についての知識（スクリプト）と要素であるうさぎの性質やほうきの使い方などを学びます。そこで、ほうきにまたがって空を飛ぶ振りをして笑わせる子どもがいた場合、間違っていると指摘して正すべきでしょうか？

すぐに連想し表現できる流暢性は創造性の発露です。許容しながら正しい扱いを示し、当番活動が終わってからその発想をいかした展開につなげることもできるでしょう。保育者は、どちらの保育行為を選択するかでまったく異なる役割を果たすことになります。望ましい援助は状況によって違いますが、つねに創造性の育成にもかかわっていることを自覚してふるまう必要があるのではないでしょうか。保育者の介入の枠組みを〈抑える〉と〈引き出す〉に分けて考えるのであれば、表現は〈引き出す〉援助によって促されます。

● スクリプト
　ある出来事の一連の流れに関する知識のこと。

● 創造性の育成
　創造性の定義は明確ではないが、1章で述べたギルフォード（J. P. Guilford）の見解が知られている。その因子には流暢性・柔軟性・独創性がある。拡散的（Divergent）と収束的（Convergent）が対比され、前者が創造性を育むとしている。

● 介入の枠組み
　高濱裕子『保育者としての成長プロセス』（風間書房、2001）では、保育者が子どもの個人差によって対応を調整するプロセスの検討とモデル化がなされている。抑制タイプの子どもには〈引き出す〉、主張タイプには〈抑える〉が多く用いられることが示された。

図表 5-5　創造性を育む拡散的な援助と育成しない収束的な援助

		創造性を育むオープンエンドで拡散的な援助	創造性の育成にふさわしくない収束的な援助
間接的援助（材料）		創造力につながり、多様な結果を招くものもの	単一の用途しかなく一種類の結果にいたるもの
		多様な用途・目的があり、正しい扱い方がたくさんあるもの	使用目的が一つで正しい扱い方が一つに決まっているもの
		融通がきき、子どもが決めた使い道に順応できるもの	融通がきかず、大人の決めた使い道に応じるもの
		可能性と選択の限りない広がりをもたらすもの	広がりが限られており１つの可能性だけをもつ
直接的援助（主に問いかけ）		多くの可能性にひらかれた答えを探す問いかけ	１つの正解か正しい答えを探す問いかけ
		答えをじっくりと考える時間が与えられる問いかけ	素早い回答が求められる問いかけ
		理由づけや問題解決といった高レベルの考察を要求する問いかけ	名前や事実など低レベルの考察を要求する問いかけ
		大人が予想できない答えや反応、子どもの想像力をよび起こしいきいきとさせるような問いかけ	すでに子どもの記憶にある答え、単純な答えや反応をよび起こすような問いかけ
		どのように？どうして？教えて？と問いかける	何？誰？いつ？どこ？を問いかける

(Robert Schirrmacher 『*Art and Creative Development for Young Children*』DELMAR、2001 から、抜粋作成)

　子どもたちの創造性の育成には、創造的な表現を引き出し、価値づけ、そのための時間と場と材料を提供し、創造的なかかわりのできる大人の存在が必要です。自由と自律と自信を与えることが、子どもの挑戦と創造性を導き出すと考えられています。そうではない援助との比較を整理しました（図表5−5）。

　イタリア北部の レッジョ・エミリア（Reggio Emilia）の幼稚園の教育実践は、創造性の教育を中心に子育てと学びの共同体を形成する実践として、世界中から高い評価を受けています。ハワード・ガードナー（4章 p. 69 参照）は、レッジョの教師たちが「子どもたちに聴く方法」「子どもたちに主導性を与える方法」「子どもたちを生産的な方法に導く方法」を知っていることを評価しています。この３つ方法を熟知し、適切に用いることは、創造性を育む保育における保育者の役割だと考えられます。

　「子どもたちに聴く方法」を身につけるためには、２章のワークと４章の理論が有効です。「子どもたちを生産的な方法に導く方法」を獲得するための取り組みは３章です。６章の教材例も役立つでしょう。５章は「子どもたちに主導性を与える方法」について学びます。具体的な保育方法についてさらに詳しく考えていきましょう。

● レッジョ・エミリア
　実践に関する著書にはC. エドワーズ / L. ガンディーニ / G. フォアマン編『子どもたちの100の言葉－レッジョエミリアの幼児教育－』（世織書房、2001）等がある。そこで取り組まれているプロジェクト活動については６章でふれる（p.177 参照）。子どもたちの活動や言葉を記録し検討することから興味関心にそったテーマがカリキュラム化される（エマージェント・カリキュラム）。

3. 指導形態

（1）多様な指導形態

指導形態というと、一斉か自由かという二者択一と考えがちですが、実際には多様な形態があり、指導過程においても変わり得るものです。

これまで、保育者の2つの役割と活動形態の枠組みから援助を考えてきましたが、誰が主導的な役割を果たすのかという視点から指導形態を整理すると、3つの典型的なアプローチが考えられます（図表5-6）。

保育者が完成形を示して手順どおりに行うよう指導するのが「Teacher-directed」、正反対に保育者が物的・空間的環境だけを設定して子どもたちの自由に任せるアプローチが「Child-directed」です。いずれも一部に適合する子どもがいるものの、どちらかのアプローチだけでは多くの子どもたちが飽きてしまうと指摘されています。「Guided」は保育者がファシリテーター（促進者）となるアプローチで、例としては、"テーマは共通でも画材の選択は自由である""保育者が目新しい材料を提示して試みを促す"などがあります。ほかにも"興味深い活動やあらたな技法を示す""「1枚の紙からどれだけたくさんの違った形ができるか？」「空き箱とリボンを何に使う？」等を問いかける""「絵に描いた犬が幸せそうだけど、お話をつくってみない？」等、他の領域と関連づける""はじめて使う用具の使い方を伝える"など、さまざまなかかわりによって表現活動を支えます。このような「促進者としての保育者」は、オープンエデュケーションにおいて求められる教師の姿でもあります。こうした例からも明らかなように、「Guided」のアプローチの過程には「教師主導」と「子ども主導」の両方の場面があり、保育者の提示と誘導によって、主導性が保育者―子ども間を移行しながら進行します。

また、日本では「ガイド（guide）」という言葉を保育の指導形態において用いることは一般的ではありませんが、幼児期の子どもを対象とする指導は、自己課題に取り組み課題解決の力を高めるよう援助するということにおいて「ガイド」との共通性が高いという指摘もあります。「ガイド」という言葉の本来の意味は、いろいろな道を知っている人が判断材料である情報を提供して案内することで、「ガイダンス（guidance）」は真の願望や能力を見いだし、その能力を発揮し願望を実現できるよう援助する過程をいいます。

● 3つのアプローチ
　造形表現指導の3つのアプローチを示し、幼児造形の指導計画は、個性的な表現や発見や実験が認められ、オープンエンドで意欲がもて、すべての子どもにできて達成感が得られるようになされるべきだと主張している。（Schirrmacher,R.『Art and Creative Development for Young Children』DELMAR、2001）

応答的な援助によって子ども主導の活動が進行する

図表5-6　造形表現活動の指導形態

Teacher-directed	Guided	Child-directed
＜教師主導・教授的＞ 直接的な援助中心	＜教師誘導・促進的＞ 直接的＋間接的な援助	＜子ども主導・無干渉＞ 間接的な援助中心

● オープンエデュケーション
　学習者の主体性を重んじ学習者の移動が自由で、個人でもグループでも自由に学習の場を選択することができる教育方法。豊富な選択肢の用意が課題となる。

● ガイド
　岸井勇雄『保育における指導概念の研究－その歴史的経緯と問題－』（保育学研究1992年版、13-19、1992）において「ガイド」の解説がなされ、保育の指導形態との共通性の高さが指摘されている。

本書では、「Guided」を「ガイド型（G型）」の指導形態とし、保育者の誘導によって子どもに主導性を与える援助方法と考えます。

（2）指導形態と自由度

保育者主導から子ども主導への移行には、子どもが自ら選択する自己決定場面と適切な選択肢が必要です。そこで、すべての子どもが満足できる選択肢とは何なのかを考える必要があります。

たとえば、色の選択場面では、赤と黄色だけより、青やピンクや水色も用意したほうが意欲的な取り組みが期待できます。だからといって、50色用意すればより意欲的になるかというとそうではありません。色数が選択肢の数で、色数が多いほど自由度が増すと考えると、子どもの意欲は自由度に比例して高まるわけではないことがわかります。「課題活動に自由度を持たせるということは「子どもを迷わせる」ことでもあります」[2]。迷わず取り組めるから自由度が低くてよいという子どももいれば、自分で考えて色を選びたいから自由度が高いほうがよいという子どももいて、自由度に対する好みには個人差があります。

一人ひとりに応じるためには、机の上に5色程度を設定して、室内に違う色を選べるコーナーも設定しておくという状況、つまり、さまざまな自由度が選択できる状況が望ましいと考えられます。現実の保育場面でこのような状況を絶えずつくることはむずかしいかもしれませんが、保育の自由度がつねに低くて選択の余地がない、あるいはつねに高くて手がかりがないという状況は、多様なニーズをもった子どもたちがいる保育の場には望ましくないと考えることができます。

保育者主導ではじまる活動でも、全員で最初から最後まで一斉に行う設定なのか、全員が取り組むが参加の時期を選べる設定なのか、参加そのものを選択できる設定なのかによって子どもにとっての自由度が異なります。その自由度の違いが子どもの自発性に関与すると考えると、保育者が指導形態を使い分けて、自由度を調整しながら進める必要があります。造形表現活動を子ども側の自由度から分類して整理してみましょう（図表5-7）。

もっとも自由度が低いのは一番下の段の組み合わせになりますが、長期計

● **誘導**

倉橋惣三は『幼稚園真諦』のなかで、「その中のどれかを自然に選びたくなるように誘導され、選んだものの中に教育的価値がある」ような保育案は誘導保育案になると述べ、誘導という言葉を用いている（フレーベル新書、1976、p.72、p.74）。

2）鯨岡峻『両義性の発達心理学』ミネルヴァ書房、1998、p.236

● **自由度に対する好みの個人差**

設定された教材の選択傾向を調査した結果、1年間で7割近い選択率を示す幼児と、ほとんど選択せず自由な製作活動を好む幼児の存在が明らかになり、造形活動における自由度に対する好みには個人差が見られることが明らかになった（槙英子『幼児の表現活動と造形教材Ⅰ』日本保育学会第60回大会発表論文集、2007）。

図表5-7　造形表現活動の指導形態と自由度

自由度	指導計画（提示の契機）	提示方法	参加形態	活動過程
高い	●短期指導計画（子どもの興味・関心・必要感）にもとづく活動	●材料・用具の設定	●自由参加	●オープン型：子ども主導（O型）
↕		●活動コーナーの設定	●選択的参加	●ガイド型：環境で誘導（OG型）
	●長期指導計画（ねらい・発達・行事等）にもとづく活動	●活動モデルの提示	●全員随時参加	●ガイド型：活動で誘導（TG型）
低い		●完成モデルの提示	●全員一斉参加	●教示型：保育者主導（T型）

材料選択の自由によって自由度が高まる

自然物製作の援助（O型）

画によって「おひな様製作」に取り組む際に、完成モデルを示して全員が取り組む指導計画を立てる場合でも、自由度の調整は可能です。たとえば、一斉に開始して全員ができたことを確認しながら進行する教示型の活動過程を選択するのか、活動コーナーをつくり1週間くらいの間に時期を選んで取り組めるよう随時参加にし、服の材料やつくる手順を保育者が指示しない子ども主導型の活動過程を選択するのかによって、自由度が変わります。

同様に、材料と用具だけの設定であっても、切る場所や切り方を保育者が決めて指示するのであれば自由度は低くなります。自己決定する手がかりとなる経験が乏しい子どもは、自由度が低く活動が定められていたほうが安心して活動に参加できるということも考えられます。逆に、多様な選択肢が思い浮かび自己決定をしたい子どもにとってはきゅうくつな活動に感じられるでしょう。自由度は、活動の過程や1日の流れのなかで調整することもできます。自由度の観点から考えると、保育者の援助の選択が子どもの自発性に大きく関与していることが理解されます。

造形表現活動の過程を自由度の観点から分類すると、子ども主導に任せる「オープン型（O型）」、保育者が提示・誘導する「ガイド型（G型）」、保育者が活動を主導する「保育者主導型（T型）」の3つの枠組みを考えることができます。そして「ガイド型」は、作例とその活動ができる環境を用意したコーナーの設定などで活動を提示する「環境誘導型（OG型）」、保育者が活動を紹介しモデルを示して誘導する「活動誘導型（TG型）」に分けて考えることができます（図表5-8）。それぞれの活動過程は以下のように整理されます。

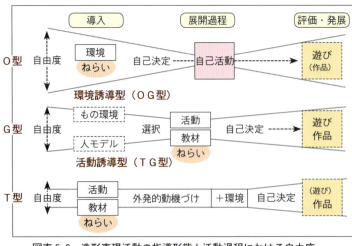
机の下を海の中に見立てる環境設定で生きものづくりの活動が誘導される（OG型）

図表5-8 造形表現活動の指導形態と活動過程における自由度

O型は、環境にねらいを潜ませるので導入時の自由度が高く、幅広い選択肢のなかから自己決定し、自由度をコントロールして活動に向かい、自己充実による満足が得られる活動です。G型は、作例・コーナーなどの物的環境や保育者の姿によって誘導されますが、その過程にはつねにある程度の自由度があり、それぞ

れの発展が可能です。T型は、保育者のねらいによって必要な経験が示されるので導入時の自由度は低いですが、その過程で提示される選択肢によって自由度が高まり、結果が得やすい活動です。ただし最後まで自由度がない活動になる危険性があります。それぞれの特徴を理解し、遊びの充実感や作品による達成感につなげていくことが大切です。

「新聞紙で寝ましょう」という誘導からはじまる活動は、場や寝方の選択の自由によって、子ども主導の自由度の高い活動に移行する（TG型）

（3）指導形態と自発性

　指導の際に重要なのは、いかに子どもの自発性を尊重し、主体的な表現活動を通して心身の発達が促されるようにするかということです。どのような指導のアプローチであっても、やりたい活動を自力で成就したと感じるように援助すること、表現における子どもの「自由感」を保障するという考え方が大切です。「何をしてもよい」という自由度の高い状況を不自由に感じる場合もあり、子どもが「自由に生きるためには、大人に配慮された環境という枠が必要不可欠」[3]です。また、自由感は自由度の高さに比例するわけではないことは、自由度に対する好みの個人差からも明らかです。そのため、指導計画を作成するときは、どのような活動かということだけでなく指導形態の自由度と子どもとの適合についても配慮する必要があります。多様な指導形態を組み合わせて自由度を調整し、子どもたちの実態に合った活動を計画することが望ましいでしょう。

　実際の保育場面で、多様な自由度が選択できる状況を意図的につくって造形活動を行うということは、むずかしいでしょう。ただし、「遊び中心の保育」においては、子どもたちが、遊ぶ仲間も内容も活動の自由度も、自分で選択しながら表現活動を行うことができます。忍者ごっこを展開する過程では、"使う道具を考えて材料を自由に選択してつくる活動"や"手裏剣の折り方を保育者に教えてもらってつくる活動"など、自由度が異なるさまざまな活動を選択することができます。多様な自由度の指導形態が混在し、子ども主導を中心としながらも、保育者主導や誘導が入れ替わりながら進展するのが、遊び中心の保育における援助の姿です。そこでは、"自分がやろうと思ったことをやりとげ充実感を得ること"が大切にされます。そして、遊びの展開を豊かにする手だてとして、しばしば「製作コーナー」が利用され、結果として豊かな造形表現活動が展開します。

　「遊びを中心とした保育とは、（中略）自発的活動としての遊びを中心とした生活のなかで、子どもが必要な経験を積み重ねていくことができる保育」[4]であり、「「遊びの状況」とは、あるモノを見立てたり、何かになりきって振りをすることで生まれる虚構世界」[4]です。見立てられるもの、なりきるた

● 自由感
　自由だという感覚であり、自分が主人公で自分がやりたいからやっているんだという充実感を生む。環境や活動という大きな決定を大人が行っても、小さな決定を子どもに委ねることで自由感が生まれる。

3) 立川多恵子・上垣内伸子・浜口順子『自由保育とは何か—「形」にとらわれない「心」の保育』フレーベル館、2001、p.18

● 遊び中心の保育
　教育的に構成された環境のなかで幼児自ら選択した活動を自ら推進し自己の活動の目標を達成することを通して行われる教育活動。精神的安定機能と対象操作機能をもち得る「製作コーナー」を保育者の拠点とする援助論が展開されている。小川博久『保育援助論』（生活ジャーナル社、2000）に詳しい。

おばけやしきごっこの遊びにも多様な自由度の活動がある

4) 河邉貴子『遊びを中心とした保育』萌文書林、2005、p.11、p.25

5章　造形表現指導の実際　95

遊び中心の保育で展開する花びらのジュースやさん。別にジュースやさんをやっていた2人がフープの電車に乗ってお客さんとしてやってきた。手順を見る目は真剣そのもの

めに必要なものに出会える環境を整え、多様なものとのかかわり方を示すことは、保育者の大切な役割の一つです。

子どもの自発性を尊重するためには、子どもの自己課題を理解し、子どもたちの実態から指導計画を立てることが大切ですが、一方でものとの関係性にも注意を払い、子どもにとっての自由度を意識して環境を構成し、指導形態の選択を行うことも大切です。この考え方は、保育経験が浅い保育者が保育行為を選択する際の手がかりになるだけでなく、経験がある保育者が直観的な保育行為に依存することを避けるためにも有効であると考えられます。

次に、これまで概念的に述べてきた「間接的な援助」と「直接的な援助」について、具体的に考えていきます。

4. 間接的な援助

（1）材　料

分類の表示は、文字だけでなく絵や実物を用いるのがポイント

● リサイクル素材

　レッジョ・エミリア（本書5章p.91参照）のアート活動は、地域のリサイクルセンターが材料を提供し、支えている。詳細は、石井希代子『「レッジョ」を支えるリサイクルセンター』（現代と保育69号、ひとなる書房、2007、p.54〜69）を参照。

保育で用いられる材料には、造形活動を主目的とした「造形教材（画材）」や保育の場での利用を想定した「保育教材」など、活動後に作品を残すことを意図してつくられ、仕上がりがよく、美的な表現に向いている材料とほかの目的のためにつくられ、使い方を発見する「造形材料」があります。「造形材料」には、生活のなかでは他の用途で用いられている「生活素材」と植物などから得られる「自然素材」があります。「生活素材」には、紙コップなどの購入できる材料と牛乳パックなどの「廃材」「リサイクル素材」とよばれる再利用品があります。「生活素材」や「リサイクル素材」は経費面からも手に入れやすく、試行錯誤する活動や創造的な表現に向いています。

またその設定には、友達と同じものを使ってつくるのを好む子どもや目新しいものを好む子どもがいることに配慮し、同じ種類のものがたくさんある「基本材料」がつねにわかりやすく取り出しやすく設置されていることと、遊びの状況や活動に応じてあらたな「追加材料」が目につきやすく設定されることが大切です。画用紙や折り紙

図表 5-9　造形表現活動に用いられる材料の分類と例

分類	造形活動を目的とした材料		造形活動を目的としない素材		
	造形教材（画材）	保育教材	自然素材	生活素材	リサイクル素材
例	画用紙・絵具・クレヨン・粘土…	積木・ブロック・折り紙・モール…	木の葉・木の実・枝・石・貝殻…	紙コップ・紙皿・ストロー・竹ぐし…	牛乳パック・ペットボトル・空き箱…

等をいつでも使える状況に置くのがむずかしい場合は、新聞紙や包装紙や端切れ布やビニール手さげ袋などを四角く切っておく、リサイクル素材を持ってきた子ども自身が大きさ別や種類別に分類しやすいようにダンボールを設置して置き、いつでも持ち寄ることができるようにしておくなどの工夫が有効です。

緑のキャップがカエルのイメージを生む（5歳児）

むだ使いを回避するために、材料はケースに控えめに設定しておきます。ストローであれば、横に置くとつかむ動作が促され、一度にたくさん取ってしまいがちですが、コップに立てておけば指でつまむので1本ずつ取ることが促されます。ものが子どもたちにどのような行為を促すかという「アフォーダンス」の考え方は、物的な保育環境を構成するうえでも有効な知見です。

また、材料の設定には環境への配慮も必要です。廃棄物を減らすよう、くり返し使える構成遊具（積木・ブロック等）や土粘土を活用する、地域の実態に合わせて、用いる材料や素材の組み合わせを設定段階で制限する、自然素材の種類を増やすために園庭環境や地域環境を見直すことなどができるでしょう。そして、園は子どもの育ちの場であることを第一義に考え、表現媒体が乏しくならないように工夫しましょう。

5〜6歳児の場合は、「丸いもの」「透明のもの」という性質で分類しておくのも有効。仲間同士ということに気づく学びがある

また、自然素材を収集する際には、名称の分類にこだわるのではなく、つるつるやざらざら、色や形の違いやおもしろさに気づく感性を育み、どこにあったかや季節による変化に関心をもつことが大切です。

自然素材の設定例

(2) 用 具

基本的な用具は、描く・切る・つける用具です。頻繁に使うもの（鉛筆やペン類・絵具・はさみ・セロハンテープ台）は個人用だけでなく共同用も用意し、遊びの途中ですぐに使えるように設定しておくことが望ましいでしょう。

描く用具としては、手先を使った細かな線描に向くペンや鉛筆類、ダイナミックな点や線、面による量や広がりを表すのに適したクレヨン類と絵具類が基本です。目的に応じて使いやすく設定しましょう。絵具はどんな種類をどんな濃度で用意し、どのように設定するかを考えます。薄く溶いた絵具や個人の水入れがあると色水遊び、丸筆とカップに濃いめの絵具は線描、広いパレットだと色づくり、幅広の平筆だとぬり広げがしやすいことや、透明・不透明・耐水性などの性質の違いについても考慮しましょう。筆は、絵具をたっぷり含むことができる丸筆を基本にし、ハケや細筆、割り箸の先を削ったものや綿棒などを適宜使います。また、子どもたちは色を混ぜてみたいという衝動をもつことを理解し、混ぜて遊ぶ体験を十分行って絵具の性質を体得させ、色や濃度を自分でコントロールできるようにします。注意事項を多くするのではなく、計画的な体験の積み上げと間接的な援助によって、表現

取りやすく片づけやすい鉛筆立て

筆に色別テープをはっておく。共同利用だから混ぜないで使おうというメッセージにもなる。透明カップ1個に筆1本にすることも有効

5章　造形表現指導の実際　97

平らなパレット（お盆）は混ぜやすく、梅皿は1色ずつを明確にする

共同で使用するはさみは番号をつけて管理する。セロハンテープ台も番号をつけ設置場所にも番号をつけておくと、指示がなくても定位置に片づけることができる

接着剤をふたつき容器に入れておく

直接設定する用具以外に、知っていると環境の豊かさにつながる用具がある。写真はコンパス状のカッターで円を簡単に切り出すことができる

媒体としての自由感がもてるようにしましょう。

はさみは、テープ等の粘着が残らないよく切れるものを用意しましょう。先がとがっていないなどの配慮は必要ですが、よく切れないと力を入れすぎて危険な場合もあるので、子ども向けであっても機能を重視して選択します。また、左利きの子どものために"左利き用のはさみ"を用意し、切りにくそうにしている子どもがいたら、かならず利き手を確認しましょう。

はりつける用具としては、のりなどの接着材類とテープ類があります。テープ類には、透明なテープ、紙製・布製の粘着テープ、柄のあるテープ、カラービニールテープ等があり、すぐにつけられて装飾的な効果もあるので、イメージを形に表すのに便利です。ただし劣化しやすいので、長期保存や仕上がりのよさを考える場合はのりや接着剤を用います。紙類にはのりが、重さのある材料には乾くと透明になる木工用接着剤が適しています。接着剤容器は減ってくると扱いにくくなるので、補充用のものを購入し、ふたつきの透明容器とスプーンを用意しておくと子どもが使いやすくなります。ほかにはホチキスや穴あけパンチ、千枚通しなどを使いこなせるようになるとより複雑なつけ方ができるようになり表現の幅が広がります。危険な道具に触れさせないのではなく、危険性を知らせながら徐々にきちんと使えるようにすることがより安全保育につながると考えましょう。

そのほかにも粘土や木工活動に使う特殊な用具がありますが、探索的なかかわりも許容しながら、使い方のルールを学び、その過程で用具に対する関心を育て、自由に使うことができる手とコントロール力を育てることが大切です。

穴あけパンチの探索による表現

(3)「場」と「装置」

遊びや活動を促し支える空間的な環境について考えてみましょう。「場」は、保育環境のなかで一定の性質をもつ区切られたスペースです。「場」は、そこで行う活動にイメージを与え、「場」を同じくする人同士のかかわりや情報交換を促し、「場」での状況が必要感や課題を与えます。

たとえば、ままごとの「場」は、そこを選択する者同士のかかわりを生み、家のイメージに合う役の振りをするという課題や家庭にあるものをつくる必要感を与えます。本書では、さらに共有するイメージや促す行為を明確にするものを「装置」と考えます。ままごとの「場」にカウンターという「装置」を設置するとお店のやりとりが生まれ、長い大型積木があればベッドという「装置」になり、ホテルや病院のイメージに発展します。

また、「製作コーナー」はものづくりに欠かせない「場」です。ものはそこに置かれるだけで、材料という意味をもちます。年齢や時期に応じて材料や用具の種類を定め、子どもたち自身で分類や片づけができるようわかりやすく整えます。そこで生み出されたものが作品として持ち帰られるか、遊びを生み出すかは、遊びの「場」や「装置」の有無が左右します。車づくりの製作活動も、町という「場」、坂という「装置」が遊びの発展のきっかけとなります。棚があると商品になり、生息できる場があるとつくったものが生きものになります。

のびのびと絵具遊びができる場の設定例。机の色やイーゼルが選択でき足を洗って拭く場所の用意も万全

製作の「場」に置かれたペットボトルは子どもの感性によって美しく彩られる

「場」や「装置」は保育者が設置するだけでなく、子ども自身が設定できるように空間と構成遊具（大型ブロックや大型箱積木等）を準備しておく必要があります。「場」を共につ

子どもたちがつくった学校ごっこの場

園にある備品もイメージを共有するための装置になる。

くり共有することが心をつなぐことは、2章のワークでも感じることができたのではないでしょうか。すべてを設定しつくさず、自由度のある環境を与え、子どもたちに任せる視点は、「間接的な援助」の重要なポイントです。

(4) 情 報

「間接的な援助」には、「情報」を潜ませる視点も必要です。乳幼児期の子どもたちは、五感を使って「情報」を探索し、自分のなかに取り込み、知識を構成しています。室内のきれいな飾りに気づき、まねて製作をはじめることや絵本や折り紙の本からヒントを得ることもあります。保育者がつくった作例も製作のきっかけとなるので、何をどこにいつ飾っておくかにも注意を払う必要があります。

！保育室の環境を「情報」という観点からチェックしてみよう！

お客さんが来る「場」があることが、木工での虫づくりの活動を、戦い遊びの場づくり、カードづくり、ルールづくりへと発展させた

作品を飾っておくという援助もある。卵パックの利用など、部分的に情報が取り入れられることもある

模倣も憧れの気持ちから情報を得る行為です。否定をせず、むしろ、互いの表現を見て情報交換ができるように机などを配置することが大切です。

🌼 CASE 製作のきっかけは……

自由な製作の場で、1枚の紙から2つの円と動物を切り取って立体的なメリーゴーランドをつくった子どもの作品を手にとってみると、紙の裏側にメリーゴーランドの絵が印刷されていた。子どもたちは、鋭敏な感受性によってさまざまなところから情報を得ていることが理解される。

裏側

手にとれるところにどのような本を設定しておくかも間接的な援助になる

5章　造形表現指導の実際　99

（5）園全体の物的・空間的環境

●保育環境
具体的な工夫例は、柴崎正行『写真で学ぶ保育環境のくふう』（学研、2002）が参考になる。

屋外を含む物的・空間的な保育環境の工夫は、大切な間接的な援助です。造形的な表現と環境の関係性を理解するワークショップに取り組みましょう。

鳥を飼う生活があり鳥小屋があるから修理作業が生まれ、必要感から道具を使う経験が豊かになり、それがあらたなものづくりにつながる。

---

work shop　造形的な表現を支える園環境

用意／Ａ４無地用紙・鉛筆と消しゴム・色鉛筆・ペン・「造形遊びマップ」をＡ４に拡大したもの

手順
① みなさんの通っていた園はどのような園でしたか？　園庭の様子と園舎の位置を思い出して 覚えている範囲で描いてみよう。（Ａ４用紙と鉛筆・色鉛筆・ペン）
② そこで子どもたちがどんな遊びをしていたか描いてみよう。（文字もＯＫ！）
③ 次に『ぞうけいこども園』のマップを見て、どんな場所でどんな遊びが生まれるかをできるだけたくさん考えて描こう。絵でも文字でもＯＫ！
　　＊　マップをＡ３サイズ２枚に拡大し、はり合わせてグループで行ってもよい
④ それぞれの遊びのなかで、「造形的な遊びや表現」だと思うものにマーカーで印をつけてみよう。ものにかかわる遊びや感性・創造性・表現力の育ちに関与する遊びは、幅広く「造形的な遊びや表現」と考えよう。
⑤ それぞれの園を比較して、違いとその要因を考察しよう。
⑥ 造形的な遊びや表現にとってすぐれた環境とはどういうものかを考えてみよう。

ぞうけいこども園　造形遊びマップ

こんなところで、こんな遊びが……造形表現の芽を見つけよう！

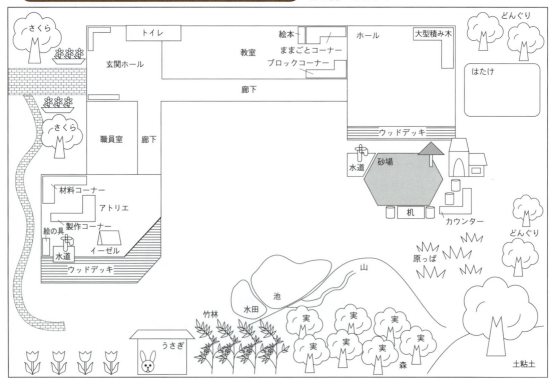

5. 直接的な援助

(1) まなざしと表情と身体

　保育者は、子どもたちを肯定的に映し出すまなざしをもつことがもっとも大切です。乳幼児期は、養育者による賞賛や承認を必要としますが、表現場面は一人ひとりが肯定的に映し返される機会を提供します。「重要な他者に受け入れられ認められているのだという感覚と、自分を押し出していいという感覚、つまり他者への基本的信頼感と自分への本当の自信」[5] が育まれることが、人とかかわって生きることの第一歩です。そして表現する力を育むのは、伝え伝わるという経験の積み重ねです。「表現していいよ」というメッセージを発するまなざしが、「直接的な援助」の第一歩といえるでしょう。そして「そうだね」「おもしろいね」という共感と笑顔、かかわりたくなるような身体が、子どもに安心感を与え、表現を支え励まします。

　ところが保育の場は、すべてを受け入れてよい場ではありません。材料を自由に使って表現してよいと伝えつつ過剰なむだ使いは制止するというように、「認め支え」つつ「教え導く」[6] のが保育の場です。ある子どもがやっと思いどおりにできた表現が、ほかの子どもの思いを傷つけたりルールを逸脱することもあります。なかにはどこまで認められるかを試す表現をする子どももいます。保育者にとって子どもの表現場面は、わりきることのできない場面の連続です。それでも保育者は、"子ども自身が表現してみることではじめてわかることがたくさんある""そうしたい気持ちもわかる"という立場から子どもの表現を丸ごと受け止め、「認め支え」るまなざしで場面や子どもの思いを読み、保育行為を判断します。過剰なむだ使いは「こっちを向いて！」というメッセージかもしれません。材料をたくさん使うことが喜びの表現だったのかもしれません。つねに善悪を判断して「～はだめ」と「教え導く」まなざしばかりの保育者に、豊かな表現を育てることはできません。子ども同士の衝突場面でも、両者の言い分を聞き、受け止めながら整理して伝える保育者の姿が、自分と相手の気持ちを尊重し合いながら調整する力を育み、表現し合える人間関係を育てます。そして、子どもたちからの予期せぬ反応や一人ひとりの違いを心から楽しむまなざしは、創造的で感性豊かな表現を引き出す力となるでしょう。

　日々の生活を共にし、生活規範を伝える役割も担っている保育者にとって、のびのびとした表現を引き出すことは簡単ではないかもしれま

表情や体が伝えるメッセージがある

5) 鯨岡峻「ともに生きる力を育む保育のあり方」岩田純一・河嶋喜矩子編『新しい幼児教育を学ぶ人のために』世界思想社, 2001, p.59～72

6) 鯨岡峻『両義性の発達心理学』ミネルヴァ書房、1998, p.196
※この本には、保育の場は、「認め・支え」「教え・導く」だけでなく「個」と「集団」などさまざまな両義性＝矛盾を抱えていることが示されている。保育者が迷い揺れることを否定しない考え方が理解される。

独創的な表現は保育者の笑顔が支える

ときにはその子だけの保育者になる

せん。つい「〇歳なのに」というまなざしで見てしまうこともあるでしょう。しかし表現を受け止めてくれる保育者が好きだからこそ「教え導く」まなざしに応じる気持ちが芽生えます。子どもは自分をよく映してくれる瞳を見つめ返します。身体的なメッセージの重要性を自覚し、保育行為のバランスを振り返り、その省察を明日の保育につなげていきましょう。

（2）活動の計画と提示と誘導

心の開放は保育者の行動によっても促される

造形表現活動は物的・空間的環境の事前準備が必要なので、保育者主導ではじまる「設定型の造形表現活動」の活動過程をいかにして子ども主導の活動に移行させるかが、指導上の重要な課題となります。指導形態から考えると、保育者主導（T型）や誘導（G型）の活動に、いかにO型の拡散性を取り入れて自由感のある活動にするかということです。そのための「直接的な援助」のポイントを以下のように整理しました（図表5-10）。動機づけや意欲については本章7節（p.112）で詳しく検討しますので、ここではおもな流れを整理します。

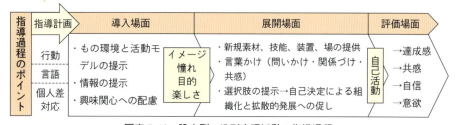

図表5-10　設定型の造形表現活動の指導過程

「指導計画」は、法律等に即して設定した園の保育目標の達成への道筋を示した「教育課程」や「全体的な計画」にもとづいて作成します。見通しと発達過程を踏まえた「長期的な計画：年間・期間・月案」と実態に即した「短期的な計画：週案・日案」を立て、具体的なねらいと内容を設定するのが保育者の役割です。必要に応じて「個人別」「領域別」「テーマ別」の指導計画も作成します。日々の記録と実態把握から適切な計画を立てることが、直接的な援助の重要な準備段階になります。

計画立案後の指導過程は、＜導入場面－展開場面－評価場面＞の3つの場面にわけて考えることができます。それぞれの場面における援助について、①行動、②言語、③個人差対応に分けて考えてみましょう。

手順が複雑な活動は、活動モデルを示すことが有効な援助となる。スクラッチ画の導入場面

「導入場面」で重要なのは、いかにして主導性を保育者から子どもへ移行するかということです。行動によるおもな援助としては、もの環境と活動モデルの提示があります。こんな材料がある、こんなものがつくれるといった作例やこんな技法がある、こんなふうに遊べるという姿を示して誘導する

ことは、子どもに視覚的・身体的なイメージや憧れ・目的を与えます。また、言葉によって情報を提供し、環境や友達に気づかせて表現活動に誘うことや宇宙や物語の世界などの空想の情景をイメージさせることもできるでしょう。また、個人差に応じて興味関心に合う話題から誘導することもできます。言語に対する理解度に個人差があることにも留意し、学習スタイル（p.80）にも配慮します。子どもたちに共通する傾向としては、視覚的には光や輝きに対する志向、聴覚的には音や声を合わせる共鳴、身体的には動きへの同調、言語はくり返しやリズム感、全体としては新奇なものやにぎわい、笑い声などにひきつけられる傾向があります。感性に響く刺激があり、心地よく楽しそうと認識できるわかりやすい導入がポイントです。

「展開場面」を子どもが夢中になる自己活動とするためには、時間と空間、そして多くの場合仲間が必要です。保育者の援助としては、見守りつつ適宜あらたな刺激の導入や問いかけをすることが有効です。子どもの活動は、ごっこ遊びやルールのある遊びなどへと"組織化"の方向に進むか、心を開放する"拡散化"の方向に進むかはわかりませんが、「自分でできた」「自分たちでやって楽しかった」という経験になることが大切です。行動による援助としては、「こんなこともできるよ」「これも使えるよ」と技法や装置を導入する、「こうやってみない？」とモデルを示すことによって発展を促すことができます。ときには保育者自身の豊かな発想や表現力も有効な援助になります。そして、つまずきを読み取り、具体的な対策を示して見せることも必要な援助です。

CASE　恐竜迷路

「恐竜迷路」をつくることになり、子どもと保育者が共同で入口に大きな恐竜をつくった。保育者が口の開閉装置を発案し、子どもたちに確認し、ひもを引くと動くしかけをつくった。保育者の創意は子どもたちを刺激し、活動の展開をより豊かにする。迷路にも、脅かすための開閉式の穴が多数つくられた。

言葉による援助としては、「どうして？」と思考を促す、「～みたい」と印象を伝える、他のものや人と関係づけるなど、目的やイメージの明確化を促す言葉かけや拡散的な展開、自己決定が可能な問いかけが有効です。また、不必要な介入は避けなければなりませんが、以下のような状況に応じた言葉かけの可能性を知りつつ、適用を行うか、どのようにしたらよいかを判断するとよいでしょう（図表5−11）。

手が描いてなかったので、紙を足すという方法を示して描きたい思いを確認した

図表5-11　言葉かけの例

言葉かけの目的	場　面	例
安定させる	作品が壊された	「やっとできたのにね」と悔しい気持ちを共有し「これどうなっていたのかな？」と聞いて励ます
生活を秩序づける	友達の絵をけなす	「Aもここがよくかけてるし Bと違うところがいいよ」「一生懸命やったことけなすのはだめだよ」
遊びの楽しさを知らせる	個々にロケットをつくる	「Aのロケットはどこに飛んでいくのかな？　Bは？　基地は？」「南の島にいっしょに行かない？」
友達とつなげる	戦いごっこばかり	ペープサートを提案「…が出てきてけんかになってしまいました」「今度はどうなるでしょう」
遊びを方向づける	個々に恐竜をつくる	「みんなの粘土集めてくれば？」「ここに恐竜の国つくったら？」「みんな楽しみだねぇ」
課題に取り組ませる	色水遊び	「同じ色つくってみよう」「これでどうかな？　これじゃだめだ」「できた！　今度はお花でつくろう」

（西久保礼造編『ことばかけ事例集』ぎょうせい、1985より、一部抜粋し、著者作成）

● 発達の最近接領域

　子どもが自力で解決できる水準と他者の援助を受けて達成可能な水準のずれの範囲のこと。例示や教示でできる範囲を発達の潜在的な可能性と考え、適切な支援によって達成経験をもたらすのが教育の役割と考える。遊びは子どものなかに、『発達の最近接領域』をつくり出す発達の源泉である。L.E. バーク・A. ウィンスラー『ヴィゴツキーの新・幼児教育法－幼児の足場づくり』（北大路書房、2001）に詳しい。

子どもは遊びのなかで自力解決の水準を高めている

7）栗山誠『前図式期における幼児の形態概念模索の過程－形態のバリエーション化について』大阪城南女子短期大学研究紀要 40 号、2006、p.25 ～ 36

大きなダンボールの接合という難易度の高い課題に対しても、やり方を教え、徐々に手を貸さないようにすることで子ども自身がやりとげることができる

　活動へ誘導するときには、「足場づくり」の援助を行うのが有効です。これは、ヴィゴツキーの『発達の最近接領域』という概念から導き出された援助についての考え方です。一人で問題解決できるレベルではなく、働きかけによって到達できる範囲の課題を示し、「足場づくり」を行って自力での解決を促します。そして、足場としての援助を徐々に減らす過程で発達が促されると考えます。

　技能の習得場面を例にすると、牛乳パックを使う製作活動で、牛乳パックが固くてはさみで切れないと訴える子どもがいた場合、力の入れ方を説明しながら途中まで切って見せ、交代すると自力で切ることができ、次からは自分で切れるようになります。対話をしながら少しだけ切って見せるのが「足場づくり」の援助で、無言ですべてを切ってしまったり、自分で切りなさいと命じるのは、幼児期にふさわしい援助とはいえません。個人差に応じて、子どもが助けを必要とした場合は援助し、能力が発揮されているときは援助を減らすことが大切です。子どもは遊びのなかでも課題の設定と克服を行っており、自ら向上する力をもっています。

　また、描画場面では、「現在の発達水準（すでに獲得した形態概念）を超えて、大人や自分より能力のある同年齢者との共同行為のなかで、新たな形態を自分の概念様式の中に取り入れること」は「『発達の最近接領域』内で可能になる」[7]ので、あらたな形態の獲得が達成できる課題や環境の設定による「足場づくり」が重要です。一人ひとりの発達に即した『発達の最近接領域』の設定を考えましょう。

　そして、一人で解決できる範囲を能力とみなさないという考え方は、幼児期には、人に教えてもらえる力や問う力、聴く力を育て、助け合う共同体を育むことが大切であるという理解につながります。

　また、言葉による援助において、使う言葉を選ぶことは大切なポイントです。モデルとなる大人の言葉は、子どもをコントロールする言葉となって内面化していきます。模倣されてもよいわかりやすい言葉を使い、漢字でしか区別できない言葉は使わないことが基本です。「ありさんみたいに小さく」「マヨネーズみたいにやわらかく」と子どもに親しみのある具体的なイメージに置き換えて伝えるとわかりやすくなります。また、「掃除機になって片づけよう」「机と椅子の引越しでーす」など、比喩的な表現や節をつけた表現を使うと楽しい雰囲気で誘導することができます。それらは発達に応じて用いる必要があり、経験豊かな保育者は、跳ぶことを促すのに、3 歳児には「カエルになって跳ぼう！」、5 歳児には「川の向こうまで跳ぼう！」という言葉が伝わりやすく行動を促しやすいと話していました。これは優位な表象が身体から視覚に年齢と共に移行するという発達の理論にそっています。

モンテッソーリは、子どもが文化を自発的に吸収できるような文化的教具を数多く開発しましたが、子どもがその課題をしている最中に声をかけると、集中がそれ、評価が気になって活動自体への興味をそらせてしまうことを懸念しています。不必要な言葉かけは避けることも大切な配慮です。

● モンテッソーリ
　　　　（M. Montessori）
教具・保育者・環境構成の条件を整えて、自身の興味や能力に応じた自由選択活動を行うことが自立を促すと考えた療育・幼児教育の実践家。

(3) 評　価

　子どもの活動の「評価場面」には、かならずしも保育者の賞賛を必要としません。子ども自身が心から楽しいと感じることが達成感や自信、「またやろう」という明日への意欲につながります。また、帰りの時間などに友達の前で楽しかったことを発表する、つくったものを飾る、見せ合う、使っていっしょに遊ぶという機会をつくることは、子どもたちの満足感を高めます。

　保育者に「見て」と作品を差し出した場合は共感を求めるメッセージなので、アドバイスをせず肯定的に受け止めます。夢中になって遊んでいる子どもは来ないことからも、何らかの意味が込められている場合もあるので、子どもの目線になって話を聴きます。描画であれば子どもの言葉を書きとめて「伝わった」経験にすることも大切です。つくったごちそうを差し出す場合もつながりを求めています。子どもは共鳴し受け入れてくれる人を好きになり、自尊感情を高めます。評価場面は信頼関係を築く機会となります。

　また、周囲にわかるような賞賛は、それを受けた子どもにとっては自信になりますが、他の子どもにとっては、どうすべきかを告げられ、がんばることを促されることにもつながります。望ましい姿や結果を取り上げて賞賛し他を方向づけるという誘導方法もありますが、ご褒美を与えることが長期的には意欲を減退させるという研究報告もあるように、賞賛の効果にはさまざまな側面があるので注意が必要です。年齢によっては、一人を認める言葉が競争や比較に子どもたちを導くことにつながりかねません。保育者はあらゆる場面で"能力観"を伝えていることを意識しましょう。子どもの能力は伸びる可能性があると肯定的にとらえている保育者を子どもたちは信頼します。

　また、親の能力観にも強い影響を受けることに配慮が必要です。保育参観では、何を見て何を理解してもらいたいのかというねらいを明確にし、家庭でどのように応じることが大切なのかを伝え、表現を育む観点から家庭との連携をはかる機会とします。造形作品の場合、レベルをそろえなければと考える保育現場もあるようですが、憶測で親の期待に応じることは避けましょう。ある園での保護者を対象としたアンケート調査では、造形活動では「家庭でできないダイナミックな活動」や「それぞれの個性や創造性を伸ばすことを優先」してほしいという項目をほとんどの保護者が肯定したのに対し

活動の楽しさが一番大切！

発表の機会を設けると、子どもたちは食い入るように見入っていた

5歳児用に開発した教材「ガチャポンクラッカー」は、難易度が高かったが音と動きの魅力から多くの子どもが取り組んだ。さらにクラスで合奏したことが、高い満足感につながった

5章　造形表現指導の実際

て、「みんな同じにできるように仕上げさせ」「上手にきちんとつくれることを優先」してほしいという項目は否定する割合のほうが高いという結果がでました。造形表現場面ではありませんが、以下のような事例がありました。

> **CASE　評価の方法と子どもの適合**
>
> 　ある園の音楽発表会の練習で、3歳児のなかにみんなといっしょにやることに興味がもてず、舞台の上で自分が感じるままに音に合わせて動く子どもがいた。保育者はいっしょにそろってやることを課題と考えていたので、「よくできたけどまだあと少し。もう少しがんばると丸がくっつきます」と両手で丸をつくって頭の上で手と手が触れそうになる動作をした。その子はそれを見て、頭の上で丸をくっつけるしぐさをまねしながら楽しそうに舞台から降りていった。

● ドキュメンテーション
　レッジョ・エミリア保育（p.91参照）で活動プロセスを記録展示したもの。親だけでなく、保育者や子どもの記憶を支え、省察、修正、発展の機会を与える。

● ポートフォリオ
　子どもが達成したことと到達するまでの歩みを記録する学習者の目的的・計画的な集積。

● ラーニング・ストーリー
　ニュージーランドの幼保統合型カリキュラムである「テファリキ」にもとづく学習アセスメント（評価）のこと。具体的には、鈴木佐喜子「保育が楽しくなる・『評価』とは？」（『現代と保育』69号、ひとなる書房、2007、p.76～83）参照のこと。

　「友達といっしょにそろえる」というねらいや「手で丸をつくる」という評価方法は適切だったのでしょうか。人と合わせることや大人の期待を読むことができるようになるまえに、表現を楽しむことが大切です。保育者は、いっしょにできることがよいという能力観を参加者（親）がもっていると考え、それを意識して課題設定を行ったのかもしれませんが、3歳ではそろえることより照れることなく表現できることが魅力であることを伝え、これからの育ちを楽しみにできるように話すのが、発達を見通せる保育者の役割です。事例の子どもは、その後の食事場面でも保育者が与える枠からはみ出す姿が見られました。これは子どもからのメッセージであり、保育者自身の発達観や保育観を問い直し子どもの自己課題に寄り添い、関係性を築くチャンスでもあります。造形展などで親の参観を前提に全員の作品を掲示する場合には、活動経過を記録して掲示する「ドキュメンテーション」によって、その過程で何を行い、何を学んだかをわかりやすくし、出来ばえより過程が大切であるという理解を得る配慮をすることが望ましいでしょう。共同製作の場合も同様です。また、一人ひとりの表現の記録に日付をつけ「ポートフォリオ」として保管しておき、保護者との共通理解につなげることは、子どもの発達を共に喜ぶ関係づくりにも役立つはずです。ニュージーランドでは、「ラーニング・ストーリー」が評価として位置づけられ、保育者だけでなく親や子どもと共に「学びの物語」がつくり出されています。

　身近な大人が長期的な視野に立った柔軟な能力観をもち、一人ひとりの可能性を尊重すること、楽観性があり能力差に敏感ではない幼児期に「自分でやった」と実感できる多様な表現活動を行い、体験を通して自尊感情と意欲と表現力を育むことが大切です。

> **CASE　遊べる造形展**
>
> 　造形展では遊べる迷路「おそらのたび」を展示！　製作過程を掲示した。いん石・かみなりゾーンでは、いん石づくりや手形のスタンプなどのダイナミックな活動を行った。

6. 模擬保育

（1）模擬保育の流れと準備

　造形表現活動の指導方法は、保育現場で子どもたちから学ぶことが基本ですが、「模擬保育」を行うことも有効な学習方法の一つです[8]。大人同士であることによる限界もありますが、対象者から言葉のフィードバックを得られ、ロールプレイによって子どもの心情を共感的に理解できることが、実習とは異なる学習機会になります。また、実際に指導計画を立て、そのための環境設定を行うことは「間接的な援助」の擬似体験となります。とくに、「設定型の活動」において子ども側にいかに主導性をもたせるかを学ぶ機会になります。「模擬保育」の授業の流れは以下のとおりです（図表5−12）。

図表 5-12　「模擬保育」の授業の流れ

Ⅰ期	グループづくり：4〜8名（全員が保育者役を担当できるよう授業回数に応じた人数）のグループづくりをする。
	模擬保育1：モデルとなる指導者による模擬保育（T型）／『記録用紙』の使用方法と評価の観点を理解する。
Ⅱ期	模擬保育2〜：学生が順に保育者役になり、事前に指導案を立て、用紙の太枠内に記入し、場や教材を用意・設定して（間接的な援助体験）グループ指導を行い（直接的な援助体験）、保育を振り返る（T型・TG型）。
	模擬保育（最終回）：指導形態体験／コーナーを設定し場の選択を自由にする。G型・O型を体験して振り返る。
Ⅲ期	相互評価：学生同士の相互評価、「教育要領」「保育指針」からの評価を行い、保育を振り返る。
	自己評価：自分の保育を振り返り、再度子どもたちへの指導を想定して指導計画を立てる。

　Ⅰ期は、模擬保育の準備段階です。抽選等で6名前後のグループをつくり、大きな机（長机2台）を囲みます。初回に「ぞうけいこども園造形遊びマップ」（p.100）を拡大印刷して共同で描き込むワークショップを行い、関係づくりを行うこともできます。模擬保育の1回目は全員が子ども役になって、授業担当者が保育者主導型（T型）の造形活動を行い、一斉に行っても自由感のある活動を計画することができるというモデルを示します。

　ここでは、幼稚園4歳クラスの4月を想定し、進級と新入園児という経験の異なる子ども同士の共通体験となるよう「イメージを表現し合うことを楽しみ、描画体験と仲間関係を豊かにする」ことをおもなねらいとした『クレヨンのお散歩から』という活動を行います（p.108参照）。準備は次回以降の練習として全員で行います。机にシートを敷き、模造紙を縦半分に切って長くつなぎ、机のサイズに合わせて折り、テープで軽く固定します。ペットボ

8）槇英子『実践力の育成を目指すカリキュラム開発の試み—保育者養成校における「造形表現指導法」の授業での取り組みを通して』東横学園女子短期大学 49、2008、p.105 〜 121

● ロールプレイ

　他者の役割演技によって治療的な効果を得る心理劇に起源をもつが、今日では、共感的他者理解を推進する目的で実行されることが多い（鯨岡峻／森上史朗・柏女霊峰編『保育用語辞典』第4版、ミネルヴァ書房、2008、p.306）。

p.100のマップづくりのグループでのワークショップは、模擬保育の前に自分の子ども時代を思い起こすのにも有効。

クレヨンでお散歩をする

トルに赤・青・黄色の絵具を入れ水を加えて振って溶き、深めの溶き皿と人数分の太めの筆と雑巾とともに、見えない場所に用意しておき、机の上には個人用のクレヨンだけを出しておきます。活動の詳細は、授業後に記録用紙を見てください。

活動終了後、太枠内だけを記入した「計画・記録用紙」(p.109下図)を拡大して配布し、用紙の記入方法や活用法を学びます。まず、子どもの実態を踏まえた「ねらいと内容」が対象年齢や時期にふさわしいものであったかを評価します。模擬保育時に抵抗なく評価をするために絵文字を使いました。次に、子どもの活動と保育者の援助について、それぞれの右側の欄に感じたことを書きます。そして、話し合いのあと、下欄に、環境構成・子どもの活動・保育者の援助それぞれに対する評価と、改善や発展等の提案を記入します。これまで、"「描く」ではなく「お散歩」という表現が楽しい・「ププー」「ガタンゴトン」などとやるとどんどん自由に描けると思った・自分の好きな色は？ と問われるだけで興味が増す・保育者の実演によって意欲が増す・最後に飾って達成感がある・宇宙の絵への発展もできるのでは"等の記入がありました。

図表5-13 造形表現活動「計画・記録用紙」――記入例

Ⅱ期からⅢ期のおもな流れは以下のとおりです。固定グループ内で保育者役を順番に担当して模擬保育を行い、実施後に指導計画を共有して相互のフィードバックから省察し、『計画・記録用紙』を完成させます。最終回では指導形態の模擬体験を行い、指導者からのフィードバックと教育要領や保育指針にもとづく実践の評価と再検討を行います。

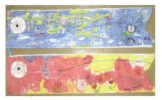

こいのぼりに変身！

	1週間前	模擬保育当日			まとめの日
		準備（10分）／保育（40分）／片づけ（10分）／省察・観察（20分〜）			
指導者	（相談日設定） ↕ 事前打ち合わせ	用具提供 ↓	巡回（保育者を援助）	提出用紙にコメント記入 ---→ ↑（翌週提出）	用紙返却 ↓ 教育要領・保育指針提示
保育者役	指導計画 材料教材準備	環境設定	活動の誘導・言葉かけ→ （最終回：コーナー指導）	用紙訂正・記入【自己評価】 ↕ 太枠内を写す	用紙交換 ↕【相互評価】→指導計画
子ども役			子ども役として活動 →	用紙訂正・記入【保育評価】	保育検討

図表 5-14　模擬保育の時間配分と流れの例

(2) 指導計画と記録

模擬保育の指導計画は、本書の6章（p. 125〜）を活用して1回目が1節、2回目が2節と範囲を決めるなどして、全体を通して幅広い内容が体験できるように工夫します。記録用紙は以下のものをA4に拡大して利用します。

造形表現活動　計画・記録用紙	実施日　年　月　日		グループ		No.	Name
活動名：	子どもの実態・育ちの願い（年齢と時期から考えてみよう）：					保育者名
ねらい： 内　容			→評価 (^o^) (･_･) (T_T)	対象年齢　3　・　4　・　5 望ましい時期　月ころ		→評価 (^o^) (･_･) (T_T)
材料･用具	環境構成（材料・用具の設定状況）	時間	子どもの活動	→感じたこと	保育者の援助・配慮	→感じたこと
		0:00				
評　価	場・材料・用具の設定はわかりやすく活動しやすかったか？ (^o^) (^-^) (･_･) (>_<) (-.-;) (T_T)	自己決定場面があり、主体的に取り組めたか？　自由感・多様性があったか？ (^o^) (^-^) (･_･) (>_<) (-.-;) (T_T)			受け止めと働きかけができていたか？　言葉かけは適切であったか？ (^o^) (^-^) (･_･) (>_<) (-.-;) (T_T)	
提　案 ▲改 善 ★発 展	＊「間接的援助」について「もっとこうしたら？」を考えよう！	＊「こんなふうにもできたのでは？」という可能性を考えてみよう！			＊集団や個人に対する「直接的援助」について「もっとこうしたら？」を考えてみよう！	

図表 5-15　造形表現活動「計画・記録用紙」

● 発達過程をステージでとらえた教育課程

　子どもは行きつ戻りつ成長することを踏まえながら、入園から卒園までの発達を「出会い・安定」「葛藤・探求」「協力・創造」の３つのステージでとらえた教育課程の例（松井とし/無藤隆監修・浜口順子編者代表『事例で学ぶ保育内容 領域表現』萌文書林、2007）が参考になる。

景品を魅力的にという必要感が完成度の高い製作を生む

ルールや景品づくりが必要！

保育者不在でブロックだけが置かれているコーナーでは、友達関係が活動の進展に大きな影響をもつことが理解される

 1位だけでなく１〜３位の順位づけでタイプ分けをして割合を求めてみよう！

　保育者役は事前に指導者に相談し、子どもの実態を想定した計画を立て、太線枠のなかを記入し、必要な材料・用具を用意します。

　指導計画に際しては、教育課程にそった望ましい育ちの状況を踏まえ、発達や季節、生活体験等の全体的な流れと一人ひとりの課題や思いに配慮し、発達に必要な体験と表現による心の安定が得られるよう計画します。

　保育経験がない段階での計画立案はむずかしいですが、発達過程をステージでとらえた教育課程や６章の教材に付記した時期やねらいの記号（p.126参照）を参考にし、子どもの実態については想定できる範囲で書きます。年齢別のクラスでも１年近い月齢差があることを踏まえ、誰もが楽しさを感じることができる難易度で、発展可能な課題を設定することが大切です。そして、『発達の最近接領域』（p.104）を意識し、どこまでを保育者が準備・援助することが子ども自身の達成感につながるかを考えます。模擬保育では、難易度の適切性の検証はできませんが、検討して、現場での学びにつなげましょう。

　また、６章４節（p.166）を参考にして"行事を豊かにする"指導計画を「誕生会」に向けての活動とし、グループで分担して授業の最後に誕生会を行うと、手づくりで祝う楽しさと温かさを実感するひとときになります。

　さらに５節（p.173）の"つくる体験を豊かにする"指導計画を「子ども祭り」につながるようにグループで何をやるかを分担し、準備ができたらお店に残る人と遊びに行く人に分かれて交互に遊ぶ体験をすることは、人とのやりとりや遊びを展開する際の課題や楽しさを実感し、実際にどのような環境設定や援助が必要かを学ぶ機会となるでしょう。

（3）保育の省察と評価

　保育者役は模擬保育終了後に記録用紙を修正し（環境・時間等）、子ども役から感想を聞き、感想・評価・提案欄に記入します。子ども役は太枠内を可能な範囲で写し、空欄の記入を行い、残り時間に応じて話し合います。

　最終回は、自由に選択できる主体的な活動の場であるコーナーを設定する「コーナー保育」を体験します。まだ保育者役をやっていない学生は、コーナーでの活動（G型）の指導計画を立てます。参加人数がわからないので、材料は多めの準備が必要です。全員が保育者役を経験したグループの机はオープンなコーナーにし、積木やブロックや折り紙、簡単な作例と材料・用具など、物的環境だけを設定します（O型）。子ども役は、場を自由に選択できる活動の体験を通して、それまでのT型指導との比較を行います。それぞれの保育形態において感じたことを記録し、指導形態による違いを考察しましょう。また「好きな順位」をつけてみることで自分との適合についても考えてみましょう。T型に対しては、「保育者とかかわれて安定できるが活

模擬保育のまとめ	模擬保育の活動名	No.	Name

模擬保育は、うまくいくこと以上に、そこから何を学ぶか、次の実践にどうつなげるかが大切です。自分の模擬保育の実践を評価してみよう！

1 教育要領、保育指針、教育・保育要領から振り返る。「ねらい」「内容」「発達」等が合っていましたか？

ねらい

教育・保育要領　第1章 総則　　第2章 ねらい及び内容並びに配慮事項　第3 満3歳以上の園児の教育及び保育に関するねらい及び内容

第1 3(1) 育みたい資質・能力

	健　康	人間関係	環　境	言　葉	表　現
ア ◎ ○ △ ▼	(1) ◎ ○ △ ▼	◎ ○ △ ▼	◎ ○ △ ▼	◎ ○ △ ▼	◎ ○ △ ▼
イ ◎ ○ △ ▼	(2) ◎ ○ △ ▼	◎ ○ △ ▼	◎ ○ △ ▼	◎ ○ △ ▼	◎ ○ △ ▼
ウ ◎ ○ △ ▼	(3) ◎ ○ △ ▼	◎ ○ △ ▼	◎ ○ △ ▼	◎ ○ △ ▼	◎ ○ △ ▼

内容

〈表現〉2 内容

(1) 生活の中で様々な音、　　　　　、動きなどに気付いたり、感じたりするなどして楽しむ。　◎ ○ △ ▼

(2) 生活の中で　　　　　や　　　　　に触れ、　　　　　を豊かにする。　◎ ○ △ ▼

(3) 様々な出来事の中で　　　　　を伝え合う楽しさを味わう。　◎ ○ △ ▼

(4) 　　　　　、　　　　　などを音や動きなどで表現したり、自由に　　　　　する。　◎ ○ △ ▼

(5) いろいろな　　　　　に親しみ、　　　　　遊ぶ。　◎ ○ △ ▼

(6) 音楽に親しみ、歌を歌ったり、簡単なリズム楽器を使ったりなどする楽しさを味わう。　◎ ○ △ ▼

(7) 　　　　　を楽しみ、　　　　　などする。　◎ ○ △ ▼

(8) 自分の　　　　　を動きや言葉などで表現したり、演じて遊んだりするなどの楽しさを味わう。　◎ ○ △ ▼

3 内容の取扱い

指導計画や援助に、書かれているような配慮がありましたか？

(1) ◎ ○ △ ▼
(2) ◎ ○ △ ▼
(3) ◎ ○ △ ▼

発達

模擬保育計画時の実施時期	グループで振り返ろう	適切な実施時期
歳　　月ころ	a 活動への興味関心は年齢や季節に適合していましたか？ b 活動に必要な技能が手指の発達や経験に合っていましたか？	歳　　月ころ

2 指導方法についてグループで振り返ってみよう！　　※教育要領、保育指針、教育・保育要領で評価してみたい項目を書いて○をつけよう！

★導入場面をどのように工夫しましたか？

★子どもの自己決定場面はありましたか？

a (　) 活動　b (　) 材料　c (　) 用具　d (　) 技法　e (　) 色　f (　) 場

★どのような「言葉」をかけましたか？

a (　) 認め「いいよ」　b (　) ほめ「すごいね」「すてきね」　c (　) はげまし「大丈夫」

d (　) ヒント「…もあるよ」　e (　) イメージ「…みたいね」　f (　) 誘導「…したら？」

g (　) 問いかけ「…かな？」　h (　) 情報「…は…だよ」　i (　) 注意「…はどう？」

★子どもの心、保育そのものを豊かにする活動でしたか？　まとめの感想を書きましょう。(自由記述)

◎ ○ △ ▼	◎ ○ △ ▼
◎ ○ △ ▼	◎ ○ △ ▼
◎ ○ △ ▼	◎ ○ △ ▼
◎ ○ △ ▼	◎ ○ △ ▼
◎ ○ △ ▼	◎ ○ △ ▼

模擬保育の発展	「ぞうけいこども園」での5歳児クラスの 保育指導案（造形表現活動案）を立てよう！	No.	Name

マップの遊びのなかから"造形の芽"を見つけて発展的な造形表現活動を提示するか、ねらい・行事・実態等から造形表現活動を設定しよう！

年間計画・・・・・出会いと安定・・・・・・・・かかわりの深まりによる葛藤と探求の体験・・・・・・・・自己充実と共同による創造の体験

期	Ⅰ 4・5月	Ⅱ 6・7・8月	Ⅲ 9・10月	Ⅳ 11・12月	Ⅴ 1・2・3月
おもなねらい	気の合う友達との遊びを楽しみ、環境に興味関心をもつ。	自分なりの目的をもち思いを伝えながらいろいろな遊びに取り組む。	共通の目的をもって遊んだり、課題に取り組み、力を発揮する楽しさを知る。	友達のなかで考えやイメージを伝え合い、工夫、協力して遊ぶ楽しさを知る。	目的や課題に向かって主体的に取り組み達成感や充実感を得る。
行事等	入園式・健康診断・遠足・誕生会	保育参観・誕生会・プール・七夕	幼小交流・園外保育・誕生会・運動会	いもほり・誕生会・保育参観・発表会	節分・誕生会・ひな祭り・お別れ会
子どもの姿 課題					
子どもの姿 願い					
遊び	砂・積木・ブロック・草花・踊り・(　　　　)	水・ままごと・製作・虫・絵具・(　　　　)	運動・冒険・ごっこ遊び・製作・(　　　　)	劇・共同製作・自然・音・(　　　　)	お店・ボール遊び・ゲーム・(　　　　)
造形活動 表す					
造形活動 つくる					

活動名		月ころ	ねらいと内容：
子どもの姿			

時　間	予想される子どもの活動	環境構成（場・用具・材料）	保育者の援助　▲配慮　△願い

図表 5-16　模擬保育まとめ「記録用紙」

5章　造形表現指導の実際　111

● **特性に応じた指導**

指導の仕方によって学習効果が一様ではなく、学習者の特性によって異なることを「適正処遇交互作用（ＡＴＩ）」とよぶ。効果が最大となる指導法が異なることから、個人差に対応した援助と多様な指導法の適用が求められる。「適正処遇交互作用」については、中澤潤編『よくわかる教育心理学』ミネルヴァ書房、2008, p.110（大野木裕明執筆）を参照。

● **実践の振り返り**

授業技術を段階的に習得する方法に「マイクロティーチング」がある。授業規模を縮小し、短時間で小単位の内容を小人数の学習者を対象として行う。ＶＴＲで撮影して授業の分析・評価を行い改善点の検討を行う場合が多い。具体的な方法は高乗秀明・浅井和行著『コミュニケーションとメディアを生かした授業』（日本文教出版、2003）に詳しい。

動が選べない」、G型は「やりたいときにできて保育者ともかかわれるが途中から入りにくい」、O型は「やりたいときに集中でき友達同士でも楽しめるが、発展が乏しく終わりが見えない」などの感想がありました。指導形態の好みの順位を集計すると、大人であってもそれぞれに好みや表現しやすい指導の枠が異なることがわかり、個人の特性に応じた指導の必要性を実感することができます。

直接的な援助を考えるうえでも、適合の問題は重要です。指導のしやすさを子どもの能力差とみなしたり、特性に応じた指導を探究することなく固定化した方法で指導することは避けなければなりません。自分自身と子どもの特性を理解したうえで、指導上の自由度や評価基準を調整しましょう。

模擬保育終了後は、グループで互いの記録用紙を交換し、ワークシートを使ってもう一度自分の実践を振り返ります。まず、自分の記録用紙をそれぞれの保育者役の人に渡します。渡された用紙に記入されている感想や提案を読み、参考になる意見は自分の用紙の余白に書き込んで返却します。次に、ワークシートにそって巻末の教育要領、保育指針、教育・保育要領から検証を行い、チェックしたい項目番号を記入して、自分の実践の適合を評価してみましょう。グループで１項目ずつ読み上げて、それぞれが話し合いながらチェックすると、相互評価を取り入れた自己評価を行うことができます。

次に模擬保育での振り返りから、実際の保育現場を想定して計画を立ててみます。巻末の年間指導計画を参照して、時期に応じた指導計画を立ててみることは、実習場面でも役立つでしょう。前ページの用紙を活用しましょう。

表現の動機と意欲

（1）造形表現活動の動機づけ

造形表現活動の指導における課題の一つに、「動機づけ」の問題があります。「遊びのなかの造形表現活動」は子ども自身の興味関心からはじまる内発的な行為で、造形的な活動はおもに「間接的な援助」によって動機づけられます。また「設定型」の場合は教育的ねらいから外発的にはじまるので「やってみよう」という気持ちの芽生えをいかに促し支えるかという〈導入場面〉における「直接的な援助」が重要な課題となります。指導形態においても、保育者から子どもへの主導性の移行について検討しましたが、ここでは動機づけ理論を手がかりに、より具体的な方法を検討します。

子どもは"内発的な動機づけ"による活動によって多くを学びます。動機

づけ理論によると、自分が行動の原因だと知覚していると内発的に動機づけられると考えられています。他者から統制されていると感じると外発的になるので「やらないとだめ」という強制はもちろん「やればあとで～できる」という報酬による誘導も表現活動の導入にふさわしくありません。内発的動機づけには、自己決定への欲求と有能さへの欲求があり、自己決定感をともなっているときに有能感が促進されることがわかっています。つまり"自分がやろうと決めてできたときに自信が得られる"のです。適切な難易度の選択肢を用意して自己決定を促す導入は、こうした理論に適合しています。

また、幼児期は、課題の選択時に、他者から肯定的な評価を得たいときは成功しそうなやさしい課題を選択し、むずかしい課題の達成に価値があるとわかると自分の能力を考慮することなくむずかしい課題を選択する傾向があります[9]。こうした傾向や能力に対する楽観性は未熟さの表れでもありますが、能力差を意識しないことが進歩の源でもあるので、大人の能力観をもち込まず、"豊かな体験を通してそれぞれの自信を育む時期"と考えることが大切です。一方でこのことは、他者の評価に動機づけられて課題選択を行うと、やさしい課題やむずかしい課題を選択して達成感や成功感が得られない可能性があることを意味します。実践でも自由な製作をして家に持ち帰るように伝えると、簡単なものをたくさんつくる子どもの姿が見られます。課題を探索できる場合は、失敗するか成功するかわからない中くらいのレベルの魅力ある課題を選択し、やりとげることで努力と成功を結びつける経験をします[9]。こうしたことからも自己決定が重要であることがわかります。プレゼントを動機づけにする場合は、相手が想定でき適切な難易度で自己決定場面があり、贈ることが自信につながるよう吟味する必要があります。

また、大人に依存しがちな子どもが、車をつくって遊ぶ友達の姿を見て、はじめて難易度の高い課題に自ら取り組みました。手伝おうとする保育者の手を振り払い、粘り強く自分の手でつくり上げ、遊びに参加しました。

● 内発的動機づけ
何かに対する興味を満足させるため、もしくは達成感を得るために自己目的的に行動している状態。「知ること」「成し遂げること」「刺激を得ること」、つまり情報・能力・情動の3側面を構成要素とすると考えられている。詳細は、上淵寿『動機づけ研究の最前線』（北大路書房、2004）を参照。

9）田中幸代『幼児の課題選択行動の変化に関する実証的研究』風間書房、2004、p.58

見せることを前提とした表現活動をくり返すことは、幼児期の子どもたちにどのような影響があるかを話し合ってみよう！

楽しそうな遊びの姿が活動を動機づける

車軸の長さが足りないことに気づく

箱の向きを変えることをアドバイスするが今度は車体とタイヤが接触！

キャップの向きを変えることをアドバイスすると納得する

斜面を走らせトンネルに入れる遊びに参加する

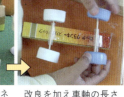
改良を加え車軸の長さとキャップの向きをそろえる

そして、牛乳パック羽子板（6章p.141参照）をつくって遊ぶ様子を見た子どもは、早く遊びたい思いから固い牛乳パックの底から切り込みを入れ、一気につくって遊びに参加していました。

遊ぶ姿は強力な動機づけになるので、参加時期を選べるように自由度をも

牛乳パック羽子板で遊ぶ5歳児

5章　造形表現指導の実際　113

たせることは、動機づけの一方法です。

以上のように、「設定型」の活動を動機づけるポイントは、自分の楽しみや友達との遊びを目的とした "がんばればできそうな難易度" の課題を用意して自己決定を促し、楽しそうと認識できるようにすることです。飛ぶものや動くもの、わくわくする導入場面は内発的に動機づけます。教材がもついきいきとした生命感は創作意欲を刺激します。

（2）描画活動の動機づけ

次に、描画場面における動機づけについて考えてみましょう。

描画は "子どもの発達や心情の表れ" なので、思わず表現したくなるような豊かな生活と用具に慣れ親しむ機会が大切で、いつでも表現できる準備をしておくことが援助の基本です。子どもの絵は、芸術家たちを夢中にさせるほど魅力的なものですが、よい絵を描かせることが最終目的ではありません。そして、芸術的ともいえる表現が生み出される幼児期の描画場面に、過剰な指導は不要です。こうした子ども中心主義的な描画指導の考え方は、チゼックが「子どもは生まれながらにして創造の力をもっている」と主張し、実践を通して世界中に広めました。そして、手先の巧緻性を高める訓練的な教育であった日本の美術教育にも、"子どもの創造性の発揮を阻む抑圧を取り除き自由に表現させる" 教育が取り入れられるようになりました。ところが、そうした指導は放任につながるとして、造形要素の体系的指導や手順を追った指導が必要という考え方もあり、模倣やぬり絵の功罪など、さまざまな議論が今も続いています。援助の基本を確認したうえで、選択肢としての可能性、それぞれの功罪、個人差との適合について検討されるべきでしょう。

幼児期の描画指導では、造形的な知識や技能の獲得以上に情緒の安定や自分なりの表現を大切にします。技能は楽しい活動を自らくり返す過程で得られるもので、描画活動は基本的に "自分が跡をつけた結果を受容される経験" であるべきでしょう。小学6年生が、体育館の床一面に描画をしたあとに「そのとき描いた絵というのは、そのときの自分がいたことを示す大切なもの」[10] と感想に記したように、描画活動は自分をたしかめ、生きている自分と世界とのつながりを強くするものです。そして色や形に触れることは、心の表出、イメージの伝達、言語の獲得など、発達を支えるさまざまな体験につながるので、いかに描画を動機づけるかを考え、積極的に保育に取り入れる必要があります。環境を設定して待つだけではなく、生命感や充実感にあふれた描画の誕生を、生活そのものと描画活動の援助の両面から支え励まします。

● **子どもの絵**

20世紀の代表的な芸術家の一人であるパウル・クレーも「子どもの絵」を研究し、芸術作品とは別々の世界であることを結論づけた。歴史的展望に関しては、H.ガードナー『子どもの描画』（誠信書房、1996）に詳しい。

● **チゼック（F.Cizek）**

子どもが有する創造性と芸術性を世界に知らせ、それを正しく伸ばすことに努めた指導者。日本でも第二次大戦後、チゼックに刺激された久保貞次郎、北川民次らが1952年に「創造美育協会」を創設し、個性の尊重と自由画による心の開放、創造性の育成を目標とする創造美育運動が起こった。造形教育の歴史的な流れ全般については、花篤實監修『幼児造形の基礎知識』（建帛社、1998）に詳しい。

✏ 模倣やぬり絵のメリット・デメリットを出し合い、幼児期の子どもたちに必要かを話し合ってみよう！

---

10) 磯部錦司『子どもが絵を描くとき』一藝社、2006、p.121

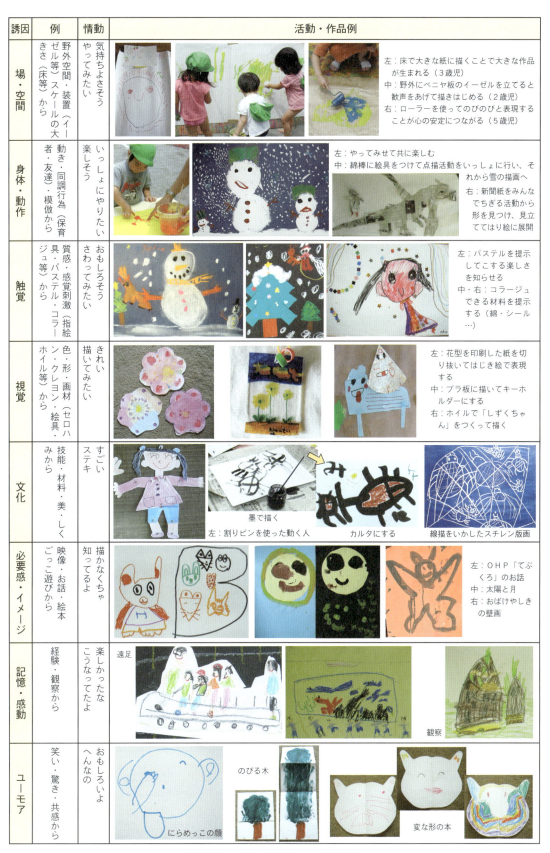

図表 5-17　思わず描きたくなる活動例

5章　造形表現指導の実際

イーゼルと絵具の設定という援助によって動機づけられて描いた作品（5歳児）

描画活動の動機づけには、目に見える物的・空間的環境や人的環境、そして情報やイメージなどの目に見えない内的なものの両方が必要です。4章（p.67）で示したように、初期においては手の運動や線の描出そのものによる快感情から描画が動機づけられますが、次第に跡をつけた形と自分の内的なイメージが結びつくことやあいまいなイメージに形を与えることに関心をもちはじめます。こうした探索的な描画活動を十分に行い、他者に受け止めてもらう経験を重ねると、目と手とイメージの関係性が強まり、自分の思いや考えを表現する一方法として自ら描画を用いるようになります。ところが実際には描画が表現媒体となっていない子どもも少なくありません。前ページの活動例は、そうした子どもたちにも楽しく描画を動機づけるためのヒントです。複合的に用いていますが、おもな誘因別に整理しました。

描画のチャンスは、遊びや活動のさまざまな場面に潜んでいます。誰もが楽しく絵でおしゃべりできるような援助を工夫してみましょう。

(3) 表現の意欲

● 意欲

「意欲」は小学校教育においても重要な課題となっている。変化の激しい社会を生きていくためには、自ら学ぶ意欲や思考力・判断力・表現力を学力の基本とする必要があると考えられている（川村よし子／森上史朗・柏女霊峰編『保育用語辞典』第4版、ミネルヴァ書房、2008、p.330）参照。

11）松隈玲子／岡田正章・森上史朗編『保育基本用語辞典』第一法規出版、1980、p.124

本章では、指導過程を＜導入場面 — 展開場面 — 評価場面＞の3つの場面に分けて考えてきましたが、導入場面の動機づけを工夫しただけでは表現活動は深まりません。その後の意欲を支える援助について考えてみましょう。

まず、「「意欲」とは"意思欲求"の略で、"積極的に何かをしようとする主体の能動的な意志と欲求"であり、"目標に向かっての意図的な行動を誘発する心的エネルギー"」[11]です。意欲を形成する要因としては、①個人的要因＜個人の内的状態によるので個人の特殊性、身体状況に由来する＞、②対象要因＜快の状態を求めて行動を起こし楽しい行動はくり返す。動機づけが行われる環境や教材・遊具の設定が必要＞、③環境的要因＜取り巻く人、もの、すべてが要因。親や保育者が生きている楽しさを分かち合う関係づくりのなかで他児とのかかわりを育て自信をもたせる＞、④社会的要因＜まわりの社会環境に受け入れられる出会いを多くもつことが社会化の意欲を育てる＞の4つがあると考えられています。造形表現活動における意欲の形成についても、この枠から検討することができます。つまり、個人的な状況を把握しているか、快く感じる活動になっているか、受容的な環境のなかでより豊かな関係性づくりへと方向づけるものであるかなどを振り返ることがよりよい援助につながります。たとえば、取り組む意欲がもてない子どもについても、その要因を性格などと決めつけず、多面的に検討して対処することができます。

この枠組みは子どもの主体的な活動全般の振り返りにも用いることができます。一面的に判断せず、複数の視点から協議することが望ましいでしょう。

アクセサリー屋さんの商品（5歳児）

図表 5-18　表現の意欲に関する課題の要因分析の例

検討項目例	①個人的要因	②対象要因	③環境的要因	④社会的要因
表現しない個人の事例	体調や発達状況は？遊びの好みや傾向は？	導入や教材の魅力が十分であったか？	保育者の援助（人的環境）が適切で受容的か？	クラスのなかでの様子は？友達関係は？
全員で取り組む教材の適切性	個人差に対する適合範囲の広さは？	発達的に楽しめる内容と難易度か？	設定状況（時間の確保、物的空間的環境）が適切か？	完成目的は共有化されるか？　遊びとの関連は？

次に、表現過程の〈展開場面〉での意欲の継続について具体的に考えてみましょう。造形表現活動の意欲が継続する状況は、子どもたちが遊び込む姿と重なります。動機づけられた活動が、遊びとして継続する状況が生まれるように援助することを"遊びと造形の循環をつくる"と考えます。

図表 5-19　遊びと造形表現をつなぐ楽しさと必要感

例	①ものとかかわる遊び（感覚的・身体的）	②造形（ものづくり）	③人とかかわる遊び（空想的・言語的）	循環に必要な間接的援助
水遊び	ペットボトル＋水	→水時計 →花びらやお花紙を入れ色水づくり	→ジュース屋 →レストラン	ペットボトル（多数）・花びら・ビニールテープ・カウンター・お花紙
粘土遊び	ちぎった紙＋水＋のり	→色粘土づくり →型抜き　→団子づくり	→クッキー屋 →転がしゲーム	お花紙・型抜き・ペーパー芯・空き箱・布テープ
迷路遊び	机＋新聞紙＋ダンボール	→探検用ヘッドライト・宝物づくり →隠れる場所やおどかすものづくり	→おばけやしき →地底探検ごっこ	牛乳パック・黒ビニール・布テープ・新聞紙・ダンボール

（楽しさ　必要感）

たとえば、「水遊び」のための「間接的な援助」としてペットボトルと水を用意するのであれば、水時計をつくって感覚的な遊びをくり返し楽しむ可能性（①→②→①）や色水づくりからごっこ遊びに展開し、お店に必要なものつくりをはじめる可能性（②→③→②）を想定することができます。水遊びの時期に、ペットボトルとビニールテープ、お花紙とカップ、カウンターになる台などをすぐ出せるように準備しておくことが、遊びと造形との循環を生みます。こうした循環は、子どもたちが状況をおもしろくしようとして自ら起こすことが期待されますが、保育者の働きかけが有効な場合もあります。そのためにも、保育者はさまざまな造形的な表現活動と多くの遊びへの展開の可能性を知っている必要があります。そして保育者が万全の用意をしても、子どもたちは想定外の用い方をして新しい遊び方を発見するでしょう。その発想が遊びを豊かにし、創造性を育み、自尊感情を高めます。また、この遊びの枠組みは、4章（p.81）で示した「表現スタイルの枠」と重なります。好みに偏りのある子ども同士が交わることで発想や遊びの循環が生まれることが推察されます。

また、〈評価場面〉が意欲につながるのは、その結果から達成感が得られて「またやろう」と思える場合です。この場合も、表現過程に循環が生まれ

花びらを使った色水の水時計づくりへの展開

魚づくりはプールを準備することで魚釣り遊びに展開し、あらたなものづくりに発展する

5章　造形表現指導の実際　117

用意した釣った魚入れには水が入れてあった

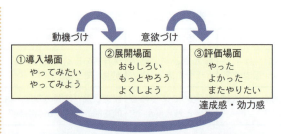

図表5-20　造形表現の意欲を支える援助

CASE 課題画と子どもの表現

5歳児クラスのときに同じ女児が描いた2枚の絵。右は、よく見て描くために強い働きかけを行って指導した。子どもの意欲と達成感の観点から考えるとこうした指導をする意味は？

ます。これを"意欲の循環を支える援助"と考えます。

評価場面における過剰な賞賛によってこうした循環をつくろうとすることには問題があり、報酬も長期的には意欲を減退させることはすでに述べました。保育の振り返りにもとづいた直接的・間接的な「働きかけ」がこうした循環をつくる役割を果たしますが、何より、子どもたちのあらゆる行為を表現として受け止め、信じて見守る温かなまなざしが、子ども自身の力による循環の原動力になります。

8. 表現の個人差と読み取り

（1）個人差の理解と想定

これまでおもに造形表現指導における「働きかけ」について検討してきましたが、適切な「受け止め」も大切です。

個人差については、すでに4章においてさまざまな枠組みを提示しましたが、こうした枠は、個人差の幅を想定することが表現や子どもの理解や受容に役立つと考えて示したもので、援助に結びつかない分類は避けなければなりません。保育者の子どもに対するラベルづけ、とくに否定的なイメージをもつことは、適切な援助を妨げます。子どもは変わり得る有能な存在であり、タイプは個人にはりついているものではありません。保育者が子どもの個人差を能力差と評価せず、傾向の偏りと認識し、それぞれに対して肯定的なイメージをもつために役立てる必要があります。そして枠組みを想定した準備によって多くの子どもの遊びや活動が充実することは、個別の援助を必要とする子どもに対応する時間の確保を可能にします。

● 有能な存在

稲垣佳世子・波多野誼余夫『人はいかに学ぶか』（中公新書、1989）では、子どもたちは自ら学ぶ能動的で有能な存在であること、教師がそう認識することによって学習成果が変化することを示し、教師は学び手の否定的なイメージを払拭すべきであるとする。

また、好きなことをやってできることが自律感と自己効力感を育み、それが他の場面への積極性にもつながります。

　ローウェンフェルドが提示した「視覚型」「触覚型」という枠組みも援助に役立てることができます。「視覚型」は視覚的刺激に敏感で視覚にもとづいて客観的に統合する傾向が強いのに対して、「触覚型」は自分の身体感覚などによる主観的な解釈から表現するタイプなので、「見て描く」課題の場合、客観的に似ている作品だけでなく主観的で心情的な作品が見られることを想定でき、評価場面で率直さを価値づけるなどの配慮をすることができます。「触覚型」は発達にともなって、減少すると考えられていますが、学齢期にも見られることから、一元的な評価を避けるためにも有効な枠組みです。

　また、4章で示した「表現スタイル」によって"自分（身体）・もの（視覚）・人（言語）"の3方向への関心の偏りがあることを前提にすることは、指導計画の手がかりになります。自分の感覚や手にする描画材とのかかわりに関心をもつ子どもたち、描く対象の色や形に興味をもつ子どもたち、対象より周囲の友達や言語的な表現に関心が向く子どもたちがいることが想定されます（側注写真参照）。「表現型」「図鑑型」「物語型」との対応（4章 p.81参照）について考えることもできるでしょう。それぞれを受容しながら他のタイプの表現の価値に気づかせ、一人ひとりが尊重され多様な可能性にもひらかれるような援助を心がけましょう。

　ある5歳児クラスの"野菜を見て絵具で描く実践"の記録を分析した結果、身体的なかかわりを好む子どもは手に絵具をぬって楽しんでおり、ものにかかわって遊ぶことが多い子どもは色づくりに熱中し、人への関心が高い子どもは四方を友達に囲まれて描いたためにほとんどの時間をおしゃべりに費やし、友達が描き終えたと同時にやめてしまいました[12]。こうした個人差に配慮し、描画材として用いる前に絵具遊びを十分にやる、見るだけでなくかかわることのできる描画対象を選ぶ、一斉に取り組まずにイーゼルを設置したコーナーで行うなどの援助の工夫をすることができるでしょう。枠組みに応じた環境構成のヒントを下記に示しました。

ものにかかわる遊びが好きな子どもが友達に刺激されて自分なりの坂をつくった。好きなことで認められる経験が自己効力感を育む

同じ5歳児クラスの男児の「ザリガニを見て描く絵」にも3タイプが見いだされる。

感覚的・主観的な作品

視覚的・図鑑的な作品

物語的な作品

12）槇英子『幼児の「表現スタイル」と環境の構成Ⅴ－描画場面に見られる個性－』日本保育学会第59回大会発表論文集、2006、p.124

図表5-21　環境構成のヒント

タイプ	物的・空間的環境（例）	プログラム（例）
感覚：動き 感覚的な心地よさ	絵具コーナー、粘土コーナー、土山、運動遊具、大型積木、砂場：砂山、カラー板、水の利用	スタンピング・デカルコマニー・フィンガーペインティング・手づくり粘土・粘土遊び・ティッシュ遊び・楽器・動くおもちゃ・飛ばすおもちゃ・回るおもちゃ・ゆれるおもちゃ
もの：ものづくり 装飾的な美、しくみ	製作コーナー、木工コーナー、小型ブロック、手芸コーナー、砂場：だんごづくり、型抜き	空き箱動物・手足や首の動く動物、人形・小鳥・いろいろな花・携帯電話・乗り物・しかけのあるおもちゃ・ぬいぐるみ・指編み・織物・アクセサリー・お家
状況：言葉 仲間とのかかわり	ままごとコーナー、ハウス、構成遊具、劇場、ステージ、砂場：料理、ダム、パノラマ	変身帽子・衣装・お面・ベルト・バッグ・おさいふ・指人形・ペープサート・剣・迷路・絵本・お店屋さんごっこ・ゲーム遊びの用具

雪の絵：「点描からはじめる」という枠は絵具と大きな紙を前にした4歳児には窮屈だということがわかる

● 枠の設定

高垣忠一郎『生きることと自己肯定感』（新日本出版、2004）は、子どもには、枠からはみ出す子と枠を求める子がいると指摘する。それぞれに安心感を与える「成長に必要な枠」の不在が「自分であって大丈夫」という「共感的（共生的）自己肯定感」の希薄さを招いていると主張している。

13）槇英子『幼児の「表現スタイル」に配慮した保育実践』保育学研究第42巻第2号、2004、p.35〜44、p.43

また、活動の自由度に対する好みにも個人差があるので、多様な活動の枠を提示することが大切です。固定的な枠にはめて表現を促すと、枠からの自由を求めてエネルギーの発散を行う、枠が見えない不安から萎縮するなど、子ども本来の表現が引き出されない場合があります。たとえば"みんないっしょにやる"という自由度の低い枠をすべての子どもに適用すれば、ある子どもは枠からはずれ、周囲の子どもはそれをずるいと思うという状況が生まれます。"いっしょにいる""楽しむ"など個人差に応じた複数の枠をもつことが、一人ひとりの育ちを具体的に支える手がかりになります。カウンセラーからは、家庭でも「よい子」などの"閉じ込める枠"にしばられ、育ちを"守る枠"がなかった子どもたちの自己肯定感の欠如がさまざまな問題を引き起こしているという指摘があります。保育のなかに個人差を想定した枠を設定し、柔軟に応じることは、子ども一人ひとりに"安心できる枠"を提供し、表現しやすい状況を作ります[13]。保育者は、自分自身がもつ枠や設定した枠を絶えず振り返り、子どもたちが自分を表現することができ、自由感を感じながら表現を楽しめているかを確認する必要があるでしょう。

（2）個人差への対応

個人差を枠でとらえることが有効なのは、おもに指導計画や事前の間接的援助の段階です。実際の保育場面では枠や予想を超えた個別の事態に即座に対応することが求められます。課題対応について考えましょう。

> **CASE　5歳児女児の苦手意識に対する援助**
>
> Aは園生活のさまざまなことに不安をもち、保育者に「大丈夫？」と聞くことが多く、不安になると腹痛を訴えることもあった。4月当初、製作活動では保育者に確認をしないと進められず、つまずくと泣く、描画活動では自由画だとわからないと泣くなどの姿が見られた。1対1で「大丈夫だよ」と励ましたり、描く場所を確認してくり返していねいに応じるようにしたところ、1か月後には、取り組む前から泣くことはなくなってきた。クラスでいっしょに進めるのはむずかしい状況だったが、次第に確認にくる回数が減ったので、確認にきたときは、「どうしたらいい？」と問いかける、みんなに聞くなどの援助を心がけ、できたときにはほめて自信をもたせた。全員で取り組む七夕製作では再び泣いてしまったが、個別に指導するときちんとできた。そのころ登園順に取り組む製作課題があったが、自分ができるとあとから来た子に教える姿が見られるようになった。さらに友達と楽しみながら取り組めるようになってほしい。

表現には心の平和が表れる

この事例では、心理面での不安と認知面における指導方法との不適合が大きな要因になっているようです。心理面では、不安が強いようなので家庭での様子も気がかりです。認知面では、みんなに投げかけた聴覚から入る言葉によって見通しをもつ力や目の前にない事柄を思い描く能力がやや弱いのかもしれません。「学習スタイル」に配慮し、言葉だけで指示せず視覚的な手がかりを多く用いて示す、具体的でわかりやすい言葉の使用を心がけるなどの対応が考えられます。そして、素話を聞かせる、体験を話す機会を設けるなど、表象能力を育む対応も必要でしょう。保育者に聞きにくるのは、幼児

期前半に友達の行動に同調する経験が乏しかったからかもしれません。身体的な集団遊びを豊富にすることも友達とのつながりをつくる援助になります。また、個人の一斉の製作活動を頻繁に行う指導計画はどうなのでしょう。適切な個別援助によって信頼関係が構築されつつありますが、心を開放するようなみんなで楽しむ失敗のない造形表現活動を計画することもできるでしょう。園での心の安定は、まずはじめは、保育者との信頼関係から得られ、その後は子ども同士のつながりから得られるものです。造形以外の場面で友だちとのかかわりを豊かにすることが大切です。

> ### ✳CASE つくったものに執着しない5歳女児に対する援助
>
> 　3人グループをいつもリードして折り紙やはり絵をしているBは、次々といろいろなアイデアを出しては担任保育者に見せに来ていた。ところがそこから遊びに発展する様子はなく、つくったものは置いたままであるのが気がかりであった。あるとき、担任保育者がその3人を含むグループでの人形劇遊びの展開を援助していると、自分の意見が通らない場面でB一人だけが抜けてしまった。学期末の親との面談でそんな様子を話すと、習い事をたくさんしていて、夜、突然泣くこともあるということであった。園でもむりによい子でいようとする様子が見られたので、休みの間は自然のなかでのびのびと遊ぶ経験を豊富にし、家庭でも園でもありのままを肯定的に受け止めるようにしましょうと話し合った。新学期になると、砂場で友達とつくったものを壊されないように工夫する姿が見られ、これまで避けていたあらたな活動に取り組む様子が見られるようになった。

　この事例は、多くの習い事が原因で大人の視線を意識しすぎる子どもが、できることを求め、失敗を回避し、遊び込めなくなっている姿をとらえています。つくったものに愛着を示さないこだわりのない姿からは、自我の育ち

図表 5-22　個人対応検討用紙

	課　題	要因	援助	読み取り・考察		保育者の援助例
1	自由な場面で作品を描こうとしたり、つくろうとしない	B・T・C・E・S・！・？			①	個別援助：手をそえていっしょにやる、1対1でやり方を教授する。
2	設定的な場面で作品を描こうとしたり、つくろうとしない	B・T・C・E・S・！・？			②	モデリング：言葉だけで示さず、やってみせる、いっしょにやる。
3	保育者に一つずつ承認を求める	B・T・C・E・S・！・？			③	足場づくり：抵抗なく取り組めるものを提示、手をそえて自発を促す。
4	保育者になじまず、見せるのをさける	B・T・C・E・S・！・？			④	関係づくり：保育者との間に信頼感を築くようじっくりかかわる、共に遊ぶ。
5	つまずくと投げ出す、泣く	B・T・C・E・S・！・？			⑤	関係づくり：友達との間につながりをつくる言葉かけや心を開放する遊びの設定。
6	まわりの子どもの様子を見てばかりいる	B・T・C・E・S・！・？			⑥	環境づくり：状況に応じてあらたに興味のもてる材料や活動の場を用意する。
7	描いたもの、つくったものが粗雑、ごちゃごちゃ	B・T・C・E・S・！・？			⑦	言葉かけ（安心感・励まし）：大丈夫！・いいよ！・楽しみ！・がんばって！
8	描いたもの、つくったものが同じものばかり	B・T・C・E・S・！・？			⑧	言葉かけ（イメージ・ヒント）：〜みたい！・〜な感じだね・〜もあるよ
9	描いたもの、つくったものがいつも小さい	B・T・C・E・S・！・？			⑨	言葉かけ（方向性）：〜したら？・やってみない？・〜がいいかも！・〜はどう？
10	活動に熱中できない、愛着をもたない	B・T・C・E・S・！・？			⑩	言葉かけ（自信）：すごいね！いいね！うまくいったね！
11	発達段階にふさわしい作品がつくれない	B・T・C・E・S・！・？			⑪	問いかけ：〜かな？・〜はどうして？どう思う？
12	少しでも汚れるのを嫌がる	B・T・C・E・S・！・？			⑫	他の保育者との連携：クラスでの様子を伝え、多面的な検討をする。
13		B・T・C・E・S・！・？			⑬	家庭との連携：様子を伝え、家庭に理解と協力を求める。

要因記号をチェックし、援助例の数字を記入し（複数）、グループで話し合い考察しよう！　空欄13に課題を入れよう。
要因記号〈B：身体機能／T：技能／C：認知・イメージ／E：感情・心理／S：社会性／！：課題不適合／？：その他〉

5章　造形表現指導の実際　　121

の弱さが感じられます。面談後、自然のなかで夢中になって遊び、それを家族に受け止められたこと、優等生すぎる姿をどこか否定的にとらえる面があった保育者が家での様子の理解を通して見方を変えていったことが重なって子どもの変容を生んだのではないでしょうか。

　前ページの図表5-22は、こうした個別の対応についてグループ討議を行うためのワークシートです。要因分類が不明確でわかりにくい場合は複数の記号をチェックし、援助についても①～⑬に最適の例がない場合は複数の数字を書き、空欄を各自で埋めてからグループで話し合ってみましょう。それぞれの記号は一致しなかったかもしれませんが、自分と違う考え方に気づき、討議することに意味があります。「保育実践は保育者相互の連携の上に成り立つもの」[14]で、同僚性を基盤とした相互支援が必要な職場です。個人に対する造形表現指導上の課題については、ほかにもさまざまな事例があります。美術教育の雑誌の保育実践等を活用しましょう。

　以上のように指導上の課題は子ども理解を促進します。そして保育の振り返りにつながり、保育者自身の成長を促す機会にもなります。適切な援助によって子どもが主体性を回復する過程を整理しました（図表5-23）。

14) 大場幸夫『こどもの傍らに在ることの意味』萌文書林、2007、p.183

● 美術教育の雑誌
「美育文化」と「教育美術」は小学校以上の教科としての図工や美術だけでなく、保育の実践や事例を連載している。

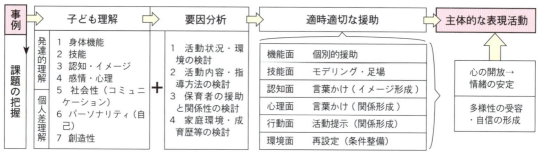

図表5-23　造形表現指導上の課題の解決過程

● 描画テスト
　心理的な問題解決のために心の状態を理解する一方法である心理テストには、質問紙法と投影法がある。描画テストも心の投影を前提として行われるが、テストとして行う場合はその多くが課題画（家、木、人など）であり、実施方法や解釈が定められており、描画後の話し合いが必要とされる。『美と造形の心理学』（北大路書房、1993）に概要が整理されている。そこから読み取れる事柄については、三沢直子『描画テストに表れた子どもの心の危機』（誠信書房、2002）参照のこと。

　発達的側面と個人差の両面から子ども理解を行い、対象（教材・課題）や環境（物的・空間的、人的）との関係性を検討して要因を分析し、課題解決につながる援助を考えて、子どもの心の安定と自信につなげましょう。

(3) 表現の読み取り

　これまでおもに子どもの表現の姿から援助を検討してきましたが、"表現されたもの"も多くの示唆を与えてくれます。とくに描画には、言語では表せない気持ちや考えが表され、内面が投影されると考えられており、子どもの描画研究には、4章のような発達的アプローチ（p.64～）のほかに、知的・精神的発達の指標とする心理測定的アプローチと個人の心を探究する投影的アプローチがあります。たとえば描画テストは、知的水準だけでな

く、パーソナリティと心の情況の理解も可能であると考えられています。絵からすべてがわかるというような考え方は適切ではありませんが、子ども理解を助ける一方法としての表現の読み取りについて考えてみましょう。

まず、色彩については、発達的な理解と象徴的な意味の理解の両面が必要です。幼児期の子どもたちは、色に無頓着で自由に用いる傾向がある時期（3、4歳まで）から固有色にこだわるようになる時期へと発達的に推移すると考えられており、その変化の時期や程度には、性差や個人差があります。そのため、発達状況や個人の傾向を把握しないまま、特定の色の使用によって心の状態を推測することはできません。全体的な色調の偏りや特定のものの色使いが気になる場合、色彩の心理分析を行う意味はあるでしょう。

誰に見せるためでもなく自分が描きたくて描いた絵。線に迷いがなくすっきりしている。

CASE　個人差

色の用い方には個人差がある。たとえば、Aの4歳女児は1色だけで描いている。色へのこだわりがないように思えるが、赤は愛情の豊かさの表れでもある。Bの4歳男児は、戦う太陽の善悪を赤と青の色の対比で表現した。Cの5歳女児は花が緑で描かれ一見気になるが理由があった。

A：「太陽のとなりで遊んでいるの！」

B：「赤のいい太陽と青の悪い太陽が戦っているんだよ」

C：口や首の色から固有色へのこだわりが弱いことがわかる。緑の花には意味があるようにも感じられるが、よく見ると花をピンクでぬろうとしてペンがかすれて出なかった跡がある。心理分析を行うのには慎重さが必要である。

また、子どもの絵の線には情緒の安定が表れます。

CASE　課題の枠の不一致

「歯みがきしている自分を描こう」というテーマを提示して四切画用紙を渡したが、設定や導入が不適合だった子どもたちは、心情を表出した。

（左）（中）：日ごろから攻撃的になることがある子どもであったが、とげとげしい線で覆われた自分を描き、何があったのかと心配になった。このあと、裏を肌の色の絵具でぬりつぶし、その後、気がすんだかのように違う紙にテーマにそった絵を描きはじめた。

（右）大きく描くことを促して大きな紙を用意しても、のびのびとした線や大きな絵が描けるわけではないことが理解される。

そして、絵にはさまざまなメッセージが込められています。そのすべてを読み取ることはできませんが、耳を傾けることはできます。次ページの2枚の絵は、2001年の「アメリカ同時多発テロ事件」の後に海外の小学生が描いたものです。

災害や事件などで子どもが心に傷を負ったときに、描画表現を促して心の

5章　造形表現指導の実際　123

● 心のケア

　子どもたちの心のケアには描画活動が用いられることが多い。実践をつづった本が出版されている。たとえば、エクトル・シエラ『あのひのことをかきました：ニューヨークとアフガン　絵でつたえる子どもたちの心』（講談社、2002）、藤井昌子『子どもが心をひらくとき』（ロータリー子どもの家、2003）。

ケアを行う実践が世界各地で行われています。大人は、作品の出来ばえを問題にしがちですが、絵は本来、言葉にならない思いを込め、感じたことや考えたことを伝えるものであり、子どもを元気にするものであるはずです。表現することそのものに意味があるのです。

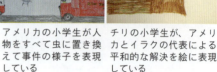

アメリカの小学生が人物をすべて虫に置き換えて事件の様子を表現している

チリの小学生が、アメリカとイラクの代表による平和的な解決を絵に表現している

　また、砂場や製作の場においても、子どもの心が表現されています。

CASE　アレルギー用プリン

　写真は砂場の枠で型抜き遊びをしている場面で見かけた情景。両側の砂のプリンの大きさの違いがわかるだろうか。そばに座って遊ぶ様子をながめていると「これアレルギー用プリンなの」と手前の大きいほうを指さした。「へー」と応じると、「こっちのほうが大きいでしょ。アレルギーの子はおやつとかで食べられないものがあるから大きいほうなの！」と教えてくれた。アレルギーのある子どもの名前を3人あげたのにも驚いた。なんという仲間に対する思いやりだろう。そういえば統合保育に取り組み、食育を大切にしている園だ。「こっちはだんだんになってるでしょ。ここくらいが大きいの。それがここ。」とプリンの段差とコップの段差を見せて教えてくれた。この場に座らなかったら見慣れた砂場の情景として見過ごしていただろう。子どものあらゆる表現には大人には思いも及ばない思いや考え、物語がつまっている。私たちはそのほとんどを見逃しているのだろう。

　本章では、指導に関する多様な事柄について検討しましたが、この事例が示している表現と援助の本質を忘れないようにしたいものです。造形表現は人の心を源として人とものの間に生まれ、人と人との間に姿を現します。

work shop　絵で感情表現——気持ちを読み取るために

うれしい花　　かなしい花

　絵に込められている気持ちを読み取る人になるための学びの一方法として、絵で感情を表現するワークをやってみよう！
　文字や顔を描かないことを条件にする。紙を半分に折り、左側に「うれしい花」、右側に「かなしい花」、の表現をしてみよう。まず、描き終った絵が、どちらの感情を表現したものか友達同士であてる。伝わったらなぜ伝わったのかを、使った色彩、花の大きさや数、位置、形、向き、背景などから考えみよう。
　グループ内で共通点を出し合ってみよう。思った以上に共通性を見いだすことができるはずだ。

6章 保育をひらく造形カタログ

　6章は、造形的な活動や教材のプログラム集です。造形がいかに子どもたちをいきいきとさせ、保育を豊かにし、その可能性をひらくものであるかが実感でき、5章の模擬保育にも活用できる章にしました。

　まず、「造形教材」について整理しておきましょう。教材とは、『教育的なねらいを達成させるための文化的な素材』です。何のために何を教えるのかという"目的と内容"を子どもに即したプログラムに置き換えつくり直したもので"学びの触媒"と考えることもできるでしょう。感性・表現力・創造性などが目的に含まれ、ものを媒体とする内容を「造形教材」と考えます。

　「造形教材」はアイデア集のような本のなかにあると考えがちですが、"遊びのなかの造形表現活動"は教材の宝庫です。砂場での遊びとしてはじまる「砂のケーキづくり」は、"砂の性質と表現の可能性を知りイメージの共有を楽しむ「造形教材」"として砂場にその活動環境を設定することもできます。遊びのなかから教材を探し、子どもたちに知らせたり参加を促すことも大切な援助です。そして、あらたな表現媒体や表現方法と出会う"設定型の造形表現活動"を「造形教材」として示すことは子どもたちの世界を広げます。それらを子どもの姿と保育のねらいに応じて適時適切に選択し提示する力量が求められます。

　本章では、あらたに開発した教材、既存の教材の手順や材料を幼児期の子ども向けに改変した教材、実際に実践した教材を精選し、保育のなかで目指す豊かさから「感性・イメージ」「遊び」「環境」「行事」「つくる体験」の5つの節に整理しました。また、教材の選択と提示の手がかりとして、"どのようなとき"は＜発達・時期・目的＞、"どのように"は＜指導方法の類型＞を記号化しました。各教材の＜用意・環境設定・手順・留意点・発展＞を参考にして指導計画を立てて模擬保育や実践を行い、実践を振り返り、それぞれの現場に応じたあらたな教材開発を進めていきましょう。

● 教材
　教授および学習の材料。学習の内容となる事柄をいう場合と、それを伝える媒体となる物を指す場合とがある（広辞苑）。

6章　掲載のマークとその意味について

この章では、各教材に以下のようなマークをつけ、教材選択や援助の手がかりになるようにしました。

● どのようなとき

<発達>　適していると思われる年齢の目安を掲載しています
（「幼児全般」はどの年齢でも取り組める教材です）。

<時期>　取り組むのに適している季節を掲載しています
（「通年」は時期を問わず取り組める教材です）。

<目的>　おもなねらい別に4つの教材に分類し、マークで表示します（ねらいに幅がある教材には複数のマークを掲載します）。
⇔：深めるかかわり⇒：おもに発達が期待される側面（1章 p.13参照）

- 感覚　感　覚 ⇔自分 ⇒身体・感情　身体感覚を豊かにする
- 装飾　装　飾 ⇔もの ⇒感情・創造性　美的感覚を豊かにする
- 発見工夫　発見工夫⇔もの ⇒認知・創造性　体験的理解を豊かにする
- かかわり　かかわり⇔　人　⇒社会性・感情　コミュニケーションを豊かにする

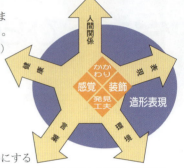

4つの教材と5領域との関係性

● どのように

用意　課題で使用する用具や材料。発展で使用するものは＜　＞内に表記。

環境設定　保育者が事前に用意しておく準備や環境設定について表記。

手順　課題の手順について表記。保育者の活動は「・」、子どもの活動は「＊」で掲載した。また、活動の指導方法の類型を下記のようなマークで表記（詳細は5章 p.92〜参照）。

- O型　O(Open)型　子ども主導型：ねらいを潜ませた環境設定による援助。
- OG型　OG(Open-Guided)型　環境誘導型：おもに作例モデルを提示して誘導する。
- TG型　TG(Teacher-Guided)型　活動誘導型：おもに活動モデルを提示して誘導する。
- T型　T(Teacher-Derected)型　保育者主導型：保育者が教材への取り組み過程を主導する。

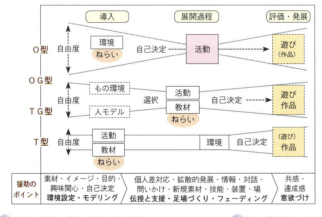

それぞれの指導方法は、子どもにとっての自由度が異なるので、左図を教材選択の参考にしよう。

ねらいを潜ませる枠の決定は保育者が行い、小さな決定は子どもに委ねることが大切。

援助のポイント
1.（1）の教材には「★」で援助のポイント」を記入しました。ほかの教材についても考えてみよう！

留意点　活動の際の留意点を表記。
発展　発展させた活動を掲載。
経過　プロジェクト活動の際の「経過」を表記。

● 材料名などの略称について

本書3章同様、「牛乳パック＝牛乳P」「トイレットペーパー芯＝TP芯」など名称を簡略化して表記しています。また、材料の数量は1枚、1個は表示せず、複数使用の場合のみ数量を示してあります。

1. 感性・イメージを豊かにする

（1）点・線・形で遊ぶ

雪やこんこん ——点からイメージしよう

幼児全般　12～3月　感覚　装飾

- **用意**　ポスターカラー（白）・色画用紙（紺、グレー等）・綿棒・梅皿または空き容器・クレヨンまたはカラーペン（顔）または絵具・＜画用紙（八1/2）・はさみ・のり・のりつけ台紙・手拭き＞
- **環境設定**　ポスターカラー（白）を濃い目に溶き、倒れにくい容器に入れておく。

- **手順**
  - 綿棒で白い点を描く活動モデルを示し、何に見えるかをたずねる（★イメージ）。

  TG型 / T型
  - 「雪を降らそう！」と点描を促し、楽しく活動するモデルを示す。
  - ＊どんどん雪を降らせたり、雪で遊んだことを描く（★自己決定）。
  - たくさん降らせた子どもには、渦巻き状にぬれば雪だるまができることを伝え、雪遊びのイメージにつなげる（★個人差対応）。
  - 他の描画材や他色の使用が可能な状況にして選択を促す（★拡散的発展）。
- **留意点**　「雪の絵を描こう！」と目的を先に話してもよい。楽しく想起、想像する導入が大切。
- **発展**
  - 年齢に応じて雪の結晶の形の話（★興味関心）、スノーマンの話（★イメージ）などをする。
  - 雪だるま等は別紙に描き、切り抜いてはる活動にも発展可能（★拡散的発展）。

  - グループで取り組むと壁面用の大作ができる。黒か紺のラシャ紙に自由に雪を降らせたあと、下部に白い模造紙（縦1/4）をはり足すと上下が明確になり、共同描画に移行しやすい（★共感・達成感）。

クレヨンのお散歩から ——線からイメージしよう

3～4歳　4～5月　感覚　発見工夫　かかわり

- **用意**　クレヨン（個人）・画用紙（四縦1/2）・溶いた透明絵具（赤・青・緑）・太い筆・＜共同：模造紙の縦半分×2・床シート・溶いた透明絵具・ハケ＞
- **環境設定**　3歳の場合は個人用の設定で行う。絵具は見えないところに準備しておく。

＜個人＞　　　＜共同＞　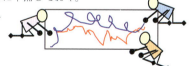

- **手順**
  - 好きな色を選ぶよう促す（★自己決定）。クレヨンが何かに変身して紙の上をお散歩することを伝える（★イメージ）。「クレヨンがうさぎさんになったらどんなふうにお散歩するかな？」「煙だったらどうかな？」「何になってみる？」等問いかけ、活動モデルを示す。「変身するとき、色を変えてみようか」「白のクレヨンで秘密の模様を描くとマジックができるよ！」など、心の開放だけでなく、はじき効果を考えた言葉かけをする。

  TG型 / T型
  - ＊線遊びのあと、絵具を1色選んで（★自己決定）「はじき絵」を楽しむ（★技能）。
  - ＜共同＞紙の両端をスタート地点にすると、友達との交流が生まれ楽しい活動になる（★対話）。
  - ＊線遊びのあと、溶いた絵具1色をハケでぬり、「はじき絵」を楽しむ（★共感）。
- **留意点**　汚れるので、服装や周囲に配慮する。
- **発展**
  - 右図のように「こいのぼり」に変身できる（★達成感）。

  アルミカップの目をはると効果的！

  - 3原色を使うと混色を楽しむ活動に発展可能（★拡散的発展）。

6章　保育をひらく造形カタログ　127

ダンボールの形から ――形からイメージしよう

4〜6歳　通年　感覚　発見工夫

用意　ダンボール片・セロハンテープ・クラフトテープ・クレヨンまたはカラーペン・＜ダンボール箱・ダンボールカッター・割りピン・穴あけ用丸箸（先をとがらせる）・接着剤（木）＞

環境設定　活動コーナーを設定する。作例を置きクレヨン等は出せるようにしておく。ダンボール箱から長方形、正方形、円、三角形などを切り出して箱に入れておく。

手順
OG型
TG型
- ダンボール片を渡し、「どんな感じ？」（★素材）、組み合わせて「何に見えるかな？」などと問いかけ、「見立て」を促す（★イメージ）。
- 作例モデルを示し、もって動かせるなどの魅力を紹介する（★情報）。
* 見立てからイメージを広げ、自由につくって彩色する。
- 集まった時間に作品を紹介する（★達成感）。

留意点
- 単純な形に置き換えることをねらいとし、細部にこだわらない。
- 紙より接着がむずかしいことに気づかせ接着方法に留意させる（★技能）。

発展
- ダンボールカッターの使用方法を伝え、箱から切り出す（★技能）。
- 割りピン（割鋲）を使うと動くことを伝え、使用可能な状況にする（★新規素材）。
- カップなどの材料を接着剤ではる表現も可能（★拡散的発展）。

穴あけパンチツリー ――点と丸のリズムを感じて

4〜6歳　12〜3月　装飾　発見工夫

用意　色紙・はさみ・1穴パンチ・丸シール・＜のり・カラーペン・クラフトパンチ＞

環境設定　ツリー用と台紙用の紙を別に設定しておく。コーナーに設定し、少人数で行うとよい。

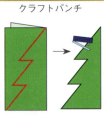

色紙　　　丸シール　1穴パンチ　クラフトパンチ

手順
TG型
T型
- 穴あけパンチを使って見せ（★興味関心）、ツリーができることを知らせる（★目的）。
* 緑、白、銀等の色紙を縦半分に折り、ジグザグの対角線を描く（年齢に応じて描いておく、型紙を置く、「角から角までジグザグお散歩して線を描こう」と言う）。
* 線を切ったら折ったまま自由に穴あけパンチで穴をあける（★技能）。広げるとツリー形になり、他色の紙の上に置くと丸い穴が飾りに見えることを知る（★興味関心）。
* ツリーの輪郭に丸シールを飾り、台紙上にはりつけ飾りを加える。

留意点
- ジグザグの線は整っていなくてもツリー形に見える。必要に応じて個別指導を行い、年齢によっては印をつけるなどして、できれば自分で線を描き切る体験にする。

発展
- クラフトパンチ、のり、カラーペン、リボン等を設定して自由に装飾を楽しむことも可能（★拡散的発展）。カラーセロハンを台紙にして、はって窓辺に飾るとより雰囲気が出る（★興味関心）。
- 教室内に木型に飾って大きなツリーにすることも可能（★達成感）。

(2) 手触りと音を遊ぶ —— イメージは五感から

砂を楽しむ　　　　　幼児全般　通年　感覚　発見工夫

用意	カラー板（写真参照：カラーベニヤ板に木枠をつけたもの）・ビールケース・砂場用具・とい・ヒューム管・板・水
環境設定	用具をわかりやすく分類し、片づけやすくしておく。活動が展開しやすい場（水場・型抜きができる台・カウンター・ままごとハウス等）を用意する。
手順 ○型	・子どもたちの年齢や時期、姿によって、水を使った感触的な遊びを促す設定、ふるう・滑らせるなど乾いた砂を楽しむ設定、固い団子づくりや白砂かけなど質の違いが楽しめる設定、ままごとなど人とかかわる遊びが展開する設定などを考え、場や用具を用意しておく。 ＊ 砂にかかわって好きな遊びをする。

「カラー板」：板上に砂をふるい指で自由に絵をかくことができる。揺らすとさっと絵が消える。葉っぱを置いて型抜き、砂を盛り上げて箱庭的な遊びなど多様な発展が楽しめる。（保育者が考案[*1]）

＊1）日本保育学会第52回大会研究論文集 p.766〜767に掲載。(當銀玲子・高梨智子との共同研究, 1999) ヒューム管とシートで「ミニ砂場」を設定することも可能。

トンネルづくりは感触が頼り

さまざまな感触を体験できる

自然物があると表現が広がる

おもちゃの舟で場のイメージが広がる

ビールケースと板には多様な利用方法がある

留意点	・砂での一人遊びは子ども理解の機会である。とくに3歳児まではじっくり一人で遊べる時間と場を保障する。 ・汚れについては、園全体で洗い方、着替え、保護者理解、ルールなどを話し合っておく。
発展	・海岸への親子遠足等でサンドアートを楽しむ（2章 p.29、7章 p.187 参照）。 ・砂場について調べてみよう[*2]。

＊2）砂場の本：笠間浩幸『〈砂場〉と子ども』東洋館出版社、2001

片づけやすい環境が大切

洗う環境次第で片づけも楽しくなる

✽CASE　失敗のないお絵描き「カラー板」

描いてもすぐに「しっぱい！」と紙をぐちゃぐちゃにしていた男児が、この活動に夢中になり、描いたり消したりを楽しんでいるうちに描画に抵抗がなくなった。苦手意識の要因の一つには、描画経験が不足しているまま評価的な視点を獲得してしまった場合が考えられる。評価を気にせず描画を楽しむ環境の設定が克服の機会となる。

6章　保育をひらく造形カタログ　129

パルプ粘土

4〜6歳　通年　感覚　装飾　発見工夫

用意　水に溶けやすい紙（トイレットペーパー等）・お花紙（半分サイズ）・水（ペットボトル）・洗濯のり・透明カップ（空き容器可）・混ぜ棒（アイス棒またはスプーンまたは粘土ヘラ）・茶こし・名前札・小バケツ・ネット（排水口用等）・＜トレー・型抜き＞

環境設定　室内で紙をちぎるようにし、水を入れてからはテラス等で行えるよう場を設定しておく。

手順
・作例を見せ紙が固く変身することを紹介する。指先でちぎる活動モデルを示す。

OG型
TG型
* 水に溶けやすい紙30cmくらいをちぎって透明カップの中に入れる。
* お花紙を2色選んでちぎりカップの中に入れ、白い紙と混ぜる。
* カップの半分程度水を入れ、パルプが溶けるようよく混ぜる。
* スプーン1杯の洗濯のりを加え、混ぜてから茶こしでこす。
* 押さえる程度水を絞り手にとって感触を味わう。
* 好きな形にしてネットに名前札といっしょに入れ乾かす。
・丸める、平らにのばす、指にさして指人形などの可能性を示す。

よく混ぜる

こす

ネットは茶こし代わりにも！型抜きもネットの上で！

留意点　・水を絞りすぎるとバラバラになる。もう一度カップに入れて水を加える。

発展　・粘土を型に押し込んで形をつくることも可能。ひもをつける、レース紙にはる等でペンダントやオーナメントなどにも発展可能。

いろいろな作品例

🌸 CASE 自分感覚

この活動をはじめたころは「これでいいの？」の大合唱。ちぎり具合や混ぜ加減に正解はない。いい加減でもがんばってもそれなりにできる。そんな活動だから「いい感じ」を自分で決められる感性が育つよう「あなたはどう思う？」をくり返す。あるときいつも聞いていた子どもが言った。「あのね、ぼくがいいって言ってるよ！」。

『からすのパンやさん』

3〜5歳　通年　感覚　装飾

用意　絵本※・紙粘土・粉絵具（赤、黄、黒）・粘土板（ダンボール板）・＜丸棒（ラップの芯）・型抜き・つまようじ・接着剤（木）＞
※かこさとし 作・絵『からすのぱんやさん』偕成社、1973

環境設定
・粘土版と紙粘土を人数分用意する。
・絵具はコーナーを設定し、使うときだけくるように伝えておく。

手順　・『からすのパンやさん』を読む。「みんなはどんなパンをつくる？」と関心を引き出し、色粘土づくりの活動モデルを示す。

TG型
T型
* 混色や粘土の交換などで色を楽しみ、好きなパンをつくる。
・乾かしたらラップや棚を用意するなどごっこ遊びへの発展を援助する。

留意点　・粉絵具の使用は少量に。コーヒー用の混ぜ棒等を設置する。
・チューブ絵具はややベタベタするが使用可能。

発展　・丸棒と型抜きでクッキーもつくれる。接着剤をぬると艶が出る。
・小麦粉粘土でつくってみよう！（3章 p.39 参照）。

小麦粉からつくるとより楽しい！

おかしなマイク

3～5歳　4～5月　感覚　発見工夫

パンチで穴をあけた折り紙を使用

用意	TP芯（または紙コップに穴をあける）・折り紙・はさみ・セロハンテープ・アルミカップ（お弁当用の薄いもの）・ビニールテープまたはペン・＜紙コップ・つまようじ・糸＞
環境設定	・アルミカップははがしにくいので、年齢によって1枚ずつはがしておく。
手順　TG型	・アルミカップをのばして口に当て、声を出すよう促す。マイクの作例を示しつくる意欲を喚起する。3～4歳児では個別指導が必要。 ＊アルミカップを机の上でのばし、TP芯を立て、破かないようにはる。TP芯に折り紙を巻いてテープでとめる。
留意点	・音の原点は音声である。音と振動のつながりを楽しむことをねらいとするが、騒音にならないよう聞きながら声を出すことを促し、声を合わせる楽しさにつなげる援助が必要である。
発展	・声を出しながら喉をトントンとたたくとおかしな声になる。宇宙人の声の遊びに発展する。ほかにも音を楽しむ活動を考えよう。ホースを利用することもできる。 ・紙コップの底につまようじで穴をあけ、糸を通してテープでとめると「糸電話」への発展も可能。 ・紙コップ1つに糸をつけ、糸をこすって音を聞くのも楽しい。糸をぬらして聴いてみよう！

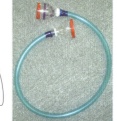
声を楽しむ道具

音の探検隊

4～6歳　通年　感覚　発見工夫

ギター（トレー＋ゴム）
マラカス＋打楽器

用意	はさみ・セロハンテープ・ビニールテープ・輪ゴム・下記の材料
環境設定	どんな楽器が生まれるか予想して材料を設定し追加素材を用意する。 　ふる楽器／マラカス・鈴…乳酸飲料容器・洗剤用スプーン・ガチャポン容器 　はじく楽器／ギター…スチレントレー・紙コップ・空き箱 　ふく楽器／笛・らっぱ…ストロー・空き缶・紙コップ 　手でたたく楽器／たいこ・カスタネット・タンバリン…空き缶・ダンボール・紙皿・カップ・キャップ 　たたく楽器／たいこ・木琴・ギロ・トライアングル…竹ひご＋ビー玉・おはじき・キャップ・ラップの芯
手順　OG型　TG型	・遊びのなかで音に関心をもっている姿をとらえ、筒状のものをもって音探しを促す。できれば屋外に出てみよう。 ・音を出すものをつくることができるような材料を設定する。 ＊楽器づくりコーナーで音を楽しむものをつくる。 ・本物の楽器や手づくり楽器の作例を提示し、コーナーへの参加を促す。 ・楽器の音を合わせる機会をつくる（帰りの会の歌や誕生会など）。
留意点	・ものやかかわり方で音が異なることに気づかせ、関心を深める。 ・"奏でること"は音を出すだけでなく、音を出しながら聞き、聞いてコントロールすることである。「いい音？」「どんな感じ？」という問いかけをしよう。
発展	・帰りの会で、つくった楽器を見えないところで鳴らして何の音か、何に似ているかを答えるゲームを楽しむ。音の秘密の種明かしの発表などでつくった達成感と音への関心の広がりを促す。

おしゃれなカスタネット（カップ＋キャップ）

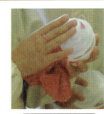
お帰りの会で演奏♪

6章　保育をひらく造形カタログ　131

(3) 色で遊ぶ ──色はイメージの源！

ローラー遊び ──色そのものを感じよう

3〜6歳　6〜8月　感覚　かかわり

用意　溶いたポスターカラー（赤・青・黄をペットボトルに入れておく）・ローラー・バット（お盆）・大きな紙（不要の梱包用紙や壁紙のリサイクル、紙をはり合わせたもの等）・足洗い桶・足拭きマット・雑巾

環境設定　靴脱ぎスペースを設け、すのこ、足拭きマットと足洗い桶を用意しておく。

手順
- 天気のよい日にベランダ等に大きなシートを敷いて環境を整える。

O型 / OG型
- くつを脱ぐ、汚れてもよい服になる等の約束を確認する。
- ＊ローラーで色の世界を楽しむ。

留意点
- 心を開放する活動であることから、保育者は誰を誘い、どのようなモデルを示すか等、考慮して援助する。

発展
- プリント遊びを楽しむこともできる（3章 p.42 参照）。
- この活動でできた画面をコラージュの材料にする。

グループで共感して楽しむ姿と自分の感覚を楽しむ姿が見られる

CASE　シップはいらない

毎朝、母親に「痛いからシップをはって」と言い、手足にシップをはって登園していた女児がローラー遊びに興味をもった。友達が足型をつけているのを見てやりたそうだったので「シップよごれちゃうね」と言うと、「もう痛くない」と言って自分でシップをはがし足型つけの仲間入り。それからシップはいらなくなった。

にじみを楽しむ ──にじみ絵・ティッシュ絵

3〜6歳　通年　感覚　装飾

用意　画用紙・溶いた絵具（赤・青・黄）・絵具用カップ・筆・ビニールシート・ペン・スプレー（水入り）・乾燥棚・新聞紙・スポンジ

環境設定　にじみ絵は、机にシートを敷き、水を入れる容器とスポンジを用意しておく。ティッシュ絵は、ティッシュとペンを取りやすくしておく。

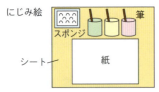

手順
- スポンジで画用紙をぬらし密着させるよう伝える。筆は色別に用意する。

OG型
- ＊好きな絵具をぬらした紙の上に置き、にじむ様子を楽しむ。色を変え、自由に加筆する。
- ＊ティッシュは2、3回折り、ペンの色を浸みこませて模様を描く。広げるだけでもきれいだが、スプレーでにじませると色の変化も楽しめる。

留意点
- 活動モデルを示し、いっしょに楽しみ共感しイメージを伝え合う。

発展
- 普通の紙に水性ペンで絵を描き、にじませても楽しめる。

132

デカルコマニー ——想定外を楽しむ

幼児全般 4〜8月 感覚 装飾

用意	画用紙（八1/2）または雑紙（A4くらい）・溶いた絵具（赤・青・黄）・筆・乾燥棚
環境設定	・テラスなど開放的な場に設定する（右上写真）。 ・画用紙は活動を進めやすいよう軽く折り目をつけ多めに用意する。
手順 OG型	・筆は色別にし、混ぜずに使うよう伝える。（テープで色分けするとよい） ＊筆で絵具を自由につけて紙を折り、アイロンのように伸ばし「あけてびっくり」を楽しむ。 ・形だけでなく、色を重ねてその変化を楽しむこともできることを伝える。
留意点	・汚れを気にせずできる用意をする。
発展	・指を使うことを促すとフィンガーペインティングの楽しみも味わうことができる。 ・毛糸やスポンジ片などに異なる色の絵具をつけ、はさんでデカルコマニーをするのも楽しい（3章 p.44 参照）。

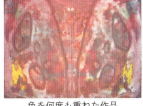

色を何度も重ねた作品

🌼 CASE 想定外！

デカルコマニー遊びのあと、こんな作品が残されていた。絵具がうまく写らなくて想定外だったのが不満だったのだろう。筆で加筆している。少々ずれてはいるが色は正しく再現されている。デカルコマニーを楽しむ過程で、「左右対称」を感覚的に理解していることがわかる。

イーゼルで描こう

幼児全般 4〜8月 感覚 装飾 かかわり

用意	大きな紙（模造紙のほか、梱包用紙や壁紙のリサイクル、新聞紙等）・溶いたポスターカラー（赤・青・黄：ペットボトルに入れておく）・太い筆や刷毛。
環境設定	テラスや園庭等開放的な場に設定する。ベニア板をつないだ手づくりイーゼルを用意しておく。
手順 O型 OG型	＊初回は2色程度で発散や身体感覚と視覚刺激の行き来を楽しむ。 ・2回目以降、色の変化を試すことができるよう3原色や白を設定する。 ・保育者がモデルを示す、イメージを言語化する、誘うなどの援助をする。
留意点	・汚れ対策をする。
発展	・ローラーや手を使う、箱をぬる等も楽しい。

2歳児にとっては発見の連続

両手に複数の筆をもって発散！

👣 手づくりイーゼルは、表面にプラダンボールを使うと便利！

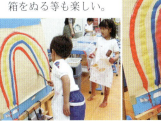

イーゼルの使用は腕を自由にし、互いに表現を見る機会になる

仲間同士での画面づくり

6章 保育をひらく造形カタログ 133

（4）技法を楽しむ ——表現技法でイメージを広げよう！

ステンシル ——図と地を感じる　　4〜6歳　通年　感覚　装飾　発見工夫

用意　画用紙（八1/4またはコピー用紙）・溶いた絵具（赤・青・黄等：ペットボトル）・バット（またはトレー）＋布（またはスポンジ・キッチンペーパー）・タンポ（3章 p.44参照）

環境設定　タンポは色別に用意する。絵具がつきすぎないよう布などを敷いておく。

手順
- 紙を折り切り抜いて型紙にし、タンポで着色、型紙を取り除くと下に形が残るモデルを示す。　**O型**　**TG型**
- ＊好きな形を切り抜き、ステンシルをする。
- 偶然の形を楽しみ、何に見えるかイメージを広げる、くり返す、重ねる等の展開を援助する。

留意点
- タンポは色別に使い、色ごとに戻すよう伝える。

発展
- タンポを割り箸につけると筆同様に彩色できる。混色すると好きな色のタンポができる。
- ローラーでもステンシルが楽しめる。

ローラーでステンシル！

顔スタンプ ——スタンプ遊びからミニ絵本へ　　3〜6歳　通年　感覚　発見工夫

用意　画用紙（八1/4またはコピー用紙）・スタンプ台・ぬれ雑巾＋トレー・カラーペン・ペットボトルキャップ（またはフィルムケース）・丸シール・パンチ穴補強用シール・はさみ・＜ホチキス（縦横：針の向きが変わるもの、p.38参照）＞

環境設定　材料別にわかりやすく分類して設定しておく。

手順
- キャップ等に丸シールをはって顔をつくるとスタンプになることを示す。　**OG型**
- さまざまな大きさの丸シールを用意し半分に切って使う作例を示す。
- ＊いろいろな顔をつくる、たくさんスタンプするなどを楽しみ、自由にイメージを広げて加筆する。

留意点
- スタンプ台は色を変えるときは雑巾で拭くよう注意する。

発展
- 用紙の代わりにとじたミニ絵本を設定するとストーリーが生まれる。顔スタンプの主人公は絵本にしやすい。
- 自分の顔をテーマにしても楽しい。
- 紙版画の導入としてもよい。

自分の顔印！

加筆によって動物に変身！

スタンピング ――形や色と仲良くなろう

3～6歳　通年　感覚　装飾　発見工夫

用意　画用紙（八1/2またはコピー用紙）・溶いた絵具（赤・青・黄：ペットボトル）・スタンプ材料・スタンプ台（お皿またはトレー＋スポンジまたはキッチンペーパー）・カラーペン

環境設定　スタンプコーナーを用意しておく。

手順
- スタンプコーナーを紹介する。遊びのモデルを示す。

- 活動の様子を見ながら材料を増やし、徐々に加筆や手形もよいことを伝える。
  ＊スタンプを自由に楽しみ、設定以外のあらたな材料を探索し試みる。

留意点
- 乾燥の場を確保する。野外では洗濯ばさみの利用が便利。

発展
- 転がす、重ねるなどによって同じ材料から異なる表現が生まれることに気づかせる。
- 心の開放と美的・知的な追求という多方向への発展が期待されることを考慮して援助をする。

同心円になるカップを探してつくった力作

秩序と開放が混在する

✱CASE　スタンピングは心の表現

　Aちゃんはカッとなりやすく、衝動性と攻撃性が課題とされていたが、ふだんは元気で楽しい子だ。スタンプ遊びはカップからはじめ、次に手形に移行し、1つ1つ色を変えながらていねいに調和的な作品をつくった（左図）。ところが2枚目では、両手を使ってものすごい勢いで机をたたき、絵具をこすりつけ、指先でひっかいた（右図）。その急変ぶりに驚いていると、担任の保育者は「2枚の作品はまさにこの子の心です」と語っていた。Aちゃんは、その後、仲間と共に発散的な表現をしたあと、穏やかな表情で次の遊びに移っていった。スタンプ表現は、形をつくる体験になるだけでなく、発散とコントロールの体験の機会になり、子どもの心を理解する役割も果たすことを実感した。

スクラッチ ——ローラーやクレヨンで

4～6歳　通年　感覚　装飾　発見工夫

用意　クレヨン・画用紙（八1/2以下）・新聞紙・竹ぐし・ローラー・バット（トレー）・版画絵具

環境設定　シートを敷いた机の上で用具を設定しておく。

ローラーでスクラッチ！

クレヨンでぬった作品

手順
- スクラッチをやって見せ、興味を喚起する。
- **OG型** ＊ クレヨンを使い紙の全面を好きな色でぬる。
- ＊ ローラーでぬるか黒のクレヨンで上からぬりつぶすかを選び、竹ぐしで削って絵を描く。

留意点
- 袖口が汚れるので腕まくりをするか、腕カバーか長袖のスモックを着用する。

発展
- ぬる部分を鳥の形にして「おしゃれなカラス」などの表現を楽しむこともできる。
- ホイル厚紙の上にローラーで絵具をつけると簡単にスクラッチを楽しむこともできる。

模様をつくろう ——マーブリングに挑戦

4～6歳　通年　感覚　装飾　発見工夫

用意　障子紙（または吸水性のよい紙）・マーブリング絵具（墨汁）・新聞紙・竹ぐし・バット（大きなトレー、弁当用プラケース）・乾燥棚・＜はさみ＞

環境設定　シートを敷いた机の上にマーブリングコーナーを設定する。オイルで溶いた油絵具も使える。

看板に活用！

マーブリングを写し取る子ども

手順
- 作例を示し、コーナーでの活動を促す。
- **OG型** ＊ 紙に先に名前を書いておき、マーブリング絵具をたらして棒で模様をつくり、気に入った模様ができた時点で写し取る。
- ＊ 新聞紙の上に置き、そのまま乾燥棚で乾かし、その後、装飾や模様のイメージをいかした描画用紙として活用する。

留意点
- 乾燥用の場を確保してからはじめる。
- できた模様のイメージを言葉で表現し合うモデルを示す。

発展
- 障子紙の形を花型等に切ってから染めてもよい。
- 染め紙でも模様づくりを楽しめる（3章 p.37）。

マーブリングの紙を使った子どものつくった看板

COLUMN　版表現は造形探検！

子どもたちは版表現が大好きだ。それは子どもが探検好きなのと起源は同じ。行為の先が未知数だから。わくわくドキドキすることのなかに自分の成長のきっかけがあることを知っているのだろうか。想定内でも想定外でも楽しい様子。偶発性や不思議さや失敗が潜んでいる造形活動は、子ども本来の好奇心を刺激する。行為からあらたなイメージが生まれ、表現が広がる。描画との違いを整理してみよう。

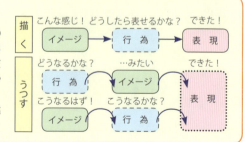

版画を楽しむ ──スチレン版画

   3～6歳 通年 感覚 発見工夫

- **用意** スチレンペーパー（スチレントレーでもできる：3章 p.43 参照）・鉛筆・竹ぐし・版画用具一式（ローラー・版画絵具・軍手、バレン等こするもの）・上質紙（または書道半紙）
- **環境設定** スチレンペーパーをへこませないよう伝えて手渡す。

雪の点描効果

ペンのキャップで花模様ができる！

- **手順** ・雪や雨、星など点描効果の出るテーマを作例で示す。
  - ※鉛筆で自由に線描し、竹ぐしやキャップ等で凹ませるのを楽しむ。
  - ・印刷は、ローラーに適度の絵具をつけるのは保育者が行うが、年齢に応じて写す場面に立ち合い、参加するよう配慮する。こするのは、軍手をはめて行うとよい。

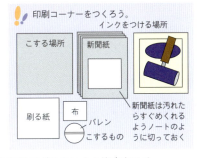

- **留意点** ・3歳児クラスでは鉛筆線描による凹みが十分でないことが予想されるので、スチレンを何かの形に切っておき、点描等で模様つけを楽しむとよい。
- **発展** ・5歳児クラスでは自分たちで印刷ができる。こするときに紙がずれないよう注意させる。

版画を楽しむ ──紙版画

   4～6歳 通年 感覚 発見工夫

- **用意** 画用紙（八1/2）・はさみ・版画用具一式・上質紙等・のり・＜丸シール・凹凸のある紙＞
- **環境設定** 画用紙は多めに用意しておく。

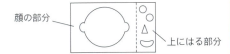

レースペーパー使用例

- **手順** ・「お顔に何があるかな？」「目はどうなっているかな？」と子ども自身が考える導入を心がける。（顔の場合）
  - ※顔の形に切り、残った部分で目・鼻・口・毛・耳等を切り取り、全部を配置してからはる。
- **留意点** ・版画は用具設定の都合でT型になりがちだが、過程で自己決定場面を保障する配慮が大切。
- **発展** ・凸凹のある紙（レースペーパー等）やシールを用意し質感やリズム感を楽しむこともできる。
  - ・手、足など体の部品を切った紙を配置して版をつくると全身の動きを表現することができる。

🌸 CASE　K幼稚園の取り組み

　　　　　Kくん　　　　　　　　　Mちゃん

全員が取り組む活動を厳選している園で、卒園アルバムの表紙を飾る「自分の顔の紙版画」に取り組んだ事例である。「自由に切った紙をはって刷る場の設定」で下書きをしないで形を切り取る経験と凸版理解の体験し、「同じ木を春と秋に描く」活動で気づきを表す体験をする。さらに単色表現経験としてコンテで「友達の顔」を描き、その後、好きな遊びの時間内で洗面所の鏡があいた順に「自分の顔」を描き、保育者がていねいにかかわる。そして卒園前にその作品を手がかりに、画用紙から一気に形を切り出し、版をつくり刷り上げる。保育者は「下書きをしないのは、線通りに切る手先の器用さを求めず、大胆に形でとらえて表現する力を発揮してほしいからで、どの子にも達成感を感じてほしい」と言う。造形表現が育てる力を考えた計画的な取り組みである。

6章　保育をひらく造形カタログ　137

（5）わくわく教材・素材を遊ぶ ——見せたくなる表現！

はさんで何ができるかな？ ——素材と出会って　　4〜6歳　通年　感覚　発見工夫

用意　ミニクリップばさみ・色画用紙片・カラーペン・はさみ・生活素材（紙コップ・紙皿・ＴＰ芯等）

環境設定　製作コーナーにミニクリップばさみを設定しておく。

手順　
OG型
- せんたくばさみ型のミニクリップを見せ、これを使って何かをつくってみようと投げかける。紙片に２個つけると紙が立つモデルを示す。
  * クリップを素材として自由に使い、好きな表現をする。

留意点
- 製作コーナーには、いつもあって数が豊富な「基本素材」だけでなく目的に応じて設定する「発展素材」、目新しい「新規素材」が必要。
- それぞれの表現に共感し、帰りの会などで発想のおもしろさを伝え合う。

発展
- クリップを使って髪飾りをつくり頭につけられる。ほかにもいろいろな発想を楽しもう！
- ほかにもイメージが広がるような「新規素材」が身近にないか考えてみよう。

びっくりビニール ——驚く顔が見たいから　　3〜6歳　通年　感覚　発見工夫

用意　ストロー・ビニール袋・はさみ・セロハンテープ・油性ペン・＜傘袋・ＴＰ芯（または紙コップ、3〜4歳児ではストローが通る穴をあけておく）

環境設定　コーナーに材料と作例を用意しておく。

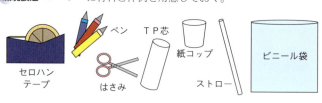

手順
OG型
- ストローにビニール袋をつけた作例をふくらませて見せる。年齢に応じて、何が描いてあったら楽しいか、どこから袋が出たらおもしろいかを問いかける。
  * セロハンテープで空気がもれないようにストローと袋をつける。油性ペンで顔を描いたり、舌をつけたりする。

留意点
- 3〜4歳児では空気をもれないようにテープでつけるときに個別援助が必要。

発展
- 傘袋を使うと迫力がある。
- 袋が出る場所を工夫する。紙コップを使用し、袋の先にもう一つのカップをつけ、重ねてからふくらますとおもしろい。

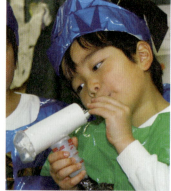
持つところをつくった例

窓のあく絵 ——あけてびっくりを楽しもう

5～6歳 通年 感覚 発見工夫

用意 画用紙（四と八・色）・ペン（またはクレヨン）・はさみ・のり・＜絵具・筆＞

環境設定 切り込みを入れた大きさや色の違う画用紙を用意しておく。

窓をあけてイメージを広げる

手順
TG型
- コ型またはエ型の切り込みを入れた色画用紙を多めに用意し、切り込みを折ると開閉できることを示す。好きな色を選ばせる。
- 年齢に応じて、「何が開いたらおもしろいかな？」「何がかくれていたら楽しいかな？」と話して描画を促す。
- 自由な形に切り、切り込みや紙を増やしてもよいことを伝える。
- ＊ 色画用紙の形と場所が決まったら周囲だけにのりをつけて白い画用紙にはり、加筆する。

留意点 画用紙の大きさは年齢に応じて考える。

発展
- クレヨンで描いた場合、仕上げに絵具を使用してもよい。
- 開けた状態で折り目部分にテープを重ねてはる。閉めて手を離すと開く。

チューリップのなかにチューリップさん

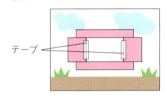

テープ

不思議な種 ——地面の上下のイメージを表現

4～6歳 通年 感覚

用意 色画用紙（八：白または空色と茶色）・溶いたポスターカラー（赤・青・黄・白・黒）・スポイト・ストロー・筆・セロハンテープ

環境設定 溶いたポスターカラーを見やすく、倒れにくいように設定しておく。

  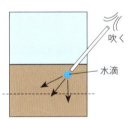

溶いたポスターカラー　筆　ストロー　吹く　水滴

手順
T型
TG型
- つないだ画用紙が何に見えるか聞き、地面の上下という意図を伝える。
- ＊ 色画用紙を横か縦につなぐ（年齢に応じてつないでから配布する）。
- 「種をまこう！」とスポイトで好きな絵具を土部分に垂らすよう誘う。
- 種から根っこが出るように、ストローで種を吹くモデルを示す。
- ＊ ストローで絵具を吹いていろいろな方向に広げる。
- 「地面の上から芽を出そう！」と言い、地面の上まで線を描き、続けて葉や茎を描いていくよう促す。空想的な展開か栽培収穫経験の表現かは子どもたちの実態と時期やねらいに即して考える。

留意点 表面張力が働くよう絵具の濃度を調整しておく。画面設定を行わなくても "不思議な種の変身" が楽しめる。スポイトがない場合、ストローを絵具カップに入れ上を指で押さえる。

発展
- 種の色は混色も可能。絵具を使わずに取り組むこともできる。
- 『ジャックと豆の木』等、お話を読んで空想を発展させるのも楽しい。
- 土の部分を点線で折ると土のなかが隠れる絵になる。上を雪景色にすると冬眠の表現も可能。

6章　保育をひらく造形カタログ　139

くるりんちゃん──見せて楽しむおもちゃ

4～6歳　通年　発見・工夫　かかわり

用意　はさみ・セロハンテープ・油性ペン・曲がるストロー・乳酸飲料容器・〈お花紙・ビニールテープ・空き箱〉

環境設定　製作コーナーに設定する。ストローは立てておくようにする。

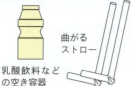
乳酸飲料などの空き容器／曲がるストロー／お花紙

セロハンテープ

ペン／ビニールテープ　数を増やす

立てるものをつくる

手順
OG型
- マジックをすると伝えて作例を示し、人形を回転させる。ストローを回していたという種明かしをして、つくり方を簡単に示す。
- ＊ストローをつなぎ、つなぎ目に容器をつけストローを曲げる。
- ＊構造を応用して自由に製作する。

人形としての表現が発展した例

動きの魅力から発展！ 6個つけた事例もあった！

ブランコつきに発展した例

留意点　・4歳児では多少個別指導が必要。容器は長めのテープでつけるとよい。

発展　・ほかの材料も試してみよう。人形を紙でつくってもよいが、立体が回転するとより楽しい。

COLUMN　発想の豊かさを引き出す教材

　子どもの発想の豊かさに驚かされることは多い。写真の事例は5歳児の作品である。人形が出てくるしくみを説明してくれた。大人の介入はない。長年子どもの自由な表現の場に立ち会っていると、こうした発想のほとんどを記録できていないと感じる。幼児期特有の豊かさに圧倒される一方、個人記録をとってみると、自分のイメージを豊かに表現できる子どもばかりではないことに気づかされる。また、すべての子どもに自由な表現環境が十分に保障されてはいない。

　保育における造形的な教材は、こうした多様な状況にある子どもたちにとって創造性や感性を豊かに引き出すもの、心を開放し、ものづくりの楽しさやイメージを伝え合うおもしろさを実感するものでなくてはならない。そして、すべての子どもたちが主体的に取り組める

ものでないのなら、教材選択を子どもたちに委ねるべきであろう。ただしこれは、保育現場の実態からすると理想論である。そこでこの節では、どの子どもにも「楽しそう！」と感じられ、活動の流れのなかで自己発揮ができる教材や活動を取り上げた。子どもたちはイメージの源になる身体感覚を耕しながら、経験の共有によってその交感を楽しみ、発想を広げることができるはずである。教材という枠は時に窮屈なものにもなるが、表現の誕生を促し守る枠にもなる。それを左右するのは教材の質以上に保育者であり、子どもの発想力を信じ、委ねられるかどうかである。

　そして、すぐれた教材は子ども自らはじめた「遊び」のなかにある。次の節では、「遊び」の楽しさの触媒になるプログラムを紹介する。子どもたちの豊かな発想力を引き出す手がかりとして活用してほしい。

遊びを豊かにするプログラム

（1）伝承遊びから ——伝承遊びの魅力を引き継ぐ手づくり遊具

はねつき系の遊び ——牛乳パック羽子板 5〜6歳 通年 感覚 かかわり

用意　牛乳Ｐ・はさみ・クラフトテープ・割り箸・油性ペン・＜ビニール袋・紙皿＞
環境設定　材料をわかりやすく分類しておく。クラフトテープはカラーを用意しておく。

手順　・作例で羽根つきをして見せ、意欲を喚起する。
TG型　＊開いた牛乳Ｐの印刷面を上にし、両側をなかに折りたたみクラフトテープでとめる。
T型　＊もつ部分をつくるため、両側からテープ部分まで斜めに切り込み、折る。テープを巻く。
　　　　＊裏の白い面に自由に絵を描くよう促す。
　　　　＊絵が描けたら上から割り箸を刺し、出ないようにテープでとめる。
　　　　＊底を羽根にするために、×に山折り、＋に谷折りの折り目をつけ、中心がとがるようにする。

留意点　・牛乳Ｐを折って斜めに切り込み折ってつくるのは２枚分の厚みなので固い。年齢や経験によって
　　　　　は、先に絵を描き、ここまでＴ型指導を行い、その後個別・グループ指導に移行してもよい。
発展　・３〜４歳児が楽しむには、牛乳Ｐの代わりに紙皿と割り箸、牛乳Ｐの底の羽根の代わりにビニー
　　　　ル袋をふくらませたものや風船がおすすめ。大きな袋も楽しい。遊びながらルールをつくる。

コマ系の遊び ——手づくりコマのいろいろ 4〜6歳 通年 発見工夫 かかわり

用意　キャップ（フィルムケース・ペットボトル・カップアイス・ビン牛
　　　乳等）・ガチャポン容器・紙皿・どんぐり・厚紙・片面ダンボール帯・
　　　紙テープ・つまようじ・竹ぐし・ちびた鉛筆・先を削った割り箸・
　　　接着剤・目打ち・油性ペン・＜平箱＞
環境設定　材料は分類し、目打ちは安全のため作業用の板にひもでつけておく。

手順　・作例と材料をコーナーに設定して参加を促す。
OG型　＊回すコマをつくり、色の変化が楽しめるよう着色する。
　　　　・４歳児は紙皿に割り箸を刺し、両手で回せる作例も用意する。
留意点　・紙皿等はつまようじ等で穴が開くが、穴あけ用具の設定が必要。
　　　　　経験を積めば５歳児クラス後半ではとんどの子が目打ちを使える。
　　　　・どんぐりは粘土に埋めて固定して錐であける、頭の部分をコンク
　　　　　リートで削ってから穴をあける、接着剤を使うなどの工夫が必要。
発展　・コマを回す場としてスタジアム（土俵）をつくる、坂で回すなど
　　　　の発展を予想して環境を設定する
　　　・野菜の輪切りや粘土も棒を刺すとコマになる。

ケーキの台を利用してつくった戦うスタジアム

6章　保育をひらく造形カタログ　141

けん玉系の遊び ――手づくりけん玉のいろいろ　　4～6歳　通年　感覚　発見工夫

用意　クリアーカップ（紙コップ・ペットボトル上部分）・割り箸・ひも・はさみ・松ぼっくり（どんぐり・ペットボトルキャップ）・セロハンテープの芯・セロハンテープ・油性ペン・丸シール・＜卵パック＞

環境設定　年齢に応じたタイプを選び、材料をわかりやすく設定しておく。

子どもの作品

手でもつタイプ
透明だとなかが見えて楽しい

牛乳Pからつくるコップをつくる。
（ままごとにも使用可能）

棒を持つタイプ　棒を通すタイプ

手順
- いくつかの作例で遊んで見せ、コーナーでつくってみるよう促す。
  - [TG型] [T型]
  - ＊遊んでみたいけん玉をつくる。
- ひもを結ぶ場面で、「結び方を教える」「巻きつけてテープでとめる」など、年齢や経験に応じて援助の仕方を変える。自由に絵を描く、シールをはる等装飾を促す。
- できたときに仲間のなかで認める、何回入ったかを記録する、できない場合は持ち方やひもの長さに気づかせいっしょにやってみるなどの援助の工夫が有効。

留意点　けん玉製作指導は一斉ではなくコーナーがよい。作例は、技能やデザインに配慮して提示し、割り箸の扱いに注意させる。

発展
- 5～6歳児であれば卵パックを使い、凹みに得点を書くと楽しい。
- 既成のけん玉を室内に置き、技能をみがく楽しさにつなげる。

たこあげ系の遊び ――ビニールだこ　　5～6歳　1～3月　感覚　発見工夫　かかわり

用意　ビニール袋・竹ひごまたはストロー（⟵⟶の長さ（●3個分）2本と2cm 2本）
たこ糸（⟵----⟶の長さ（●4個分以上）1本・ビニールひもまたはビニールの残り（長さ●4～6個分）×2本・はさみ・セロハンテープ・油性ペン

環境設定　作業スペースを十分にとる。よく切れるはさみを用意しておく。

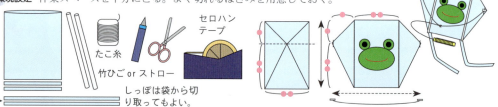
たこ糸　　竹ひご or ストロー　セロハンテープ
しっぽは袋から切り取ってもよい。

手順
- たこあげの経験がある時期に、自分でたこをつくることができると話して取り組みを促す。ビニール袋が空を飛ぶという話をしてもよい。
  - [OG型]
- ビニール袋に図のような比率の線を書いておく。
  - ＊ビニールを切り、空を飛ばしたいものを描き、長い竹ひごをはる。
  - ＊たこ糸の両端を短い竹ひごに巻きつけてテープでとめる。
  - ＊短い竹ひごをたこの両端にテープでとめ、ビニールひもを長い竹ひごの下につける。
- たこ糸の真ん中に糸巻きについたたこ糸を結ぶ援助をする。いっしょにたこあげをする。

留意点　たこをあげる場を確保してから行う。走ってあげる程度であれば袋型もよい（6章 p.149）。

発展
- 折り紙のたこは3章（p.45）参照のこと。

すもう・めんこ系の遊び ——戦いと応援を遊ぶ

`4〜6歳` `通年` 感覚・発見工夫・かかわり

用意	ダンボール（面が広いもの・大きな平箱も可）・はさみ・油性ペン・ＴＰ芯または乳酸菌飲料容器・ビニールテープ
環境設定	平箱を集めて自由に取れるようにしておく。

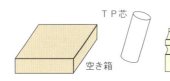

芯半分のおすもうさん

手順 `TG型` `T型`	・土俵の箱をたたいて倒して遊ぶモデルを示し、おすもうさんづくりを促す。倒れにくいときはＴＰ芯を半分にする。 ＊土俵やおすもうさんをつくって遊ぶ。 ・行司役のモデルを示し、星取表・番付表などを提案する。
留意点	・おすもうさんにこだわらず、虫やカードなど興味のある戦い遊びを予想した援助をする。
発展	・大きいダンボールを使い、落ちたら負けにすると、全身を使った迫力のある遊びになる。

平箱でつくった土俵

かるた・すごろく系の遊び ——みんなで遊ぶ

`5〜6歳` `1〜3月` 感覚・発見工夫・かかわり

用意	はさみ・カラーペン・かるた：画用紙または厚紙・すごろく：大きな厚手の紙（ダンボール＋模造紙）・キャップまたは乳酸菌飲料容器・牛乳Ｐ・セロハンテープ
環境設定	遊びに応じた材料をわかりやすく設定しておく。

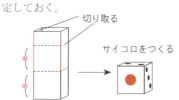

手順 `OG型`	・かるたやすごろくができる環境を設定し親しんだあと、つくることを提案し、コーナーを設定する。 ・丸を書いた絵札と半分の大きさの読み札を用意する。 ＊自分の思いを絵や言葉に表すことを大切にし、50音にこだわらずに1枚ずつつくったら遊び、増やすと楽しいことに気づく。 ・牛乳Ｐでサイコロがつくれることを伝え、サイコロ遊びに誘う。 ・大きな紙にコースを書き、キャップ等をコマにした遊びモデルを示し、キャップに主人公をかいた紙を巻くことを提案し、徐々に物語性をもたせ紙への加筆を促す。紙をはってつくってもよい。
留意点	・文字に対する意識には個人差があるのでていねいに援助する。読み札は保育者が書いてもよい。文字に親しむ機会とする。
発展	・自分たちではじめからつくるためのすごろく用紙を用意する。 ・フープなどを利用して床の上で人間すごろくもできる。 ・かるたの絵札を楽しい描画体験にするよう画材等工夫する。 ・伝承遊びはほかにもいろいろある*）。それぞれを分析してあらたな教材開発につなげてみよう。

墨汁で描いた絵札

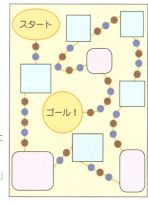

＊）伝承遊びの本：小川清実『子どもに伝えたい伝承遊び−起源・魅力とその遊び方』萌文書林、2001

6章 保育をひらく造形カタログ　143

(2) 競う遊びを楽しむ ——夢中になるのが遊びの世界!

入れて競う——飛ばしトレー

`4〜6歳` `通年` `感覚` `装飾`

用意 はさみ・スチレントレー・輪ゴム・セロハンテープ・ビニールテープ

環境設定 年齢に応じて印をつけておく。

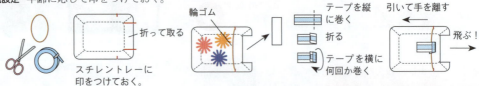

手順

`TG型`

- 作例で簡単につくれることを示し意欲を喚起する。
- ＊ スチレントレーの角2か所にはさみを入れ、一片を折り取る。
- ＊ トレーに自由に絵を描き、小さい切り込みを2か所入れ、輪ゴムをかける。
- ＊ 折った一片を図のようにテープで補強して折り、何回か巻く。
- ＊ 折ったところに輪ゴムをかけて引き、手を離す。

留意点 ・年齢によっては、印や線を書いておく。

発展
- いろいろなゴールを考えよう!
- テープの量で重さ調節可能。紙片でも飛ぶ。

脚立使用例

CASE ゴールや的

競う遊びを楽しむためには、ゴールや的が必要! 身近なものを使って、工夫してみよう。

ダンボール箱　　透明かさ
　　　　　　　　フープ＋紙皿
100　　　玉入れかご
紙皿
20　　50

当てて競う——マルチ発射台

`5〜6歳` `通年` `感覚` `発見工夫` `かかわり`

用意 牛乳P（リサイクル用に開いたもの）・はさみ・輪ゴム・セロハンテープ・曲がるストロー

環境設定 牛乳Pは開いた状態で設定しておく。

輪ゴムをかけて折る　両側の上部、両サイドも折りたたむ　曲がるストロー

子どもが考えた発射台

手順

`TG型`

- 作例を見せ、遊び方を示して意欲を喚起する。
- ＊ 牛乳Pの1片と底を切り取り、残った部分を材料にする。3面の上部2か所に切り込みを入れる。
- 年齢によっては線を引いておく。
- ＊ 印刷面を表にして切り込みに輪ゴムをかけ、はずれないよう上部を折る。両側の面も上部を折ってたたみ、1面の幅に折りたたんでテープでとめる。発射台が完成!
- ＊ ストローの曲がる部分を折り曲げテープで巻き、輪ゴムをかけて引っ張り離すと飛ぶ。

留意点 ・飛ばすものは人に向けないなどのルールを徹底する。

発展 ・当てるものは音がする、倒れる、おばけ退治などの物語性を工夫すると楽しい。

CASE 飛ばすものいろいろ

残った牛乳P片を半分に折って飛ばすことができる。牛乳Pの底をフリスビーのように回転させて飛ばすこともできる。厚さが1枚の部分に1穴パンチで穴をあけ、斜めに切り取る。穴部分にゴムをかけて引き、手を離す。安全のため角を丸くし、外で飛ばそう! また、飛ばすものに輪ゴムをつけ、発射台に棒をつければ、引っかけるだけで飛ばすことができる。

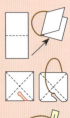

144

飛ばして競う —ストロロケット1号〜4号

3〜6歳　通年　感覚　かかわり

用意　はさみ・丸シール・ストロー（袋入りや太さの違うもの）・綿棒・折り紙（装飾用）・一穴パンチ

環境設定　年齢に応じた材料を選んで遊びの発展を想定した用意をしておく。

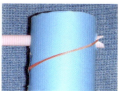

手順
- 作例を示し、意欲を喚起する。

TG型 OG型
- ＊＜1号：袋＞袋の一方の先の両面に丸シールをはる。袋の反対側を切り、中のストローを半分出す。ストロー部分を持って息を吹き、袋を飛ばす。シールの重さを調節する。
- ＊＜2号：太い＋細い＞飛ばしたいほうのストローの先をテープでふさぐ。あいている側をもう1本のストローにさし、息を吹き込んで飛ばす。太いほうを外側にするとトンボにも発展する。
- ＊＜3号：綿棒＞綿棒の一方の先をほぐす。曲がるストローの長い部分に綿棒を入れ、短い部分に息を吹き込んで綿棒を飛ばす。
- ＊＜4号：輪ゴム発射台＞ＴＰ芯に1穴パンチで2か所に穴をあけ輪ゴムをかけておく。ストローの先に丸シールをはり、反対側の先を「＜」型に切り穴に通す。そこに輪ゴムをかけてストローを引く。

留意点
- 飛ばす場面で安全に配慮することと、自分のものがわからなくならないような工夫を促す。
- 簡単につくることができるので、装飾や遊びが深まるような環境設定や言葉かけが大切。

発展
- 飛距離をのばすためには、1号はシールの枚数、2号はストローの長さ、3号はストローの太さがポイント。飛んだ喜びの次の段階を想定して、場所の移動や的当てなどを考えておこう。
- 牛乳Ｐにストローをさして固定すると1・2・3号の発射台になる。勢いよく押すと飛ぶ。

飛ばして競う —ポンポンロケット

4〜6歳　通年　感覚　発見工夫　かかわり

用意　はさみ・セロハンテープ・ビニールテープ（多色）・ティッシュ・油性ペン・輪ゴム（2本〜）・モール（細40cm1人1本〜）・ＴＰ芯（8か所に短い線を書いておく。半分のサイズでもよい。）

環境設定　芯の印は年齢に応じて、輪ゴムごとに色分けをしておく、いっしょに書くなど配慮する。

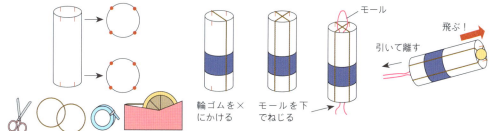

手順
- 作例と遊び方を示す。つくる前に、芯に装飾することを提案する。

TG型 T型
- ＊芯についている8か所の線に切り込みを入れる。
- ＊輪ゴムを×になるようにかけて真下の切り込みにはめる。
- ＊モールを2つ折りにして輪ゴムの中心にかけ、下でねじる。
- ＊ティッシュ1枚を丸めてテープで玉をつくり、目印にカラーテープを巻く。

留意点
- 輪ゴムをかける経験がない場合は、手順を示す。線を2色にし、1本の輪ゴムをかける4か所ずつ色分けしておくとわかりやすい。

発展
- 高さや距離を競うだけでなく、玉入れゲームも可能。
- ゴムの本数や切り込みの数、飛ばし方の工夫、いっしょに飛ばす楽しさにも気づかせたい。

寝て飛ばすのも楽しい！

転がして競う ──ころころゲーム

4〜6歳　通年　感覚　発見工夫

用意	はさみ・ＴＰ芯（２本〜）・平箱・布テープ・どんぐり（ペットボトルキャップ・ホイル玉）
環境設定	平箱と芯材をたくさん集めておく。

平箱がない場合はティッシュの箱の前横面を開いても小さいものができる。

芯に切り込みを入れ、受ける部分をつくる。

手順
- 作例と遊び方を示す。芯の切り込みをやって見せ、開く意味を伝える。

TG型
- ＊平箱のふたを立て布テープで固定し芯に切り込みを入れる。

OG型
- ＊芯を開き布テープを輪にしてつけ、２本を斜めにつける。
- ＊試してうまく転がるようにし、下にゴールをつくる。

留意点
- 下の箱でも転がるようにするにはどうしたらよいか子どもと考えよう。４歳までは下の箱だけでつくるとよい。

発展
- 机の脚の一方をたたんで斜めにしグループでの活動に展開する。
- 牛乳Ｐを縦半分に切り、教室の壁全体を使ってつくることもできる。

上から入れる方法を考えよう！ここでは滑車を利用した！

転がして競う ──ボーリングゲーム

4〜6歳　通年　感覚　発見工夫　かかわり

用意	はさみ・ペットボトルまたはＴＰ芯（６本〜）・油性ペン・クラフトテープ・セロハンテープの芯（３本）または新聞紙
環境設定	ピンが増やせるよう材料の準備をしておく。

芯を組み合わせてできるボール

一人でつくる子ども

倒した人が直すというルール

得点表の例

手順
- 倒して遊ぶモデルを示す。ボールは新聞を丸めてつくってもよいが、セロハンテープの芯を組み合わせるつくり方もある。

TG型
OG型
- ＊友達といっしょに楽しみながらルールをつくる。
- ピンを直す役を引き受けて楽しさを知らせ、徐々に役割分担の必要性や得点を記録すると楽しいことに気づかせる。
- ピンの装飾や音、応援などにも興味をもたせる。

留意点
- 遊びが単調になってきたらどうしたら楽しくなるか話し合い、保育者が押しつけや先回りをしないよう留意する。

発展
- レーンの工夫やストライクの賞品を考え、楽しむだけでなく、楽しませる方法を考える。

ほかのクラスのお客さんを迎えることになって、年齢によってスタート地点を変える工夫や発展が生まれた

転がして競う ——転がしレース

3〜6歳　通年　感覚　発見工夫　かかわり

用意　はさみ・ＴＰ芯（２本〜）・セロハンテープ・クラフトテープ・１穴パンチ・キャップ（フィルムケース・ペットボトル・カップアイス・牛乳ビン等）・ガチャポン容器・目打ち・油性ペン・ストロー・つまようじ・竹ぐし・長い棒や筒・空き箱・丸シール・粘土・＜積木＞

環境設定　年齢に応じた内容を選び、発展を予想して材料をそろえる。

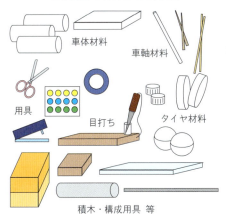

積木・構成用具　等

1. タイヤころころ

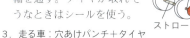

2. 走る車：ストロー＋タイヤ
   ストローを箱の幅に切り車軸を通す。タイヤが取れそうなときはシールを使う。

3. 走る車：穴あけパンチ＋タイヤ
   ＴＰ芯やフィルムケースの端にパンチで穴をあけ、車軸をそろえてタイヤをつける。車体がつかないように穴を下に偏るようにあけておく。

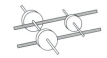

キャップに粘土をつめて軸をさすと穴あけ不要で「中心」に気づくことができる

穴の位置。ストローは平行にはること！

手順
- 作例を見せて簡単にできることを示し、転がす遊びへの参加を促す。
- **TG型**　＊キャップに模様を描き、ようじを刺す。
- **OG型**　＊車にする場合はタイヤの間にストローを入れ、ストローを車体にはる。
- 車体に穴をあけるつくり方も紹介する。

留意点　・タイヤ材料に小さい穴をあけておくと安全。目打ちは穴の大きさの調整用。

発展
- コースづくりが楽しい。積木や木材、長い筒等を用意する。積木のドミノ倒し遊びに発展可能。牛乳Ｐや乳酸菌飲料容器も車になる。
- 乗り物と積木から「町づくり」に発展も可能。

フィルムケースカー

COLUMN　ものとかかわる遊び

遊びの指導には、ピアジェの構成論（人は知識を外界との相互作用を通して内部から構成する）が参考になる。実際の遊びの姿は人とのかかわりを中心として展開していくので見落としがちであるが、遊びの展開を予想した環境を整えるだけで子どもが自ら知識を構成する遊びをはじめるのは興味深い（C.カミィ／加藤泰彦編『子どもの遊びと発達Ｉ』大学教育出版、2007）。

転がす遊びは発展性があるのでじっくり取り組みたい

6章　保育をひらく造形カタログ　147

（3）自然と遊ぶ ――自然の力やその不思議をたくさん感じよう

自然と遊ぶ ――光・風・水を楽しむ

幼児全般　通年　感覚　装飾

用意	季節の移り変わりや天候に応じた環境構成を用意する。 　風：＋ビニールひも＋ビニール袋＋紙テープ＋花・草・種・実 　光：＋カラーセロハン＋透明カップ＋影の映るもの 　水：＋ペットボトル＋ビニール袋＋お花紙＋花・実・草＋ 　　　牛乳P＋ザル＋茶こし＋カップ＜＋石けん＋スポンジ＞
環境設定	自由に材料用具を使える製作コーナー・外遊び用具置き場をいつでも使えるようにしておく。
手順 **O型**	・環境にかかわってじっくり遊べる時間と場を保障する。子どもの感性に共感し、温かく見守る。 ＊光や風や水を楽しむものづくりをする。
留意点	・色水遊びはヨウシュヤマゴボウなど色の出る実や花のある園庭環境づくりからはじめる必要がある。ない場合は、濃い色のお花紙などを色水づくりの材料として置き探索を促す。 ・生活のなかでのさまざまな気づきを伝え合う雰囲気づくりが大切。
発展	・粉石けんなどを用意しておくと泡で遊ぶこともできる。

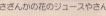

CASE　冬でも色水！

大人は色水遊びの季節を限定してしまいがち。環境があれば、遊びはいつでも広がっていく。

さざんかの花のジュースやさん

ヨウシュヤマゴボウのジュースやさん

…さざんかの花の花びらはこのあと爪にのせてマニキュアに…

光と遊ぶ ――カラー望遠鏡

3～5歳　4～6月　感覚　装飾

用意	はさみ・カラーセロハン・透明カップ・ＴＰ芯・セロハンテープ・油性ペン
環境設定	カラーセロハンは色別に設定しておく。

カラーセロハンは7cm四方くらいに切っておく

まず色の変化を楽しむ

手順 **TG型**	・カラーセロハンを見せ、のぞいたらどんなふうに見えるかを問いかける。 ＊芯材や透明カップにカラーセロハンをはってのぞくものをつくる。 ・1本の芯材にはってのぞき合って楽しんだあと、違う色と両方で見たらどうなるかを問いかける等、色の重ねなどに自ら気づくような言葉をかける。
留意点	・陽光の淡い時期に行う。「見て」「見せて」というかかわりは、年度当初のかかわりに適している。驚きや発見にていねいに応じることが大切。
発展	・カラーカップは油性ペンでぬっても色の変化が楽しめる。両目で見ても望遠鏡にしても見ることのできるものを提案する（右写真）。ひもをつけると探検隊のイメージに発展する。外に出たら、白い紙の上に置いてながめてみよう。紙の上にきれいな色が映る。

人の顔が見える望遠鏡を考案した

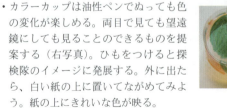

底の真ん中をめがねのテープのようにつなぐ

風と遊ぶ ――かんたん風車

用意	はさみ・折り紙（印をつけたもの）・つまようじ（またはお弁当用スティック）・丸シール（1人4枚）・曲がるストロー・セロハンテープ・＜紙テープ・紙皿・スチレントレー＞
環境設定	年齢に応じて9か所の穴をあけておくか、線を引いておくか考えて折り紙を用意する。

つまようじにシール

6歳児は線がなくても切れる！

手順	・作例を見せ、意欲を喚起する。

TG型 / T型
* 折り紙の4つの角から印までを切り込む。
* つまようじのとがっていないほうに2枚の丸シールをはさむようにつける。
* 丸シール部分を持って折り紙の真ん中の印の穴を通し、角の穴を順番に刺していく。
* 刺し終わったら先にも丸シールをはり、回るのをたしかめてストローの曲げた部分につける。

留意点	・年齢によっては線を引いておく。
発展	・風車を反対につけ背面に紙テープをつけるときれい！ ・紙皿の周囲に切り込みを入れて折る、スチレントレーを斜めに切る等でも風車になる。

🌼 **CASE** 型紙で印つけ

半分に折り3分の1に折り目をつけて広げる→半分に折り、折り紙の中心になる角と折り目部分に小さな切り込みを入れる→広げると5か所に穴のあいた型紙ができる→4つの角の三角の片側にも穴をあけ、計9個の穴をあける→折り紙を重ね千枚通しで9個の穴をあける。

風と遊ぶ ――風の風船：袋パラシュート

4～6歳　通年　感覚　発見工夫　かかわり

用意	はさみ・セロハンテープ・油性ペン・型紙・ビニール袋（40×60ロングペール用ゴミ袋くらい）・細目の毛糸（80cm×3本）・＜松ぼっくりまたはペットボトルキャップ＞
環境設定	線を引いたビニール袋（5、6歳児は折って切ることも可能）

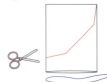 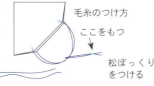
毛糸のつけ方　ここをもつ

松ぼっくりをつける

🌼 **CASE** 型紙で印つけ

底の角を2回折り、最初に折ったときの線の少し上を平行に切る。（袋を正方形にしておくとわかりやすい）

袋の底

切る

手順	・作例を見せ、つくって遊ぶという目的を示し意欲を喚起する。

TG型 / T型
* 型紙の線上を切り、油性ペンで自由に描画する。
・何が空に飛んだら楽しい？どんな模様がきれい？などの言葉かけをする。
* 2つの角に1本の毛糸の両端をつける。裏返して同様につけ、2本の毛糸にもう1本の毛糸を通し、セロハンテープでとめる（上図）。
* 持って走ると袋が風船のようにふくらむ。

留意点	・後ろを見て走ると危ないので場所やルールに配慮する。 ・毛糸は多色、はさみはビニールの切れるものを用意する。
発展	・パラシュートに発展可能。3本目の毛糸を使わず松ぼっくりに2本の毛糸をはさみ、テープで束ねる。投げ方、下げるものを工夫するような助言を心がける。とんがりの先を持って投げてみよう！

パラシュートの作例

6章　保育をひらく造形カタログ　149

水と遊ぶ ——浮かぶ舟・走る舟

4～6歳 6～8月 感覚 装飾 発見工夫 かかわり

用意 ・はさみ・スチレントレー・輪ゴム・ビニールテープ・布テープ・油性ペン・つまようじ・＜ペットボトル・牛乳P・乳酸飲料容器・割り箸＞

環境設定 ・舟の材料になりそうなものをいろいろと用意しておく。
・スチレントレーに図のような色の違う線と印を書いておく。

手順 ・プール遊びのときに浮かぶもの、沈むものの体験をする。
・浮かぶだけでなく、走る舟がつくれることを伝える。

TG型
T型 ・トレーの赤い直線にはさみを入れ、手で折り取るモデルを示す。
・折った部分のなかの四角がプロペラになると教え、切り抜いたら両脇の印にも切り込みを入れ、ゴミの始末をするよう言う。
＊切り込みに輪ゴムをかけ、プロペラを間にはさみ、両面に布テープをはり、輪ゴムとプロペラをつける。
＊装飾や旗づくりのあと、水に浮かべる。

いろいろな舟に発展

留意点 ・輪ゴムは20回以上巻く必要があるので数に親しむ機会になる。
・線を引いたトレーは多めに準備する。

発展 ・いろいろな舟を自由につくる。お客さんも乗せると楽しい。

5歳児が自分で考えてつくった走る舟

水と遊ぶ ——ウォータースライダー・水の階段

4～6歳 6～8月 感覚 発見工夫 かかわり

用意 ・はさみ・ペットボトル（2リットルサイズ25本）・透明幅広テープ・大きなビニール袋・ビニールプール・バケツ・舟づくりの材料（トレー・牛乳Pほか）

環境設定 ・年齢によってはスライダーをつくっておく。四角いボトルを15本並べてテープで束ねる。断面が凹型になるよう両脇の10本は縦向きにする。

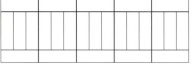

手順 ・ペットボトルを透明幅広テープで束ね、ビニール袋をかぶせ脚立に取りつける。舟を滑らせて遊べると伝え、水はどうしたらよいか問いかける。

TG型 ＊バケツでプールから水をくんで上から水を流し、つくった舟を滑らせて楽しむ。

留意点 ・役割分担や舟の工夫が生まれるような援助を行う。

発展 ・水車つきペットボトルをつくり、外階段に設置して遊ぶこともできる。

CASE 水の階段

水車づくりは、牛乳Pを輪切りにし、真ん中（…）で折り、十型にして竹ぐしを通しホチキスでとめる。両側のストローに通し、外階段に設置する。プールから水を

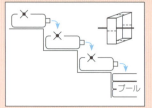

ペットボトルの上面に四角い穴を開ける

汲んで流さないと水車が回らないので夢中になり、バケツリレーをはじめるなど、楽しく遊び続けるために調整をはかる。水にかかわる遊びは心を開放し、知識を構成する遊び（p.147コラム参照）にもなる。忘我体験の意義についても考えてみよう。

150

（4）ごっこ遊びを楽しむ ──何かになってわかることがたくさんある

動物になる ──耳とかぶりもの

3～5歳 / 通年 / 感覚 装飾 かかわり

用意 牛乳P（開いたもの）・はさみ・ホチキス・1穴パンチ・画用紙・紙皿・ペットボトル（2リットルサイズ）・ゴムひもまたはヘアゴム・セロハンテープ・丸シール・油性ペン・＜傘袋＞

環境設定 年齢に応じてつくるタイプを決め、どこまで準備をしておいたらよいかを考える。

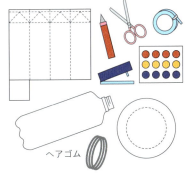

手順
TG型
- 作例をかぶり、変身の楽しさを伝え取り組みを促す。
- 3歳児では、長丸と三角の耳をほかの紙（牛乳P等）で切っておく。

＊なりたい動物の耳を選んで色をぬり、下を少し折ってペットボトルのベルトにテープでつける。または、紙皿に顔をかき、お面にしてつける。シールの使用も有効。

留意点
- ペットボトルの切り口がなめらかになるよう気をつける。ホットプレートに押し当てるとよい。

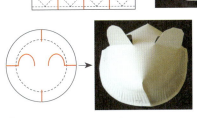

発展
- いつでも変身できるようにかけておくところをつくる。
- 牛乳Pや紙皿で簡単な動物帽子をつくることができる。
- しっぽも考えてみよう。

CASE　ペットボトルカチューシャ

カチューシャを簡単につくる方法を考案！　図のように輪切りにする。角を丸くしておく。透明なので、耳だけや髪の毛だけの変身に便利！　穴あけパンチで穴をあけゴムを通すと丈夫になり、紙皿のお面等もつけられる。500ミリリットルサイズはブレスレットになる。

断面

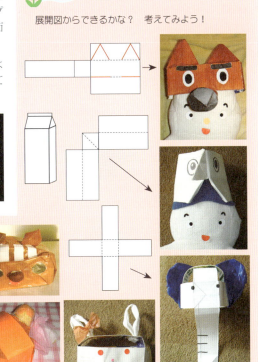

CASE　牛乳パックの「かぶりもの」のいろいろ

展開図からできるかな？　考えてみよう！

6章　保育をひらく造形カタログ　151

お話の役になる ──海賊・お姫様・妖精…

　4〜6歳　通年　感覚　装飾　かかわり

用意	カラービニール・牛乳P（十字型に開く：p.47参照）・はさみ・ホチキス・クラフトテープ・セロハンテープ・お花紙・ゴムひも（輪にする）
環境設定	絵本などのお話のイメージが広がるものも設定しておく。
手順 TG型	・牛乳Pを帽子型にする方法を示し、サイズを合わせクラフトテープで固定する。 ＊役のイメージに合わせてビニールの色を選んで包みホチキスでとめる。装飾する。 ＊ベルトをつくり装飾する。
留意点	・輪ゴムは切れやすいのでゴムひもがよい。
発展	・劇やお店に発展する。 ・鏡の設定は必要か考えてみよう！

かぶりもの / ベルト（底まで切らない。）

ベール / いろいろな帽子になる

海賊の帽子 / 海賊のスタイル

ペットボトルカチューシャの妖精のかぶりもの

上下を切り取ってなかにアルミカップや透明のカップを入れる。探検隊にも使える。

切らずにふたにすると金貨を隠す宝物入れにも！

お仕事する人になる ──お店の人・病院の人・警察…

　4〜6歳　通年　感覚　装飾　かかわり

用意	カラービニール袋(45リットル)・牛乳P（十字型）・はさみ・ホチキス・クラフトテープ・セロハンテープ・ビニールテープ・お花紙等
環境設定	・牛乳Pは年齢に応じて用意する。 ・5歳児は十字型に切ることができる。
手順 TG型	・ビニールで服がつくれることを示し、色を選ばせ切る線をかく。 ＊切ったらなりたいものをイメージして、装飾や小物づくりをする。
留意点	・本物らしさを追求できるよう資料を用意し、調べられるようにする。
発展	・小物づくりを行う際、いろいろな材料や技法が使えるようにする。警察帽子は張り子の技法（3章p.47）を応用している。

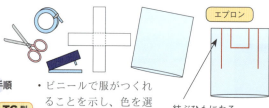

エプロン / 結ぶひもになる / 腕部分は切り取らず折ると肩を補強できる。

帽子 / 新聞紙

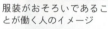
服装がおそろいであることが働く人のイメージ

病院の人

パトロール用小物

152

（5）人形遊びを楽しむ ——人形への自己投入が語りを育てる

指人形 ——柔らか素材でつくる

用意	はさみ・クッション材・セロハンテープ・ビニールテープ・油性ペン・<スポンジ>
環境設定	クッション材は幅5～7cmに切っておく。

 クッション材
スポンジ

クッション材の指人形

手順	・いろいろな指人形で遊べる環境を用意する。
TG型	・指にクッション材を巻きつけてセロハンテープでとめるモデルを示し、指を動かしながらつくり方を語りかける。 ・そのまま顔を描いて服を着せてもよいし、全体にテープを巻いてもよいと伝える。 ＊自分が演じてみたいものを指人形にする。手足もクッション材、テープなどでつくる。
留意点	・指のサイズはゆるめにしておく。
発展	・演じる場を設定する。割り箸を立てると置き場所になる。 ・スポンジに切り込みを入れ、指を刺してつくることもできる。

割り箸を立てた舞台

スポンジの指人形

手で持つ人形 ——お人形ごっこサイズ

用意	はさみ・紙コップ・ＴＰ芯・お花紙・折り紙・油性ペン・<箱・スポンジ・つまようじ>
環境設定	作例や自由に材料用具を使える製作コーナーを設定しておく。

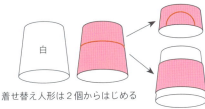

着せ替え人形は2個からはじめる

帽子にもなる

着せ替えや髪型交換を楽しむ！（5歳児作品）

手順	・紙コップの着せ替え人形を演じて見せ、つくり方を示し材料をコーナーに設定する。（3、4歳児では切っておく）
OG型	・発展するよう多様な材料や描画材を設定する。 ＊持って遊べる人形づくりを楽しむ。
留意点	・つくってからお話が発展するようなコーナー設定にし、お話のイメージがわくような言葉かけをする。
発展	・スポンジや乳酸飲料容器、シャボン玉容器も人形になる。 ・平箱の中を部屋にしたり、家をつくったりできるような材料も設定する。3、4歳児では、既成の遊具の家を設定しておいてもよい。

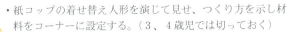

いろいろな材料でつくることができる

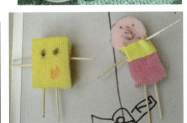
スポンジ人形！
切り込むと口になる

6章 保育をひらく造形カタログ　153

棒で持つ人形 ——ペープサートへの発展

 4〜6歳 通年 感覚 装飾 かかわり

用意 はさみ・紙コップ・ＴＰ芯・割り箸・綿棒・お花紙・折り紙・油性ペン・〈割りピン・新聞紙〉

環境設定 自由に材料用具を使える製作コーナーを設定しておく。年齢や経験に応じた作例を用意しておく。

手順
[TG型] [OG型]
- ＴＰ芯に割り箸をつけた簡単な作例を示して演じて見せ、5〜6歳児の場合は、ほかに箸袋や紙コップからつくる作例を見せて製作コーナーへの参加を促す。
- ＊棒を持ってお話を楽しむ人形をつくる。
- 紙コップは切る線を書いておく。合わせ目の固い部分の反対側から切り込むようにし、合わせ目で底部分とつながるようにする。Ｖ字型は帽子つきになる。体部分を広げてから手足を切る。

留意点
- 言葉遊び、人形の装飾など関心の傾向を見て発展を援助する。

発展
- ペープサートを演じる舞台を用意する。
- 裏側はほかの顔という発展も楽しめる。
- 人形を刺しておける場を用意する。
- 割りピンで手足が動く工夫もできる。
- 新聞紙でつくった棒を両手に持って演じる人形をつくろう。

紙コップをひらき、両脇を切り取って手足にする

動く人形 ——動きから語りが生まれる人形

4〜6歳 通年 装飾 発見工夫 かかわり

用意 はさみ・紙コップ・ＴＰ芯・スチレントレー・割りピン・ビニールテープ・ストロー・お花紙・折り紙・油性ペン・割り箸

環境設定 作例と自由に材料用具を使える製作コーナーを設定しておく（作例は3章 p.55 参照）。

手順
[TG型] [OG型]
- 紙コップの口を合わせ１か所をセロハンテープでとめれば口が開閉することを示し、切り込みでもできること、ほかの材料でもできることを示しコーナーへの参加を促す。
- スチレントレーは、穴あけを用いることなく割りピンを使用できる。手を操るストローなどをつけ、実演してからコーナーに設定する。
- ＊作例や材料をヒントにして人形づくりを楽しむ。

留意点
- 子どもは年齢とともに難易度と技能を考えてから取り組むようになる。簡単に成果が得られる作例と新規でやや難易度があるが達成感が得られる作例の両方を示すようにしたい。

発展
- 口の開閉する人形ができたら、ストローかひもで操れるようにして、いっしょにうたう場面を用意してもよい。

スチレントレーの作例と首がのびる人形

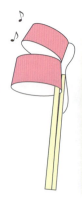

手の動く人形のつくり方は p.168 を参照する

3. 環境を豊かにする

（1）園内環境 ——園は造形表現の発表の舞台でもある！

外　壁 ——園の入り口を飾る　　　　　　　　　　　　　5〜6歳　通年　感覚　装飾　かかわり

用意　クレヨン・画用紙・はさみ・模造紙をつなげたもの・のり・雑巾・筆洗い・アクリル系共同用絵具・筆・空きビン（ジャム等）・ダンボール

環境設定
- 室内に広いスペースを設け、大きなシートを敷き、共同画のための大きな紙を設定しておく。
- 材料・用具のほか、写真資料・絵本等を用意し、必要に応じて出せるようにしておく。

手順　**TG型**
- みんなで描く場所（ここでは門から続く壁）をどんなふうにしたいかを子どもたちと話し合う。共通体験から共同画に取り組み、その後それを壁に描くことを保育者側が提案してもよい（ここでは大きな公園での体験から"自然がいっぱい"）。

- 画用紙に個人のイメージを視覚的に表現し、切り抜いて大きな画面にはることでイメージを共有化する。
- この段階で子どもたちの描きたいイメージを確認し、指導計画を考える。ここではイメージが「木や実」「花やきのこ」「人や動物」「空の鳥や雲や虹」に広がっていたので、「木（N: のびのび）」「人・動物（D: どきどき）」「空と地面（P: ぴかぴか）」の3グループにわかれ、クラスにかかわらず所属を決め、好きな遊びの合間にグループごとに活動して徐々に仕上げる計画を立てた。

　　　① N: 木の幹と枝を描く。
　　　② D: 人や動物を描く。
　　　③ P: 地面に花や草を描く。
　　　④ N: 木の葉を描く。
　　　⑤ D: 人や動物を仕上げる。
　　　⑥ P: 空を仕上げる。

＊ みんなで壁をそうじし、下にダンボールを敷き、グループごとに活動する。

- 木の位置に印をつけるだけで下書きは不要。ビンに絵具を溶き、色を変えるときは戻すように伝える。
- 水性なのでぬれ雑巾を用意し、修正は援助する。

留意点
- 全員にとって楽しい活動になるよう十分配慮する。
- 色づくりがポイント！　茶色や緑が単調にならないよう混色したものを用意する。

発展
- 3〜4歳児クラスの子どもたちをよんで、描いたものを紹介し、環境の変化を共有する。

（実践：千葉文化幼稚園）

6章　保育をひらく造形カタログ　155

教　室 ——メンバー表は仲間をつなぐ

`3～6歳` `通年` `装飾` `発見工夫` `かかわり`

用意　クレヨン・油性ペン（黒）・はさみ・画用紙（適宜）・シール・のり

環境設定　1年中変化のない掲示物でなく誕生月や当番を紹介する参加型の掲示の場を設ける。わかりやすく、年齢に応じたむりのない活動設定を行い、材料と用具を用意する。

手順
- 誕生表や当番表の案を示して話し合うなど、目的をもたせ、「自分」を描く理由を伝える。

TG型
*　さまざまな誕生表を考える。
- 3歳児クラス：個人差が大きいので顔だけを描く活動にする。シール等を使ってもよい。
- 4歳児クラス：楽しく自分らしさが出せる活動にする。例／立体型・ペープサート型・トランプ型（下図の例）…。
- 5歳児クラス：体も表現する機会とする。例／割りピンを使ってもおもしろい。

はり絵の作例（部分）

例）変化のあるトランプ型誕生表

割りピンを使った作例（5歳児クラス）

留意点　子どもの視線の高さに注意を払う。

発展
- 誕生表の意味を今一度考えてみよう。クラスへの所属意識をもつ効果もあるが、毎月園の入り口にその月の誕生児全員の名前を飾り祝う園もある。掲示による効果は装飾と伝達の両面があることを踏まえて、誕生日の掲示の在り方を検討してみよう。他の掲示物についても考えてみよう。

手づくり図書の貸し出しカード入れ。ポケットに一人ひとりの絵を飾ってある

CASE　手づくりのクラス名の表示

クラスが変わらない保育園では進級したときのクラス名を子どもたち自身が考えることもできる。

担任の保育者は心を込めてクラスの表示をつくる。長いクラス名もなんのその！　見るたびに心が温まる。クラスの旗は役目を終えたら万国旗の仲間入りをする。運動会は思い出の旗たちとの年に一度の再会のときにもなる。

（実践：和光保育園）

156

園内で使うもの ——牛乳パックの大変身！

5〜6歳 通年 感覚 発見工夫

- **用意** 牛乳P・新聞紙・はさみ・布テープ
- **環境設定** 牛乳Pを大量に用意しておく。広いスペースを確保する。

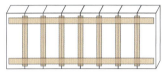

牛乳Pの口をひらき上部だけ切り込みを入れておく

- **手順**
  - ＊ 新聞紙を引っ張り合うなどしてちぎって遊ぶ。
  - **T型** ＊ 最後に1人1個以上の牛乳Pを持って新聞紙を拾い集め、中につめる。
  - ＊ いっぱいになったら口を折り曲げクラフトテープでとめる。
  - ＊ 牛乳Pを持ち寄り、片面だけはり合わせる。長くつなぐと楽しい遊具になる。

舟に変身！

- **留意点** ・はり合わせるときに高さがそろうよう注意させ、協力し合うよう伝える。
- **発展**
  - ・この牛乳Pを使って、イスやままごとハウスなどをつくることができる。
  - ・いかだやビート板もつくれるが、中に詰め物をせず、密閉することが大切。
  - ・ほかにも牛乳Pで以下のような「使うもの」をつくることができる。それぞれについて用意するものや手順を考えてみよう！
    　　はさみ立て　引き出し　じょうろ　ミニバケツ　虫かご　なわとび入れ　花びん
    　　筆洗い　コマ入れ　ままごと道具　写真立て　当番表　サンダル入れ

園内を飾るもの ——花を飾る

5〜6歳 通年 感覚 装飾 発見工夫

- **用意** 紙粘土・空きビン（ジャム、コーヒーなど）・お花紙・洗濯のり・トレー・〈ボタン・ビーズ・接着剤〉
- **環境設定** それぞれにビンと粘土を配る。お花紙は半分に切って、別の机の上に色別に設定しておく。紙とのりは形ができてから取りにいくようにする。

- **手順** ・花を飾るという目的を伝え、花が喜ぶような花びんをつくろうと伝える。
  - **TG型** ＊ 空きビンを紙粘土で包み、好きな形にする。好きな色のお花紙を水で薄めた洗濯のりに浸して包むようにはり、色の重なりや丸めたりひも状にしてつけるのを楽しむ。
- **留意点** ・水を入れて花を飾る場合は、粘土が乾いてからニスをぬると色落ちしにくい。お花紙ではなくアクリル絵具を使うとよい。
- **発展** ・ボタンやビーズを接着剤でつけると表現が広がる。

CASE 植木鉢を飾る

野外に置く場合は、ペットボトルの鉢がよい。水抜き穴をあけ、ビニールテープで飾り、油性ペンで模様をかくとステキ！　ペットボトルに直接描くときはアクリル系の絵具やマーカーを使う。素焼きの鉢をつくって飾るとさらによい。ベランダや花壇のまわりなどに並べる。

(2) 壁面空間 ――子ども参加の空間デザイン

表現の出会い ――偶然の効果を楽しむ　　3〜5歳　4〜5月　感覚・装飾

- 用意　　色画用紙（四または八、多色）・はさみ・のり・のりつけ台紙・ラシャ紙（黒か空色を壁の大きさにつなぐ）
- 環境設定　床にラシャ紙を敷いておく。グループごとにのりと台紙を用意する。色画用紙は色別に設定しておき、好きな色が選べるようにしておく。
- 手順　【TG型】
  - 色画用紙を半分に折り、折り目を下にしてなるべく大きなお山になるように切ると伝え、活動モデルを示す。
  - 広げると丸になるのを示し、「また切ると何ができるかな」と言いながら下側を切り、輪ができることを知らせ、「何みたい？」と問いかけ、動かし方によって輪投げの輪やフープ、しゃぼん玉などのイメージを広げる。残った丸からいろいろな大きさのものがたくさんできることを伝え、できるだけいっぱいお空に飛ばすよう促す。
  - ＊切ったらのりをつけて持ち寄り、重ねてはっていく。
  - 色彩構成的にきれいな画面になるよう言葉かけをする。
- 留意点　　はさみやのりの使い方が習得できていない子どもに寄り添い、コツを伝える機会とする。
- 発展
  - 背景を黒にすると色彩が映え、花火のイメージに発展できる。表現を加えてみよう。空色だとしゃぼん玉のイメージになる。
  - 輪による色彩構成のほか、スタンピングで遊んだ紙などを自由に切り取ってはってもおもしろい。具体的な表現にしないことで年度はじめに楽しく参加し達成感を得る機会とする。

ラシャ紙を緑色にした作例

並べて表現 ――配置を工夫する　　3〜5歳　通年　感覚・装飾

- 用意　　クレヨン・画用紙・はさみ・ラシャ紙（内容に応じた色と大きさ）・必要な材料
- 環境設定　何をつくるかテーマを決め、壁に内容に合ったラシャ紙をはり、材料・用具を設定する。画面にリズム感が出るように同じサイズの材料を豊富に用意する。
- 手順　【TG型】
  - ＊一人ひとりがそれぞれにイメージした内容を描画（または、はり絵または製作）する。できたものから画面上の配置を考え、はる。
  - テーマの例）
    - 家／小さな町：小さな家をつくって配置を考えてはる。
    - 動物／サファリパーク：好きな動物を描き、種類別のゾーンに配置する。
    - 魚／スイミー：お話を聞いたあと魚をたくさんつくり大きな魚になるよう配置する。
      - こいのぼり：小さなこいのぼりを魚型に配置し大きなこいのぼりにする。
    - 食べ物／お店：好きな食べ物を表現し、そこからお店を考え、そのなかにはる。
    - 木／ツリー：リースや小さなツリーをツリー型に並べて掲示する。
    - 花／お花畑：お花をたくさんつくり、種類別や色別に掲示する。

布のはり絵でつくった作例

- 留意点
  - 時期のねらい、経験や興味関心に配慮してテーマを選択する。
  - 製作の場合は、紙コップやＴＰ芯などの基本形を利用する。
  - デザイン上は反復による調和が予想される。完成像を押しつけるのではなく、それぞれのイメージや考えが反映するよう配慮すること。
- 発展
  - 歌や物語、活動の時期の行事や活動と関連づけてみよう。

スイミーのお話から

表現をつなぐ ――線がイメージをつなぐ
道・川・線路などでそれぞれの表現をつなぐ

3～6歳　通年　感覚　装飾

用意	クレヨン・画用紙・はさみ・ラシャ紙（内容に応じた色と大きさ）・必要な材料
環境設定	壁にラシャ紙をはり、線によって仕上がり画面のイメージを示す。線の部分は年齢に応じて色の違う紙をはっておく。子どもたちが描いてもよい。必要な材料を加える。
手順 [TG型]	＊ 一人ひとりがそれぞれのテーマにそった内容で自由度のある描画（またははり絵または製作）を行い、画面上に配置する。 例） 道／みんなでお散歩：歩いている動物・人を描いて切り抜く。 　　ドライブに行こう：好きな自動車や家をはり絵で表現する。 　　〇〇を目指して：旅をする物語の場面を表現する。 川／雨降り熊の子：山に雨が降り小川ができた場面を想像して描く。 　　川物語：川のはじまりや終わりについて考えたことや実際の川で遊んだことを表現する。 線路／くだもの列車：好きな果物など描いて貨車に乗せる。
留意点	・子どもの生活体験や興味関心に注意を払ってテーマを選択し、線部分の設定についても、線路の横線は子どもが加筆するなど年齢に応じた参加を配慮する。 ・3～4歳児クラスは模倣、5～6歳児クラスでは多様性が生じる設定を工夫する。
発展	・ロープウェイ・洗濯物・旗など、壁にロープを張ることも表現の手がかりとなる。 ・楽譜や虹の表現、毛糸・たこ糸・紙テープの利用なども考えてみよう。

しずくづくりからはじめた作例

シンボルの設定 ――イメージ共有の中心を示す
木・池・建物・乗り物などの大きいシンボルを設定する

3～6歳　通年　感覚　装飾　かかわり

用意	クレヨン・画用紙・はさみ・のり・のりつけ台紙・ラシャ紙（内容に応じた色と大きさ）・必要な材料
環境設定	ラシャ紙にシンボルを設定し仕上がり画面のイメージを示し、共有する。年齢に応じて子どもたちが描く。
手順 [TG型]	＊ 一人ひとりがそれぞれのテーマにそった自由度のある描画（またははり絵または製作）を行う。 ・画面上の配置を援助する。必要な材料を加える。 例） 木／夢のかなう木：ほしいものや願いを描き、切り抜いてはる。 　　遊べる木：どんな遊びができるかを考えて表現する。 池／カエルの国：池の中にカエルの国ができているのを空想して描画する。 建物／楽しいマンション：紙1枚を1室に見立て楽しい住人を表現する。 乗り物／みんなの宇宙船：空き容器で乗組員や宇宙人をつくってはる。
留意点	・時期のねらい、生活の流れや経験、興味関心に配慮してテーマを選択する。 ・建物や乗り物では、「レントゲン画」（4章 p.72）の表現技法を共通体験する機会にもなる。
発展	・木のブランコ、建物のエレベーター、流れ星等、動く要素を加えると楽しい。 ・歌や物語と関連づけた画面を考えてみよう。

絵具とローラーとタンポを使って木を描き、経木や押し葉をはって木を仕上げ、遊ぶ子どもを割りピンを使ってつくり、画面上に配置した（5歳児）

6章　保育をひらく造形カタログ　159

空間の設定 ——上下の設定からイメージする

雲や地面、水面を設定し、画面を完成させる

4〜6歳　通年　感覚　装飾　かかわり

用意　クレヨン・画用紙・はさみ・ラシャ紙（内容に応じた色と大きさ）・必要な材料

環境設定　ラシャ紙をはり、空間の上下の設定から仕上がりイメージを示す。年齢に応じて画面づくりから子どもたちが行うよう用意する。イメージが広がる資料を用意しておく。

手順　＊一人ひとりがそれぞれの画面からイメージした内容を描画（または製作）して画面上に配置する。

TG型　・イメージの発展や画面への接着を援助し、必要な材料を加える。

例）
雲／雷さんはいるのかな？：問いかけからイメージする。
地面／アリさん王国：土の中を想像して描画する。
　　　山に登ろう！：どうやって登るかを考え表現する。
水面／海底探検：海の中の様子、海賊の宝などを空想して描く。

留意点
・時期のねらい、生活の流れや経験、興味関心に配慮する。
・子どもによっては、画面に上下の意識がない場合があるので、イメージの共有に留意する。

発展
・多様な素材のコラージュを加えると表現が広がる。
・歌や物語と関連づけた設定を考えてみよう。

海の上と下のイメージ。紙皿を利用

麻布に本物の枝
雪の下をイメージする

COLUMN　壁面デザイナーとしての保育者

"環境は人を教育する" といわれるが、毎日そこから視覚的な刺激を受ける子どもたちにとって、室内の壁面デザインは保育の重要なポイントの一つである。壁面の構成には園によって独自の伝統があり、かならずしも担任保育者の自由に任されているとは限らない。また、その内容も、保育者が月ごとに作成し子どもは鑑賞者である壁面、しかけがあり子どもが遊べる壁面、個人作品が名札つきで掲示されるだけの壁面などさまざまである。そして園舎のデザインの一部と考え、飾りとしての壁面構成を行わない園もある。とはいえ、保育者は室内空間のデザインをある程度まかされている。「デザインは社会的な責任のある行為である」[*)]。そのため、いかに伝わるかという造形心理にも注意を払い、伝えるべき内容や相手について考慮する必要がある。保育雑誌等の既成のデザインには具体的に伝えたい相手が想定されていない。そっくりの模倣では、視覚伝達の対象者である子どもたちへの配慮が欠落してしまう。

"子どもたちのための壁面" を目指すためには、どのように考えて壁面デザインを行ったらよいのであろうか。

まず、ねらいを明確にしよう。ここでは、表現を豊かにするというねらいから、保育者も子どもも表現し伝え合う場として壁面をとらえてみたい。そのため、子どもの参加を前提とした壁面デザインの可能性を考えることになる。

子どもの参加には、おもに、①素材や技法との出会い（もの）、②自己効力感・達成感（自分）、③他者理解（人）の3側面の保育効果が見込まれる。そして、こうした効果は視覚的な「快」によって支えられる。子どもが自由に掲示する時期があってもよいが、公的な空間である限り、長期的には「心地よい画面」である必要がある。こうした印象は、「造形単位である点・線・面などが有機的によい調和をもっている力学的な構造（構図）」[*)]によってもたらされる。「構図の基本は＜①反復：同形・同色といった同じ要素のくり返し、②調和：類似したものが結びつけられている、③破調：異なる性質の要素によって単調な構造を破り緊張感を高める＞であり、具現化するものとしては、シンメトリー（対称）・コントラスト（対比）・プロポーション（比例）・グラデーションなどがあり、構図を調和させる構成原理」[*)]とされている。こうした原理を取り入れ、色彩調和や色彩心理に配慮することがポイントになる（2章 p.25 参照）。一人ひとり異なる子どもの表現を尊重し、こうした美の原理にもとづいた秩序ある画面を構想することが、壁面デザインの基本なのではないだろうか。

*）引用：藤澤英昭『デザイン・映像の造形心理』鳳山社、1992

（3）四季を飾る ——気づいてほしい季節感を参加型で表現！

春を飾る ——光あふれ花咲く季節

3〜6歳 4〜5月 感覚 装飾 かかわり

用意	クレヨン・ペン・はさみ・のり・必要な材料
環境設定	製作コーナーに春らしい素材と作例・資料を設定しておく。
手順 TG型	・生活のなかで気づいてほしい季節感や関心からテーマと画面構成を設定する。 ＊花や虫に親しみ表現する。
留意点	・春らしい色彩を用意する。
発展	・初夏に向けて「こいのぼり」の壁面を考えよう！

鳥
・折り紙、荷札、牛乳P……

花
・お花紙（多色）
・紙コップ、切り紙・折り紙・アルミカップ・手形

箸袋、割り箸、荷札、シール

虫

ミニこいのぼり

・折り紙（切り紙）・絵具（デカルコマニー・シール…

夏を飾る ——命あふれ緑輝く季節

3〜6歳 6〜8月 感覚 装飾 かかわり

用意	クレヨン・ペン・はさみ・のり・必要な材料
環境設定	製作コーナーに虫や魚をつくりやすい材料を設定しておく。作例・資料を設定しておく。
手順 TG型	・夏の楽しみからテーマを設定する。 ＊夏のイメージを表現する。
留意点	・体験を想起できるよう配慮する。
発展	・生き物が動く工夫をしよう！

花火
・切り紙・ビーズ・デカルコマニー・光るテープ

虫

・乳酸飲料容器・洗剤スプーン・木片・折り紙・ビニールタイ……

海

・折り紙・カラービニール・クッション材・トレー・スポンジ

秋を飾る ──色づく実りの季節

3〜6歳　9〜11月　感覚　装飾　かかわり

用意	クレヨン・ペン・はさみ・のり・必要な材料
環境設定	製作コーナーに秋らしい色合いの材料を用意しておく。作例・資料を設定しておく。
手順 TG型	・秋への季節の移り変わりに気づくことを大切にした導入を行い、色彩に関心をもち、気づきを表現できる環境設定を行う。 ＊秋らしさを表現する。
留意点	・自然物は表面に木工用接着剤をぬると長持ちする。
発展	・葉っぱのフロッタージュやスタンプも活用する。 ・小枝と毛糸で人形や飾りをつくって飾ろう。

実・葉
・折り紙・フェルト布・ダンボール
・自然物・絵具（染め紙）……

白い部分は修正液

動物・虫

ダンボールの表面をはがした木

小枝に毛糸を巻いた人形

落ち葉犬

冬を飾る ──寒さにわくわくする季節

3〜6歳　12〜2月　感覚　装飾　かかわり

用意	クレヨン・ペン・はさみ・のり・必要な材料
環境設定	製作コーナーに冬の情景の表現に役立つ材料を用意しておく。作例・資料を設定しておく。
手順 TG型	・服装の変化や氷や霜や息が曇ることなどの自然現象に気づく表現を提案する。 ＊雪や気温の表現を工夫しながらつくる。
留意点	・発泡スチロールを削ると静電気が生じるので注意する。
発展	・雪遊びや雪国の暮らしや冬眠、物語、歌などを画面に表現しよう！

雪だるま
・綿・ビニール袋・毛糸・枝

動物・人

雪・氷

・折り紙（切り紙）・綿・クッション材・絵具（点描）…

162

（4）季節感や思い出を飾る ——壁面でイメージを共有する

梅雨時を飾る ——雨を楽しむ季節
5〜6歳　5〜6月　感覚　装飾　かかわり

用意	クレヨン・ペン・はさみ・のり・必要な材料
環境設定	製作コーナーに作例・資料を設定しておく。雨の表現に適した材料を用意しておく。
手順 TG型	・雨の日が続く時期にこの季節を喜ぶ花や生き物がいることを知らせる。 ＊季節を楽しみながらつくる。
留意点	・外で実体験と結びつけよう。
発展	・歌からイメージを広げよう！ ・飼育や観察を通して自然への関心につなげる。

ステンシルに加筆

雨・てるてる坊主

カエル

ビニールひも・ビニール袋・紙テープ・丸シール・絵具（ステンシル…）

かたつむり

紙皿・ＴＰ芯・ストロー・レースペーパー・丸シール・絵具（スタンピング…）

あじさい

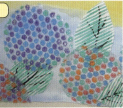

←角が動く（ＴＰ芯にパンチで穴をあけストローを半分に切って通す）

クリスマスを飾る ——光にときめく季節
3〜6歳　11〜12月　感覚　装飾　かかわり

用意	クレヨン・ペン・はさみ・のり・必要な材料
環境設定	製作コーナーに作例・資料を設定しておく。輝きのある素材を豊富に用意しておく。
手順 TG型	・クリスマスに飾る作品づくりを提案する。 ＊美しいものを目指してつくる。
留意点	・自己表現ができる自由度のある製作を提示すること。
発展	・作品をツリー型に飾る。 ・クリスマス会の会場に飾ろう！

ツリー

牛乳Ｐ・モール・シール・色画用紙・ティッシュの箱・リボン…

紙袋→

松ぼっくり・ビーズ・モール・毛糸・枝・リボン・カップ・丸シール…

雪だるま

点滅球で窓が光る家

←ペットボトル・色画用紙（黒）・カラーセロハン・屋根材・綿・ＴＰ芯

テープの芯・ビニールひも・モール・乳酸飲料容器・ビニールテープ

リース

遠足の思い出 ——汽車公園楽しかったね！　　4〜6歳　通年　感覚・装飾・かかわり

用意　クレヨン・画用紙（SB）・はさみ・模造紙をつなげたもの・のり（飲み物・お弁当・手拭き・シート）

環境設定　野外で描きやすいスケッチブックを用意する。自由画帳でよい。遠足の下見でみんなで描く場所を考えておく。大きなシートを用意しておいてもよい。

手順　**TG型**
- ＜例＞汽車公園への遠足で遊んだあと、汽車の絵を描き、園に帰って部屋に飾ることを提案する。
- みんなで汽車に乗ったことでも、こんな汽車があったら楽しいなと思ったことでもよいと伝える。
- ＊クレヨンで画用紙に描き、切り取って線路の上に置き、つなげてみる。

留意点
- 全員にとって楽しい活動になるようリアルさだけを求めず、個人差に配慮して援助する。

発展
- この共同画をもとに壁画を描くこともできる。線路の位置だけ先に決めておく。

それぞれの汽車を持ち寄って並べる　　共同画を発展し、「みんなの楽しい汽車」を描く

COLUMN　いもほりの思い出！？

子どもたちにとって経験を描くということはかならずしも容易ではない。同じ経験をしたあとの描画を見ると、その内容は自分の見たこと、友達といたこと、どうなっていたかの説明など、実にさまざまである。壁面に掲示するのであれば、装飾と情報伝達の機能があることを考慮し、何をねらいとして、どのような表現方法を提示するかを考えなければならない。

たとえば「いもほり」の壁面であれば、①のようにおいもがなかなか抜けなくて綱引きみたいだったと表現することもできる。新聞紙でのおいもづくりと動きのある人の表現を体験でき、上下のある空間再現も体験できるが、空間デザインとしては工夫が乏しい。また、「おおきなおおきなおいも」の絵本を読む体験から、大きさを誇張した心象的な表現もできる（②）。大きなおいもをみんなでぬる楽しさと、誇張や俯瞰的な視点による表現のおもしろさを体験できる。一方、③のように、おいもに顔をつける表現はアニミズムの世界である。それぞれ何歳児のクラスで取り組むのにふさわしいだろうか。

壁面が公的な空間であることを踏まえ「運動会」についても年齢に応じた壁面デザインを考えよう。

地下を想像させる展示

(5) 立体を飾る ――動くもの動かせるものを楽しもう

つるして飾る ――モビールのいろいろ

5～6歳　通年　感覚　装飾　発見工夫

用意	竹ひご・糸・セロハンテープ・画用紙・はさみ・ペン・折り紙・細いワイヤー・穴あけパンチ・ミニクリップ・必要な材料
環境設定	必要な材料等を配置したコーナーを設定する。年齢や経験によっては、つるすしくみを事前に用意しておく。
手順 TG型 OG型	・作例の動きを見せる。 ＊モビールに下げるものをつくる。 ＊つくったものを小さなクリップのついた糸につけ、バランスを考えて棒につける。
留意点	・糸の扱いがむずかしいので年齢に応じて援助する。 ・天井に下げる金具がない場合は、部屋の角にカーテンレールを取りつける、照明器具の金具にフックつきのマグネットをつけるなどの工夫をするとよい。
発展	・のれん状の飾り、窓辺の光をいかした飾り、風で回転する飾りなどを考えつくってみよう。

かたつむりのモビール

つるし方・つるすもののいろいろ：左右対称型／バランス型／アンバランス型／テーマ・季節型／回転型／バネ型／紙バネ／七夕飾り／渦巻き

←バランスをとることを子どもの活動の一部にする場合は、自分で位置を動かせるよう、事前に小さなクリップ（または紙ばさみ）に糸をつけておくとよい。

ペープサートを飾る ――いつでも演じる楽しさを

4～6歳　通年　装飾　かかわり

用意	画用紙（または厚紙八1/2）・割り箸・ＴＰ芯・はさみ・油性ペン・折り紙・のり・クレヨン（絵具）・クラフトテープ
環境設定	必要な材料等を配置する。お話の参考になる資料を用意しておく。
手順 TG型	・ペープサートの作例を見せ、裏表で変化する楽しさを伝える。（6章 p.154 参照） ＊表ができたら2枚重ねで切り抜き、裏も描く。割り箸や広告紙を巻いてつくる棒をはさみ、棒を刺して壁面に設置するものを芯材等でつくる。
留意点	・年齢に応じて「自分がなりたいものをつくる」、「グループでテーマを決めて分担する」など援助を変え、言葉が生まれる状況をつくる。遠くからも目立つデザインになるよう促す。
発展	・誕生会などで演じてみよう。自分がつくったもの以外でも演じてみる。

歌に使うペープサート

6章　保育をひらく造形カタログ　165

4. 行事を豊かにする

（1）誕生会 ──お祝いの気持ちを表現しよう！

カード ──おめでとうの気持ちを込めて　　5〜6歳　通年　感覚　装飾

用意	クレヨン（ペン）・色画用紙（八半分2枚）・はさみ・のり
環境設定	しかけのあるカードには2枚の紙が必要。作例を用意しておく。
手順 TG型	・次が誕生月の子どもにカードづくりへの協力を依頼する。しかけはつくっておく。 ＊贈る相手の喜ぶものを考えてつくる。
留意点	・きれいに仕上げるためにはカッターで折り目にすじをつけておく。
発展	・とびだすカードは3章 p.46 参照。 ・誕生会以外の目的のカードにも活用する。

図のように切り込み、折り目をつけ、開くときに中に押し込む。

口をあけると秘密のメッセージが書いてあるパクパクカード

変身カードは簡単にでき楽しい！

紙皿2枚を割りピンで重ね、前の紙皿を切り抜いた変身カード

花　束 ──お祝いの色を贈ろう　　5〜6歳　通年　感覚　装飾

用意	お花紙（多色・1/2サイズ）・リボン・結束バンド・セロハンテープ・ラッピング用紙・割り箸等
環境設定	お花づくりコーナーを設定する。お花紙は色別に設定しておく。作例を用意しておく。
手順 TG型	・誕生会用のお花づくりへの協力を依頼する。 ＊色の組み合わせを考えたお花紙3〜5枚を重ねて折り、真中を結束バンドでとめ、開く。バンドを棒（ストロー、割り箸）につける。モールを使ってもよい。
留意点	・微妙な色合いのお花紙も用意する。
発展	・ラッピングの仕上げを保育者が工夫する。 ・お花のつくり方は多様なのでほかのつくり方も考える（6章 p.161 も参照）。

結束バンドで、はずれないタイプは指にはめないよう注意する。

はずせるビーズタイは安全！モールでもよい！

交互に折るのは楽しい雰囲気で行おう！

学生作品→

5歳児が自分の手でつくった花束

166

ぬいぐるみ ——やさしい気持ちになれる贈り物

5〜6歳　通年　感覚　装飾

- 用意　　カラービニール袋・不要なビニールやクッション材・リボン・油性ペン・セロハンテープ・輪ゴム
- 環境設定　ぬいぐるみづくりコーナーを設定する。雪だるま型の作例も用意しておく。
- 手順【TG型】
  - ぬいぐるみがつくれることを示す。コーナーでつくっている子どもたちに誕生会のお祝いにつくることを提案する。
  - ＊カラービニール袋にクッション材等を詰めてテープでとめ、真ん中に輪ゴムをはめる。耳や手足、服などをビニールでつくる。
- 留意点　・贈る相手を考えるよう助言する。
- 発展　　・大きな袋に空気を入れてつくることもできる（ただし、長持ちはしない）。

5歳児がつくったドレスを着たぬいぐるみ

誕生ケーキ ——特製手づくりケーキを贈ろう

5〜6歳　通年　感覚　装飾　かかわり

- 用意　　スポンジ・リボン・お花紙・紙テープ・カラーセロハン・油性ペン・セロハンテープ・両面テープ・画用紙（小）・クッション材
- 環境設定　ケーキづくりコーナーを設定する。ケーキの写真などの資料をはっておく。
- 手順【TG型】
  - コーナーにいる子どもたちに、みんなで使う大きな誕生ケーキづくりを提案する。土台はクッション用スポンジを切って重ねる、ダンボールの向きを考えて横長に切り、大きな紙皿や丸型が乗るような輪をつくる、発泡スチロールを使う、バケツを逆さにして紙をはるなどの方法がある。
  - ＊ケーキの土台・ろうそく・イチゴ・チョコプレートなど分担してつくる。
- 留意点　・どうしたらおいしそうになるかを問いかける。
- 発展　　・実際に食べられるスポンジケーキの上にフルーツを装飾し、みんなで食べる。

学生作品

誕生日の人を飾る ——今日は特別な日！

5〜6歳　通年　感覚　装飾　かかわり

- 用意　　カラービニール・リボン・油性ペン・色画用紙・はさみ・セロハンテープ・紙テープ・お花紙
- 環境設定　製作コーナーに、装飾に使うことのできる材料を設定する。
- 手順【TG型】
  - 誕生日の人のためにどのような飾りができるか子どもたちと話し合う。
    冠　　　メダル・レイ
    マント　特別席のイス
  - ＊誕生日の人数を考え、誕生会が楽しくなる飾りをつくる。
- 留意点　・お祝いにふさわしい色や形を考えるよう促す。
- 発展　　・劇遊びに発展できる。

模擬保育後の学生の誕生会

6章　保育をひらく造形カタログ　167

出し物をつくる ── お祝いの気持ちを伝えよう

5〜6歳 | 通年 | 感覚 | 装飾 | かかわり

用意	出し物によって考える。
環境設定	製作コーナーを設定する。いろいろな材料をわかりやすく設定しておく。
手順	＊みんなが楽しく、誕生日の人に喜んでもらえる出し物を考える（以下を参考にする）。

TG型 / OG型
- 手づくり楽器の演奏と歌：楽器をつくりバースデーソングをうたう（6章 p.130 参照）。
- ペープサート：歌やお話に合ったものをつくり、演じながらうたう。
- 色のマジックショー：ペットボトルキャップの裏に絵具をつけて振ると水の色が変わる。混色による変化を見せる。
- パクパク・パタパタ劇場：動く人形をつくって寸劇をする。
- OHP劇場：OHPシートにペンで描いて演じる。
- 影絵ショー：OHPで後方から光をあてる。手だけでなくシーツを使い全身を映す、クイズ形式などがある。

留意点	・誕生会にふさわしいものを選ぶよう援助する。
発展	・誕生会での経験を発表会などに発展させる。 ・大人が出し物に取り組みモデルを示す。

ペープサート：ドレミの歌用

パタパタ・パクパク劇場

パンチ

パクパクは
3章 p.57 参照

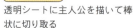
OHP劇場

透明シートに主人公を描いて棒状に切り取る

背景だけそれぞれのシートに描く

168

（2）運動会 ──造形で華やかさと楽しさを演出しよう！

旗 ──いろいろな旗をつくろう　　4～6歳　通年　感覚　装飾

用意	油性ペン（多色）・カラービニール（白・黄色・水色・桃色など）・はさみ・ストロー2本・カラービニールテープ（多色）
環境設定	カラービニールを色別に分類しておく。国旗などの資料を提示しておく。

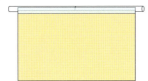

ストロー2本をつなぎ、ビニールの上部にテープでつける。飾る旗の場合は上、持つ旗の場合は横につける。5歳児以外では、ストローをはるまでやっておく。ストローに細い針金を通すと棒にもロープにもつけられる。

手順 TG型	・ビニールのサイズをそろえて切っておく。国旗を見せ、シンボル型、ストライプ型、×型、＋型デザインが多いことに気づかせ、自分の旗をつくるよう促す。 ＊ビニールテープでラインを引く。その間にペンで自由に模様を描き込む。
留意点	・ビニールテープを伸ばしたままはると、あとで縮んでしわになるので注意させる。
発展	・厚手のビニールは野外掲示のポスターにも使用できる。 ・のぼり旗をつくってみよう！

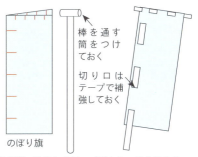

のぼり旗　棒を通す筒をつけておく　切り口はテープで補強しておく

袋を縦に折り上をテープでとめ、切り込みを入れ園芸用のプラ棒を通して固定する。

造形で盛り上げよう！ ──何ができるかな？　　4～6歳　通年　感覚　装飾　かかわり

用意	はさみ・油性ペン（多色）・カラービニール・画用紙・厚紙・ビニールテープ・クラフトテープ・ペットボトル・布テープ・ビニールひも・必要な材料、用具
環境設定	材料を集めコーナーを設定しておく。
手順 TG型	・運動会の内容が決まる過程で造形表現でより豊かになるもの（図参照）を探し計画を立て参加を促す。選択して分担を決める。 ＊話し合いながら製作を進める。
留意点	・野外であるという状況、ものづくりの目的や見る人、受け取る人を考える。 ・目的に向けての造形活動を好む子どもばかりではないので楽しい表現活動が結果的に役立つ経験になるような配慮も必要（右上写真はダンボールに手形で表現）。
発展	・造形活動を含む競技を考えよう。 ・運動会に物語性をもたせ、張り子のモニュメントや仮装パレードを考えよう。

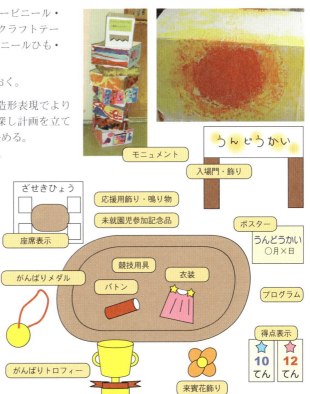

6章　保育をひらく造形カタログ

（3）節　分 ——造形で豆まきをもっと楽しく！

鬼になる！ ——いろいろなお面　　4〜6歳　1〜2月　感覚　装飾　かかわり

用意　はさみ・油性ペン（多色）・毛糸・接着剤（木）・色画用紙・折り紙・牛乳P・セロハンテープ・ビニールテープ（多色）・ＴＰ芯・モール

環境設定　それぞれのつくり方に応じた材料・用具を設定しておく。発展的な材料はコーナーに用意しておく。

手順　・お面をつくる目的を示し、年齢等に応じて提案する。

TG型
＊何色鬼になりたいかを考え材料や絵具を選んでつくる。

留意点　・力強さの表現が経験できるよう細部にとらわれない大胆な表現を促す。
・年度末に近いので、豆まきの用具ではなく、強くなるという表現経験として達成感のある活動になるよう援助したい。

発展　・金棒をつくろう。傘袋に新聞紙を詰めたもの、ペットボトルに筒をつけたものからつくることができる。

お面のいろいろ　　※3章 p.47と6章 p.151を参照のこと。

＜豆まき重視型＞よく見えて息苦しくないお面。
平面切り抜き＋ベルト型鬼の口から前が見える！　口に赤いセロハンをはるとさらに楽しい！

牛乳P横向き型。頭がぴったりサイズで口はなし！

＜材料重視型＞牛乳P活用（2個使用）：開いた3面を使い、折り目で折って目を切り抜き、残った部分でつのや歯をつくる。着色はアクリル系の絵具を使う！

＜技法重視型＞張り子の応用（3章 p.47参照）：紙袋＋新聞紙＋障子紙＋のり絵具

紙袋をかぶり目の位置を示すときに指にスタンプのインクをつける、ペンで書くなどの方法がある。牛乳Pでもできるが、袋には全体にかぶる楽しさがある。

豆入れ ——鬼の豆入れ　　4〜6歳　1〜2月　感覚　発見　工夫

用意　牛乳P・はさみ・ビニールテープ（多色）・クラフトテープ・ひも（りぼん）・油性ペン・穴あけパンチ

環境設定　コーナーを設定し、牛乳Pは多めに集める。

手順　・入れ物の作例（①②等）示し、つくりたい豆入れのために牛乳Pに線を描く。コーナーでグループごとに順に製作してもよい。

TG型
＊目的をもって工夫してつくる。

留意点　・年齢に応じて援助を考える。

発展　・走っても豆が落ちない入れ物をほかにも考えてみよう！（③など）

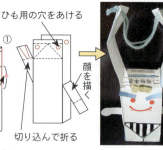

①　ひも用の穴をあける　顔を描く　幅と同じ　切り込んで折る

②　外側に折って絵を描く、内側に折るとふたになる。　持ち手にする

③　B4コピー用紙でつくる。　まっすぐになるように折る　1枚を外側に折りもう1枚を中側に折り込む

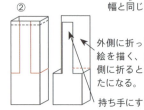

（4）ひな祭り ──人形づくりを体験しよう！

ひな人形のいろいろ ──立体作品を飾る

4～6歳　2～3月　感覚　装飾　発見工夫

用意　はさみ・セロハンテープ・千代紙（または折り紙・染め紙）・油性ペン（多色）・接着剤・必要な材料

環境設定　それぞれに必要な材料をグループの机に設定し、追加材料を製作コーナーに置く。布やひもは取りやすく設定しておく。

手順　TG型
・ひな祭りに手づくりのひな人形を飾ろうと促す。
＊美的な感覚を発揮して仕上げる。

留意点　・人形に対する興味関心には性差が見られる。製作のねらいと意味を明確にして取り組みたい。意欲がもてるよう、新奇な材料・適度な難易度・選択の自由などに配慮し、誰もが達成感をもてるような配慮が必要！

発展　・伝統文化にふれる機会とし、本物のひな人形から色や形の美しさを学ぶ。
・折り紙のおひな様の折り方を調べて挑戦しよう！

おひな様のいろいろ

ビン＋紙粘土＋せんたくのり＋お花紙

＜感触重視型＞やわらかい感じを粘土や布で演出する。

スチロール球＋割り箸＋厚紙＋布

＜技法重視型＞染め紙技法を活用する。

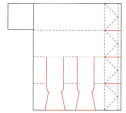

折る

牛乳Ｐの飲み口側3か所に切込みを入れ人形の輪郭を切り込み、残り部分をたたんで顔を描き服に紙をはる。箱部分を元の牛乳Ｐの形に戻して飲み口を折り、箱形にしてテープでとめて千代紙等で包む。人形が三角になるように立てテープでとめる。

染め紙技法を使った例

CASE　ひな壇のいろいろ

ひな壇づくりを箱がいろいろな形に変化するのを体験する機会としよう！

平箱　　　　　　　牛乳Ｐ 1個

牛乳Ｐ 2個

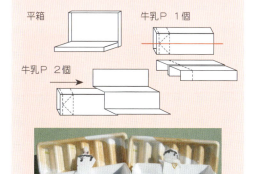

（写真）製作コーナーで材料を見つけ、自由な発想でトレーひな台をつくった事例

＜材料重視型＞いろいろな材料の利用（ほかにもカップ容器など利用可）

紙コップを千代紙でくるみ、底をつぶす→

350mlのペットボトルに新聞紙の団子をつけ障子紙で包む↓

ＴＰ芯をお花紙でくるみ、斜め半分に切る↓

（5）入園・卒園に ──お祝い・記念に造形しよう！

天井を飾る ──はばたく鳥に送られて

5〜6歳　1〜3月　装飾　発見工夫

用意	牛乳P（箱型）・ビニールテープ（黄色）・はさみ・針金
環境設定	牛乳Pの開き方が、リサイクル時と異なるので、線を引いておく。
手順	・作例を見せ、1人1羽つくることを提案する。
TG型	＊線を切り取り、口ばしの部分を折り曲げてテープでとめる、目を描く。
	・はねに穴をあけて針金を通し、天井から下げられるようにする。
留意点	・牛乳Pの重ね切りがむずかしい場合は、1枚ずつ切る、助け合うなどの工夫を促す。
発展	・針金で輪をつくり、鳥の下に釣り糸をつけて、天井の針金上を動くようにする。
	・鳥に乗せる人形などをつくる。

真中から切って開く。中心から折って図のような線をかく

記念品づくり ──プラ板でキーホルダーをつくる

5〜6歳　1〜3月　装飾　発見工夫

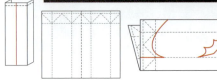

用意	プラスチック板（透明お弁当ケースの平面部分）・油性ペン（細・多色）・穴あけパンチ・はさみ・板・アルミホイル・オーブントースター・細いひも（金具）
環境設定	ハガキ半分サイズくらいのプラスチック板に穴をあけておく。
手順	・作例を見せ「園の思い出」や「園の好きな場所」「将来の夢」など記念になるテーマを提示する。
TG型	＊プラスチック板の角をはさみで切る。油性ペンで描画する。
	＊プラスチック板をオーブントースターであたためて縮める。
	＊縮んだら穴にひもを通して結ぶ。
留意点	・あたためはじめは曲がるので縮んで平らになるのを待つ。材質によって収縮率やきれいにできるかどうかが違うのでかならず試作してみる。
発展	・丸型なども可能。鈴や名札をつけると実用的。

パラシュートつくって楽しかった！

くす玉づくり ──しかけが楽しいお祝いグッズ

5〜6歳　1〜3月　装飾　発見工夫

用意	カップ麺（どんぶり）空き容器2個・輪ゴム・つまようじ・ストロー・モール・ひも・紙テープ・お花紙・クラフトテープ
環境設定	製作コーナーに紙テープなどを設定する。同じ大きさの容器を用意する。
手順	・しかけをつくる。コーナーにいる子どもたちに手助けと紙バネづくりを依頼する。
TG型	＊くす玉の中に入れるものをつくる。全員が小さな紙に絵や字を描き、つないで中に入れてもよい。
留意点	・閉じたときに広がる力がかかる程度に輪ゴムの長さを調節する。
	・下から引いて外れる程度にモールでふたを閉じる。
発展	・紙吹雪にもチャレンジしよう。

172

5. つくる体験を豊かにする

（1）木片遊びから木工へ ——木工はものづくりの基本

木で形をつくろう ——くっつけよう

4〜6歳　通年　感覚　発見工夫

用意	木片・棒・接着剤（木工用とグルーガン）・カラーペン・＜自然物・布＞
環境設定	木片コーナーに形や大きさ別に分類しておく（3章 p.62 参照）。
手順 TG型	・材料を見せ、形から発想し、何ができるか問いかける。木工用接着剤（時間がかかるがしっかりつき透明になる）とグルーガン（すぐつくので細かい作業ができるがとれやすい）の違いと使い方を伝える。 ＊材料から自由にイメージして形にする。
留意点	・グルーガン使用時はやけどに注意。
発展	・布や自然物を提示するとイメージが広がる。

グルーガンは大人の監視下で使う！

釘打ち遊び ——目と手と心をきたえよう

4〜6歳　通年　感覚　発見工夫

用意	かなづち・木片・釘（サイズごとに違う色の容器に入れておく）・＜カラーペン＞
環境設定	安定した机とわかりやすい用具置き場のある木工コーナーを用意しておく。
手順 TG型	・3〜4人ずつ順番に木工コーナーにより、釘の打ち方を教えて「釘打ち認定」を行うなど、技能を要し注意を払うべき活動であることを伝え、順序・ルールを伝える。 ＊釘が下にとび出さないようにまっすぐ打つことができたら、「顔になるように打つ」「同じ高さになるように4本打つ」「2つの木片をつなぐ」などの課題に挑戦する。
留意点	・絆創膏を用意する。釘はサイズごとに入れ物を区別する。 ・用具には番号をつけ、それぞれの収納場所を明確にする。
発展	・4本の釘を足にした木片を動物・家具にする。

初期の釘打ち遊び

4本の釘から動物

CASE　子どもと木工

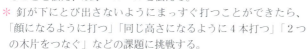

　子どもが木工に取り組む意味について考えてみよう。まず、危ないことを遠ざけようとしがちな生活のなかで、危険が潜む活動自体に意味がある。危険回避能力は、危険性のある体験によって身につくからである。また、だからこそルールを守る大切さが実感され手先のコントロール力が存分に発揮され、集中力が養われる。手を使うことは脳の発達を促すといわれるが、それだけでなく、困難をともなうからこそ克服した満足感が得られる。釘をまっすぐに打てなかった段階からイメージしたものを自分の手でつくれるようになるまでの技能の向上の喜びは大きく、その達成感が次のさまざまな活動への意欲を引き出す。素材の魅力もある。自由製作では家具やピアノを表現しようとする姿が見られるが、本物の木であることが大きな魅力である。またその過程で大きさや長さに関する思考を促す。スウェーデンなど海外の幼児教育においても積極的に木工活動が取り入れられており、学童期に移行していく時期にふさわしい「自信」につながる活動である。

6章　保育をひらく造形カタログ　173

自由につくろう ——イメージを形にしよう

 5〜6歳　通年　装飾　発見工夫

用意	かなづち・木片・釘（サイズごとに分類しておく）・必要な材料
環境設定	木片コーナーを設定し、材料をわかりやすく設定しておく。
手順 **O型 OG型**	・釘打ちの技能を習得したあとは、自由につくることを促す。 ・興味関心から必要な材料を予想して設定しておき、技能的な援助を行う。 ＊目的に応じて材料用具を選択する。
留意点	・同じ形の材料がたくさんあることがイメージや技能の共有化につながる。
発展	・虫をつくるのには、図のような台をつくっておくとよい。両側に足を打つことができる。

虫つくり台

↑「鶴とえさ台」
卒園前につくった作品

使えるものをつくろう ——飾るもの・遊ぶもの

 5〜6歳　通年　装飾　発見工夫

用意	かなづち・木片・釘・塗料（アクリル絵具）・のこぎり・カラーペン（油性・顔料）・接着剤・万力（3章 p.59 参照）
環境設定	木片コーナーに万力をつけておく。材料をわかりやすく設定しておく。
手順 **TG型**	・役に立つもの、遊べるものの作例を示し、長さをそろえるためにのこぎりで切るという技能を示す。少人数ずつ指導する。 ＊目的に応じて材料用具を選択する。 ＊足のあるものをつくるときは長さのそろった材料を集めるか切る。
留意点	・切る技能の獲得のために、厚みのない切りやすい材料を用意する。 ・箱づくりなどで釘を打ちにくいときは、軽くテープでとめておく。
発展	・親子活動として取り組むことができる。 ・顔料ペン、アクリル絵具で着色する。

イス型の台

入れ物

カード立て

走る車

転がしゲーム

←恐竜のおもちゃ
筋肉の表現がリアル！

（2）陶　芸 ──土からはじめるものづくり

テラコッタ粘土でつくろう ──メダルから自由製作へ

3～6歳　通年　感覚　発見工夫

用意　テラコッタ粘土（1人100～250g）・粘土板（またはダンボール）・新聞紙・粘土ヘラ（＋竹ぐし）・手拭き（ぬらしてトレーに）・丸型（テープの芯）・ストロー

環境設定　年齢、内容によって少人数用にコーナーを設定するか、全員用の設定をするかを考えて用意しておく。

手順
TG型
- 作例を見せ、柔らかな粘土が固く変化するおもしろさや飾ったり使ったりできることを伝え、活動の目的と留意点を明確にする。
- メダルの場合は、100g程度の粘土を一人ずつ渡す。
  ＊冷たい感触や柔らかさを楽しんだあと、団子をつくって次に手の平の上でせんべい状にする。新聞紙上で平らにしたら丸型で抜き、ストローでひもを通す穴をあける。
- 型押しする、竹ぐしで絵を描く、型を抜いた残りの粘土を髪の毛や耳などに利用して自分の顔メダルをつくるなど、年齢や経験に応じたテーマを示し、基本的な技法を体験する機会とする。

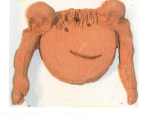

留意点
- 塊でつくると焼成時に割れる可能性があるので成功体験とするためにメダルづくりを行う。メダルが薄すぎると焼成後に割れる可能性があるので、薄くなりすぎないよう「ホットケーキみたいに」などの表現を使う。

発展
- 次にほかの製作活動を行う。5歳児は土鈴づくり（3章 p.40参照）も可能。陶芸用の窯で素焼きにする。発注することも可能。
- 割れた場合はなぜかを考える機会にする。陶器用接着剤で直す。

やきいもやき ──やきいもをやいてから……

5～6歳　11～12月　感覚　発見工夫

用意　新聞紙・アルミホイル・さつまいも・薪・炭・落ち葉・火ばさみ・バケツ＋水・火をつけるもの・軍手（綿100％）・ほうき・テラコッタ粘土を乾燥させた作品

環境設定　火が使える場所（バーベキュー台や炉）を確認しておく。乾いた落ち葉を集めておく。

落ち葉集め箱

手順
TG型
- いもをぬれた新聞紙で包みアルミホイルを巻く。
- 火をおこし、炭に着火し灰ができたらいもを埋め30～40分置く。
  ＊この間乾燥させた作品をまわりに置き、水分を完全にとばす。
- いもが柔らかくなったか取り出して軍手で確認する。いもを出したらくすぶる程度の火の上に網を置き、その上に作品を置いて色がやや変わる程度まであぶる（炎に当たらないよう注意し30分くらい温度を維持する）。作品を炭のそばに置き、上から落ち葉をかぶせて蒸し焼きにする。落ち葉は煙が出るので使えない場合はそのまま焼く（30分～）。作品の色が変わったら黒くなった部分がスス切れするまで高温で焼く。

カブトムシ

留意点
- 野焼きが禁止されている場所で行わないこと。
- 粘土に砂を20％～30％入れると割れにくくなる。作品の乾燥には2週間くらい必要。

発展
- 親子で参加する行事で行うと楽しい。

入れ物とカメ

6章　保育をひらく造形カタログ　175

（3）共同画 ——イメージを重ね環境をつくる

海の世界 ——遊びの装置から共同画へ

5〜6歳　通年　感覚　装飾　かかわり

用意　クレヨン・画用紙・はさみ・模造紙（白・水色をつなげたもの）・のり・ダンボール・ダンボールカッター・クラフトテープ・ビニールひも・カラービニール（青系）・カラーセロハン

環境設定　材料・用具のほか、写真資料・絵本等を用意しておく。

手順
TG型
OG型
- 共通体験（たとえば水族館への遠足）から発展的な遊びを楽しむことのできる材料・用具・装置を用意する。装置は子どもたちと話し合い、共につくり出すことが望ましい（ここでは海ゾーンを設定し、海に関する絵本を置きダンボールで潜水艦をつくった）。
- 活動過程で描画の機会を設ける。
- ＊海のイメージを表現し、切り抜いて大きな画面にはり、イメージの交流と共有を楽しむ。

留意点
- それぞれが楽しい活動になるよう個人差に配慮する。

発展
- 装置については、水槽のあるトンネル迷路や窓を水族館に見立てた表現活動等が考えられる。
- 海の生き物や船になって動く身体表現も楽しもう。

海ゾーン

みんなでつくった潜水艦！上のハッチが開く！　中から窓の外を見ると……

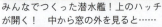
個人のイメージから共同はり絵へ

海を描く ——階段で水面からあがろう

5〜6歳　通年　感覚　装飾　かかわり

用意　アクリル系共同用絵具・筆・空きビン（ジャム等）・筆洗・雑巾

環境設定　階段を汚さないためにシートや新聞紙を用意する。透明の空きビンに豊富な色合いの絵具を用意し、1本ずつ筆を入れ、自由に取りに来られるよう設定しておく。

手順
TG型
- 共同のはり絵を行った経験から、何を描きたいか決め、空・陸・海面・水中・海底のグループ分けをする。
- ＊自分のテーマにあった場所に座り、自由に描く。となり同士で話し合って進める。
- 色を変えるときはビンごとに変えるよう伝える。微妙で豊かな色彩を用意しておく。

留意点
- 毎日見る場所なので色がきれいに仕上がるよう留意し、乾いてから色を重ねるようにする。

発展
- 階段の縦面にも彩色することが可能。

空チーム

海面チーム

海底チーム

水中チーム

176

（4）プロジェクト活動 ——具体的な取り組みの紹介

「骨」プロジェクト*1) ——研究遠足から

5～6歳　11～12月　感覚　発見工夫　かかわり

用意	多様な材料＋調査と材料収集のための十分な時間＋援助する大人（＋専門性）
環境設定	製作と展示のために使用できる場・材料・用具・工具を用意しておき、活動の展開に応じて提供できるようにしておく。
経過	

TG型
OG型

- 昨年の5歳児から引き継いだ「トウキョウサンショウウオ」の卵がかえり、「サンショウウオの骨って見てみたいなぁ」という子どものつぶやきから骨に対する疑問や興味がふくらんだ。
- 保育者が疑問に応えてくれそうな博物館をインターネットで見つけ下調べに行く。
  * 遠足当日は、電車とバスを乗り継いで博物館に着く。
  * 博物館内では、ほねほねしらべグループ・化石グループがそれぞれに学芸員の説明を聞き、「蟹や亀の甲羅は骨ですか？」「骨と化石は同じですか？」などの質問をし、メモを取り、サンショウウオなどの骨を絵や写真に記録して帰った。
- 小さい子どもたちにもどのようなことを見てきたか教えてあげようということになった。
- 骨をつくることになり、材料をどうするかを話し合ったところ、子どもたちから「海に行くと棒も流れているし骨があった」という話が出たので近くの海辺に出かけた。
  * 流木や貝殻など、見立てられる材料をたくさん見つけ、重い物はひもでひっぱって持ち帰った。
- つくる過程でつけたものが取れてしまうなどの困難に対して大人が援助し、標本台をつくった。
- 「骨」「化石」「学芸員さん」「クイズ」「電車」のコーナーに分かれて研究発表会を行った。

人の骨

マッコウクジラの骨

カメの甲羅は骨 / カメの骨

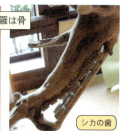
シカの歯

ヘビの骨

サンショウウオの骨

教室には骨関連の本を設定

博物館で「シカの歯はしかくかった」と記録する子、浜辺で「シカの歯に見える」と靴底を拾う子、「歯の形は肉食はとがってて鹿は草食だから平らだけど小さい子にはわからないから草を食べる動物って言うんだ」と話す子が育っている

プロジェクトアプローチには、初期・中期・後期の3つの段階があり、それらには共通する5つの要素があると考えられています。本実践の内容は以下のように整理することができます。

	①プロジェクトをはじめる	②プロジェクトを展開する	③プロジェクトを終える
話し合い	不思議なことを話し合う。	博物館で聞くことを話し合い調べる準備をする。	発表会を振り返る。
フィールドワーク	本で骨について調べる。	専門家にインタビューする。メモを取る	発表を聞いた人から話を聞く。
表現	（骨を想像で描いてみる）	スケッチをする。骨の標本を実際につくる。	園のたよりにまとめる。
調査	疑問を見つける。	最初の疑問を調べさらに疑問を出す。	あらたな疑問について考える。
展示	（個人の表現を発表する）	さまざまな材料でつくった展示物の解説をする。	（発表会の記録を展示する）

プロジェクトアプローチの「各段階と構造的特徴の概観」*2) にあてはめて実践を整理した（取り組みの可能性を示した）。

*1) 実践園（和光保育園）では、プロジェクトという名称を使用していない。
*2) シルビア・チャード『幼児教育と小学校教育の連携と接続―協同的な学びを生かしたプロジェクトアプローチ』光生館、2006

6章　保育をひらく造形カタログ　177

池プロジェクト ——池の修繕を学びと表現の機会に！

5〜6歳　通年　感覚　発見工夫　かかわり

用意　クレヨン・画用紙・はさみ・模造紙・粘土・竹ぐし・小石・大型積木・工具・シート・材木

環境設定　穴掘り作業用具を用意しておく。大きなビニールシート・くい・板材などを購入しておく。

経過
- TG型　OG型
  * 園庭で気づいたことを「発見ニュース」に掲示する。
- 池の水位の低下への気づきを全員に知らせ、池や生き物の様子に関心をもたせ解決方法を考える。
- 修繕の必要性が共有できた段階でどうしたらよいかを話し合い、発言をWeb図（上図）に整理する。
- この活動の意義と発展可能性を保育者同士で考え指導計画を考える（下図）。環境設定を行う。
  * 実際に池の修繕に取りかかり穴を掘り、絵や粘土で表現する。

みんなで防水用シートを敷く

池を大きくするために穴を掘り、土を協力して運び出す

セミの幼虫が出てきて大ニュース！　すぐに図鑑を持ち出し調査がはじまった

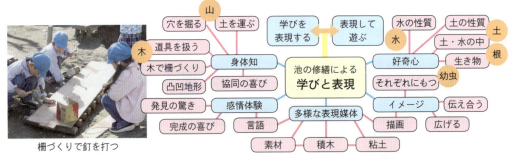
柵づくりで釘を打つ

保育者がかかわって言葉を引き出す。イメージが交流するような場の設定をする→

こんな池にしたいという思いを粘土で表現する

池のイメージを絵に描いてみる

178

経過　＊大型積木で設計図を具体化し共有する。子どもの思いを反映する手がかりとする。
　　　＊掘った穴にシートを敷く。壁の補強用の柵を木工でつくる。固定して土で埋める。

↑大型積木での表現を選択したグループは、滝から水が入り、遊べる池と生き物の池を別々に分けることを表現し、見に来た人に説明した

生きものが住みやすいように分けたほうがよいという思いを、めだか・魚・カメの3つのゾーンに分けることで実現した。

橋のある池にしたいという思いを、幅の狭い土手で実現した。スリルを楽しみ挑戦する気持ちを大切にした。

「入って遊びたい！」という思いを、浅い小石を敷いた上流ゾーンの設定に反映させた。

「滝から水がはいるようにしたい」という思いを、土山をつくり水源をその上部にしたことで実現した。水の流れは多くの興味を引き出した。

水入れの日の様子（実践：浦安市立堀江幼稚園）

CASE　環境を共につくることで育つもの

「みんなと共に」ということに関心がもてない子どもがいる。本実践では、そんな子どもが穴掘り・土運びなどの共通の目的をもった作業と「どんな池にしたいか」という思いを多様な媒体で表現する活動を通して変容していった。仲間との身体接触を拒まなくなり、共に歌を口ずさむ、順番やルールを理解し積極的に守ろうとするなどの姿が見られるようになった。環境に身体全体でかかわり共に場をつくることは、互いの心の壁を取り除き、結びつきを強くし、主体者としての意識を生む。基地づくりなどの「場をつくる遊び」の重要性も再認識したい。

COLUMN　プロジェクト活動

「プロジェクト活動」は、特定のトピックについて掘り下げて研究することを意味し、"子どもたちが生きている世界の理解を進めるよう意図したインフォーマルで自由な形式の活動"で、知識やスキルだけでなく社会的・情緒的・道徳的・審美的・精神的感性を含む心の成長を全面的に促すことを目的とする[*]。このプロジェクト法に注目が集まったのは、イタリア北部のレッジョ・エミリア（Reggio Emilia）という町の幼稚園の教育実践が世界中で評価され、その実践の中核に「プロジェクト活動」が位置づけられていたことによる。レッジョ・エミリアの取り組みはビデオ等で紹介されており、その成果として示される作品群の見事さに目を奪われがちであるが、それを支える理念、教育環境や人材配置（とくにアトリエリスタ：芸術教師とペタゴジスタ：教育学教師の存在）、子どもたちに聞き主導性を与えつつ学びの方向へと導くことのできる教師と親との共同体に着目すべきであろう。日本においては「テーマ保育」「行事保育」などとよばれる活動主義・成果主義的な保育との混同を避けなければならない。また、創造的な知性を育む保育方法としてマニュアル化するのではなく、"遊びによる外界の理解"を基本にしながら、生活のなかにいかにより豊かな環境や知的な刺激を用意し、学びへの自信につながる体験へと高めるかを工夫することが大切である。

　＊）リリアン・カッツ，シルビア・リチャード『子どもの心といきいきとかかわりあう―プロジェクト・アプローチ』光生館、2004

6章　保育をひらく造形カタログ　179

(5) 子ども広場 ──子どもが主人公の行事体験

みんなの宇宙 ──集団空想遊びを楽しむ
5～6歳　11～2月　感覚　発見工夫　かかわり

用意　多様な材料・用具＋十分な時間＋援助する大人

環境設定　製作と遊びのための室内外の場を用意し、材料・用具・工具・写真資料等を出しやすく設定しておく。

手順
- 多人数で共通のイメージで遊ぶ機会が乏しいことから、共に何かになりきる経験やごっこ遊びの楽しさを知る機会となる体験を計画する。

TG型
- 宇宙にかかわるニュースや会話に関連づけ、宇宙の不思議や宇宙のイメージを絵や言葉で表現する機会をもち、子どものイメージを知る。
- 子どもたちのイメージを検討し、活動傾向の異なるグループ（ここでは、① 宇宙ステーションの人、② 宇宙探検隊、③ 宇宙人）を設定する。
- ＊やりたいグループに分かれ、それぞれに必要な場やものや衣装について話し合い、材料や用具を準備する。
- "考え、伝え合い、表現して理解する"プロセスを大切にした援助をする。
- ＊それぞれのグループの世界ができてきたら、交代で他の宇宙の世界に冒険にいく。

隊員用無線機で交信中！

① 宇宙ステーション　中はプラネタリウム　宇宙食レストラン　宇宙病院診察中　宇宙ステーションにもゲームセンターがある　宇宙ステーションにはロボット工場があります！

② 宇宙探検隊の基地　空気のタンク。基地に入るための鍵ももっている。ないとはいれない！　基地の入り口　地球のイメージ

③ 宇宙人の住む宇宙迷路　宇宙人ファッションで宇宙人らしさを追求中！　ステージに設置した宇宙人が住む迷路の入り口

180

留意点
- 園庭遊具やステージというスケール感や一体感を味わえる場をイメージ共有化の装置とした。空想遊びや劇遊びを持続的に行う指導計画には、イメージや好みの個人差を前提とした工夫（ここでは装置と3つのグループ分け）が必要であり、子どもの声を聞くことと選択の自由と自己決定の尊重が大切である。遊びは計画どおりに進展するのではなく拡散的に発展する。子どもに委ねながら保育者自身が創造性を発揮し、遊びの枠組みの改変や生成に応じていく必要がある。大人の価値観の押しつけや指示は遊びを衰退させる。また、全員で行う場合は、一人ひとりにとって楽しい活動かという評価の視点をつねにもって保育にあたらなければならない。
- これをきっかけに大人の設定に依存せず空想遊びが楽しめるような育ちを期待したい。

←5歳男児

宇宙イメージの個人差：宇宙をテーマにした描画を分析すると、宇宙や星をリアルにとらえる子と空想的な子、空気がないことを知っている子といない子が混在することがわかる。

「みらいかがくかん」の展示
実際にこの遊びのあとに、子どもたちが宇宙のことや未来のことを調べて展示した。宇宙食や通信機器や隕石、スペースシャトルの模型などが展示されている。また、卒園前の遠足でプラネタリウムに行った。

5歳男児　　5歳女児　　5歳女児

発展
- 宇宙での物語をつくり、動きや音楽や言葉を考えて演じる。
- 宇宙に関する調査をするプロジェクト活動への発展を援助し、展示発表を行う。

COLUMN 遊びと必要感

　子どもたちは大人のように環境を選ぶことはできない。それぞれに与えられた状況のなかで生きている。遊びのなかでは状況を自由に転じていくことができるので、自分にあらたな状況を与え、何かになりきることで自己を拡大する手がかりを得ているとも考えられる。現実とイメージの世界を自由に行き来する空想遊びの重要性は、多くの研究者が論じている。欲求不満や不安の解消の役割を重視する立場もあるが、ヴィゴツキーは、自己制御や衝動的な行動を抑える能力に関与するとし、協同的社会行動を発達させると主張している[*]。遊びにはルールが必要で、文脈に反しない行為を選択することが遊びを楽しく続ける秘訣だからである。子どもは遊びの状況から「必要感」にかられ、自ら進んで計画し行動する。そこで発揮する力は、明らかに大人が教え指示するレベルをはるかに超えている。

*）L.E. バーク・A. ウィンスラー『ヴィゴツキーの新・幼児教育法』北大路書房、2001

手描き写真がいっぱい

宇宙ステーションで働く等身大ロボット！

写真館の写真はつくった帽子と服そっくりに描いている！

「森のレストラン」だから切り株型のイス！

みんなの町 ——遊びに来てもらおう！

5〜6歳　11〜2月　装飾　発見工夫　かかわり

用意	多様な材料・用具＋十分な時間＋援助する大人
環境設定	製作と遊びのために使用できる場・材料・用具・工具・写真資料等を用意しておく。イメージの共有化のために必要なものづくりのための材料は全員分用意する。
手順	・「みんなの町」をつくって遊び、お客さんに遊びに来てもらうことを提案する。

TG型 / OG型

＊「みんなの町」でやってみたいことを話し合う。
・飲食（レストラン、ケーキ・クレープ・アイス屋等）、販売（アクセサリー・服、ペット、おもちゃ、花、本屋等）、遊び（おばけやしき、ゲームセンター、写真館等）、病院、劇場など、子どもたちの思いにそったグループをつくり、徐々にメンバーを固定化し、保育者が複数担当してクラスをこえて遊びの展開を援助する。多様なお客さんを想定したさまざまな気づきを促す。
＊服や帽子づくりで仲間意識を高め、グループで何が必要かを話し合い材料を集めてつくって遊ぶ。

留意点	・自分がやりたい気持ちと小さい人たちが楽しいようにという気持ちを大切にする。 ・園行事で大人が行う祭りや商店街での買い物体験などがイメージを広げるきっかけとなる。
発展	・保護者を招待する発表の場とする。作品を並べるだけの造形展ではなく、商品や遊び道具や看板、装飾などの作品と遊ぶ姿・つくる姿・かかわる姿を見てもらう「参加型造形展」になる。

（実践：磯辺白百合幼稚園）

6章 保育をひらく造形カタログ　183

7章 創造的な生活を楽しむ

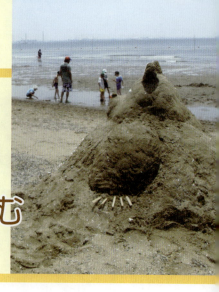

● 小学校との連携

　新しい教育要領、保育指針、教育・保育要領は、保育と小学校の連続性への配慮を強く求め、幼・小・中・高を通して伸びていく資質・能力の三つの柱と「幼児期の終わりまでに育ってほしい姿」を示している。

1）藤澤英昭『造形教育の「わかる」体験が新しい学力を形成する〜新学習指導要領の背景〜』造形ジャーナル53‐2、2008、p.5

● 子育て支援

　園が担う子育て支援は幅広く、未就園を含めた親子が共に育つ場としての役割が求められている。保育者はすべてを担うのではなく、地域の教育力を引き出し外部の人材と連携し、子育てを支える輪を幾重にもつくるコーディネーターとして機能することが大切である。

● 地域との連携

　乳幼児期の教育は、保護者の理解と、園・家庭・地域社会との連携が不可欠である。近年、育児不安や不適切な養育が社会問題化していることからも、地域の関係機関などの社会資源との連携の重要性が高まっている。

　これまでの学びを通して、造形表現の世界がいかに保育を豊かにする可能性に満ちているかを実感できたと思います。最終章では、つくり出し表現する楽しさが、保育の枠を超えて地域に広がっている姿を紹介します。

　まず、幼児期のその後について考えてみましょう。発達の連続性を踏まえて小学校との連携を考えるとき、生活科の幼小交流に造形的な活動を取り入れることは有効でしょう。そして図画工作では、幼児期に育んだ感性や好奇心、美的な感覚や発想力が発揮されます。図画工作や美術は、人の機能を総合的に使って「自ら学ぶことを要求する」「生きる力に資する」[1]教科であり、学校内で多様性を認め合う意義は大きいのですが、授業時間内だけでは十分な創造活動を行えないのが現状です。一方で、学年の上昇にともなって子どもたちの期待や自信が低下する傾向が指摘されており、相対的な評価に傾斜していく児童期にこそ、心動かされる体験や「つくり出せる自分」を確認する体験を重ねることが大切だと考えられます。子ども同士で創造的な遊びをする時間や場が失われつつあるなかで、夢中になる経験や多様な情動と克服の体験、自らの手を使う活動の場を地域で提供する意義は大きくなっているといえるでしょう。また保育者は、子育て支援や特別支援などさまざまな役割を担いますが、課題解決には地域社会の資源の活用が欠かせません。日ごろから地域に目を向け、子どもと親と地域との連携を考え、必要に応じてつなぐ役割を果たし、地域と共に育つ意識をもつことが大切です。

　子どもにかかわる大人は、将来生きていく場所は生きるに値する社会であり、守るに値する世界であること、そして存在するに値する自分であることを伝える立場にあります。たとえそう思えない状況に立たされたときにも「つくり変えられる」と信じる力と生きていく楽しみを見いだす力を培うのは、子ども時代の豊かな遊びと創造の体験なのではないでしょうか。

1. 野外でつくる・楽しむ

園庭は、多くの役割を果たしています。園児たちだけでなく、地域の親子に開放し、子育て支援の場として役立てる動きが広がっています。そこでは安全な利用が第一になりますが、子どもたちは小さな危険に遭遇しながら大きな危険を回避する術を体得していきます。園庭は、自然にふれあうもっとも身近な場所であり、動植物の変化や不思議を感じ取り、木登りや虫とりなどの課題を見つけて挑戦し、遊びの材料を入手してあらたな遊びやものをつくり出す「育ちと創造の場」です。

安全性が課題となっているのは公園も同じです。危険回避のために禁止事項ばかりになってしまった公園は、子どもにとって本当におもしろい遊び場とはいえません。屋外での遊びのなかで挑戦しながら育つことを大切にし、禁止事項を設けない遊び場づくりの地域活動が各地で行われています。

野外環境の意味と多様な可能性について考えてみましょう。

水辺で遊ぶ子どもたち

実践事例　山をつくる

園庭に山があることは、子どもにさまざまな動きや視野やかかわりを与えることになります。斜面を登り降りする足の動きは、平坦で整備されている環境のなかだけで生活していては獲得できないもので、その体験が転びにくい足腰を育てます。また、山に登るという課題を達成する満足感をもたらし、山頂からひらける視界は、さまざまなイメージを与え、遊びを豊かにします。山に大きなシートをかけると、登る難易度が増し、挑戦の場となり、汚れを気にせず全身でかかわれることから子ども同士の身体的なかかわりも豊かになります。

適度な高さの山は挑戦の場となる

実践事例　ビオトープをつくる

水辺はさまざまな多くの生き物の生息場所です。水面があるだけで、鳥が訪れ、トンボが来て卵を産み、ヤゴが育ち、その羽化を見ることができます。子どもたちは水の中をのぞき込み、想像をめぐらし、ときには五感で水の心地よさを味わいます。カエルが卵を産みに来ると、浅瀬がおたまじゃくしで真っ黒になり、次第にカエルへと姿を変えていく不思議は、命あるものへの関心と愛しみを育てます。花壇の縁取りのなかの土を掘って防水シートを敷き、土の一部を戻せば、簡単に池や湿地や水田をつくることができます。生き物が住みやすい環境づくりにはさまざまな手法がありますので、多くの実践事例に学び、環境に合った取り組みをしてみましょう。

学校と地域が協働してつくった
習志野市立秋津小学校・幼稚園の水田と流れ

● ビオトープ

ドイツ語で生物を意味する「ビオ」と場所を示す「トープ」の合成語で「動植物の生息空間」を意味する。元来そこにあった自然環境を復元することをさすが、「生物の生息場所づくり」という意味で使われることが多い。

! 詳しい情報や実践例は、学校ビオトープ・コンクールを実施している「(財)日本生態系協会」のホームページ参照のこと。

7章　創造的な生活を楽しむ　185

> **実践事例**　遊具や砂場をつくる

　地域は人材の宝庫です。保護者のなかにも、さまざまな専門性をもつ人がいて、子どもたちのためにという思いから力を発揮してくれることがあります。建築や造園の専門家の協力が得られるときは、子どもが思い描いた砂場や遊具を協働でつくることもできます。園庭の開放は、さまざまな場面で地域の協力を得るきっかけにもなります。花壇や畑などの環境づくりのほか、昔の遊びを教えてもらうなど、地域の人の生きがいづくりにもつながります。顔をよく知っている地域の人が出入りし、子どもたちの顔を覚えることは安全面でもプラスになります。この地域では、学校と地域の融合がさらに進展し、注目されています。

習志野市立秋津幼稚園の園庭

子どもたちの願いと保護者・地域・保育者の協働から生まれた遊具。地域の専門家による継続的なメンテナンスが行われている。

> **実践事例**　冒険遊び場（プレーパーク）活動

　冒険遊び場活動には、常設で行政からの支援があり「プレーリーダー」がいる場合と、地域の有志がイベント的に開催する場合があります。そこには、ダイナミックでスリルのある遊びや心を開放する遊び、火や水を使う活動、木工が自由にできる環境などがあり、子どもたちは夢中になって遊びます。遊びに禁止事項を設けず「自分の責任で自由に遊ぶ」ことがモットーとなっています。

ブルーシートでスライダーやプールができる！

● 冒険遊び場

　ヨーロッパが発祥の地。1979年に東京都世田谷区で生まれた「羽根木プレーパーク」が日本で最初の冒険遊び場。常設は少数であるが、市民の手によって全国に活動の輪が拡がりつつある。「日本冒険遊び場づくり協会」のホームページには実践や書籍が紹介されている。

2. 遊びをつくる・アートを楽しむ

　遊びや直接体験の大切さを感じているのは子育て中の大人だけではありません。さまざまな公共施設が、遊びやアート活動の支援や活動の場の提供を通して健やかな「子育ちと子育て」を応援しています。美術館や博物館も子どものためのプログラムやワークショップを用意し、チルドレンズミュージアムの存在も注目されはじめています。子どもを対象とした公共施設は、遊びの基地であるだけでなく情報発信基地としての役割も果たしています。

● **チルドレンズミュージアム**
　子どものためのミュージアムで自然科学・芸術などさまざまなジャンルの展示や活動プログラムがあり、触って遊べる体験型の展示スタイル（ハンズオン）になっている。子どもは五感を使った遊びのなかで知識を得て物事を理解すると考える。

実践事例 親子のアート活動による子育て支援

　親子のアート活動は、イベント的に行われる参加型のものがほとんどですが、公民館を中心に長期間にわたって継続している実践例もあります。親子で表現することは、子どもにとってはありのままの自分を受容される機会となり、親にとっては子どもの思いに耳を傾け、発想の豊かさを知り、見守りつつ必要に応じて援助するかかわり方を学ぶ機会となります。また、アートの自由感を家族間で共有することは、「それぞれが違うから楽しい」ことを再認識する機会となり、子育て中の家族の心のサポートに役立ちます。プログラムは、絵画・立体製作のほか、ダイナミックな遊びや野外でのアート活動、ダンボール製作など、幅広い内容が可能です。

文化祭で活動やダンボール遊具を地域に開放する

じっくり向き合い思いを聞く

サンドアート

素焼きを楽しむ

　さまざまな親子での活動プログラムがあるが、アート活動を取り入れることは、親子共にリラックスし、子育て不安の軽減に役立つと考えられている（筆者のこの実践は27年以上の継続が評価され「第3回こども環境学会活動賞」を受賞した）。

親子の造形サークル「アトリエたんぽぽ」プログラム例

タイトル	ねらい	子どもの活動例	大人の活動例	かかわり
雪の世界：写真参照	ファンタジー表現	・ビニールに風を入れて雪だるまをつくる。 ・雪だるまの国をイメージして絵具で描く。	・雪だるまをいっしょにつくる。 ・雪の結晶の切り紙をつくる。 ・指編みで額縁づくり。	・分担 ・見守り
フシギペンギンと卵	ファンタジーと技法	・卵の殻に石膏を流し込みできた卵をデザインする。 ・張り子でフシギペンギンをつくる。	・石膏を流し込むのを手伝う。張り子技法の作業を援助する。	・技能援助 ・助言
変身するぞ！：写真参照	ファンタジーと技法	・何に変身したいか大人に伝える。 ・アイデアを出してできる部分をつくる。 ・変身する！	・子どもの願いに耳を傾け、いっしょに考える。 ・子どもの体のサイズに合わせる。	・共感 ・技能援助

```
入口 → かかわりを豊かにするプログラム → 出口
        ⇔もの ⇔ひと
        ⇔自然・社会

誘導：      支援：・モデル       受容：
・衝動      ・情報提供           ・交流
・目的      ・技術援助           ・共生
            ・個性共感
            ・親子関係調整
```

7章　創造的な生活を楽しむ　187

実践事例　横浜美術館　子どものアトリエ

　横浜美術館「子どものアトリエ」は子どもたちが美術に接し体験的に学べる施設として設置されたものです。学校教育との連携としては、幼稚園・保育所、小学校などが申込制で利用する「活動プログラム」と「鑑賞プログラム」があり、利用者との話し合いで内容が決められています。また、「個人の造形プログラム」「親子のフリーゾーン」「教師のためのワークショップ」「子どものための展覧会」などがあり、子どもたちにとって美術館が楽しくかつ親しみのある場になるような多彩で充実した取り組みが展開されています。（2章 p.29 参照）

横浜美術館の建物の一部が「子どものアトリエ」になっている。

絵具活動が楽しめるゾーン

> 各地の美術館の「子どものためのアートプログラム」を調べてみよう！　企画展や常設展では、子ども向けワークシートが用意されている場合もある。

実践事例　愛知県児童総合センター（ACC）

　愛知県児童総合センターは、愛・地球博記念公園内にある大型児童館。「遊び」をテーマに、「子育ち・子育て」について幅広い検討と実践を重ね、情報発信している「あそびの基地」です。ここでは、"子どもたちが健全に発達するためには、遊びが重要な役割を担うことを踏まえて、結果を問わない遊びのなかで、自由に自分を表現し、認められ、受け入れられる体験をすることや、遊びという緩やかなルールのなかで他者と自分自身をたしかめることは、自分の感性に自信を深め、自分自身のたしかな存在感をもつ基盤となる"（ACCホームページより、一部引用）と考えています。こうした理念にもとづく実践はセンター独自のもので参加者が自ら主体的にかかわって成立する遊びばかりです。ここでの遊びは、創造的で交流性の高い遊びです。

　型にはまらない斬新さや新しい価値観に出会う楽しさを大人と子どもが共有します。それは子育て世代の親が子育ての喜びを実感できる遊びや支援の提供にもつながっています。子どもたちや親子のかかわりの様子を観察して、子どもを楽しませるためだけの施設との違いを考察してみましょう。ホームページを見て、ほかの活動についても調べてみましょう。

広々とした館内は誰もがわくわくする「あそびの基地」になっている

> 2008年の夏の特別企画は「なんだかうれしい！」子どもも大人も忙しくてたいへんな毎日だからこそ、ちょっとしたうれしいことを集めよう、うれしい気持ちを大事に暮らそうというメッセージが込められた企画。説明を聞く子どもたちもうれしそう。

「なんだかうれしい」ことを見つけたらスタッフに伝え、穴をあけてもらう。伝えることがなんだかうれしい。→

←書いた用紙を入れるポスト？　飾られた紙は祝祭の万国旗のよう！　アーティストとのコラボレーションもなんだかうれしい！

ボードにはたくさんの"なんだかうれしい"が並ぶ。「すなばであそんだ」「うさぎがおおきくなった」…

←「こうしん局：宮田篤」の部分

「なんだかうれしい」部屋の看板→

「なんだかうれしい」部屋もある

● 児童館
　児童福祉法にもとづく児童厚生施設の一種。児童に健全な遊びを与えて健康を増進し情操を豊かにすることを目的とし、規模や機能によって種類が分かれており、一様ではない。設置状況も自治体によって異なる。

3. 地域をつくる・楽しむ

　少子化・核家族化による家庭の教育力の低下によって、園や地域の教育力に対する期待が高まっています。ここでは、コミュニティづくりを子どもたちの手に委ねる試みと園そのものがコミュニティの拠点となっている保育所の2つの事例を紹介します。どちらも主役は子どもたちですが、そのために汗を流す大人の姿が地域で創造的に生きるモデルにもなっています。やがて地域のつくり手・担い手となる子どもたちに伝えるべきものを見据えた取り組みといえるでしょう。

実践事例　まちをつくる ――ミニさくら

　子どもたちが一定期間まちをつくり運営するという「子どものまち」の活動が、静かな広がりを見せています。ドイツのミニ・ミュンヘンに触発された市民たちによってはじまった先駆的な取り組みが佐倉市の商店街で毎年開催される「ミニさくら」です。

　ここでは、18歳までの子どもだけが「市民証」を手にすることができます。職業安定所で自分のしたい仕事を探し、仕事を終えると「市民証」に仕事時間を書き込んでもらい、銀行でまちの通貨と交換します。税金もあり、職業やまちに関する体験学習の機会にもなりますが、大人が口を出さずに見守ることで、子どもたちが「まちのつくり手」として豊かな発想と主体性を発揮するのが特長です。コミュニティをつくる創造性と自分をいかす力を培う場となっています。

（写真提供・協力：NPO子どものまち）

● ミニ・ミュンヘン
　ドイツのミュンヘンで2年に1度、夏休みの約3週間開催される"子どもたちによる子どもたちのためのまち"である。本当の街にある市役所・銀行・郵便局・新聞社・職業安定所などさまざまな施設・機関が再現され、すべてが子どもたちによって運営される。市民教育・芸術教育・環境教育の場ともなっている。

　子どものための娯楽施設での遊びとの違いを考察してみよう。また発達の観点から、幼児期のお店屋さんごっことの違いや共通点についても考えてみよう。

7章　創造的な生活を楽しむ　189

> 実践事例　村をつくる ――わこう村

　保育所が地域コミュニティの要になり、大人と子どもが出会い、ふれあい、育ち合う村づくりが行われている事例があります。「和光保育園」の保育は子どもをとことん信じる保育。子どもたちは、共に生活する者として自然な時間の流れのなかで過ごしています。そこには、骨調べの取り組み（p.177参照）のような豊かな保育があり、アレルギー用プリンの事例（p.124参照）のような心豊かな子どもが育っています。その背景には"頼られながらも親と共に地域と共に育つ保育を求める""保育園から「子ミュニティー」の生活モデルを発信する"という理念があります。子育て支援センターや文庫活動もあり、年1回開催される「わこう村大バザール」では子育てでつながった保護者たちのパワーが発揮されます。「無りせずたのしくがんばらず」がモットーの「おやじの会」は、「保育園を乗っ取る日」などの行事を支えるだけでなく、ログハウスや立派な外トイレもつくってしまいました。園に集う大人たちの姿は、創造的な生活を楽しむ姿そのものですが、それは次世代へ向けてのメッセージでもあります。地域と次代を育む拠点である「わこう村」は、保育の可能性と創造性に多くの示唆を与えてくれます。

完成した外トイレ

たくさんの地域の人が集まる「大バザール」

売り上げはむらの企画や地域に還元する環境づくりにいかされる

● わこう村
『3・4・5歳児の保育』6－7（小学館、2007、p.83～88）では鈴木真廣園長の写真で園の様子が詳しく紹介されている。

　本章の事例から、自らの手でものに能動的に働きかける造形的な行為とその共有は、幼児期の子どもだけでなく、さまざまな世代の人の力になることがわかりました。

　本書では、近年身近になっているコンピュータでの表現には触れませんでした。バーチャルな世界は一つの道具ではありますが、人生のはじまりの時期がほかの命と共に生きている実感と世界との一体感に満ちたものであってほしいと願うとき、保育の場に必要なのは身体的で直接的な表現の世界です。表現がひらくものは保育だけではありません。本書が表現について考え、その喜びを共有する手がかりとなることを願っています。

おわりに

　保育者養成校の授業と保育現場の研修での活用を考えるうちに、ずいぶんと広がりのある本になってしまいました。子どもの造形表現を支えるための学びを1冊にするのであれば、造形的な専門知識や指導技術だけではなく、広い視野から保育をデザインする力と感性をみがくことを含めた本にしたいと考えたことが要因です。執筆に取り組みはじめてすぐに、その構想が筆者の力量をはるかに越えたものであることに気づきました。そのため、多くの方々のお力をお借りすることになりました。結果的には、そのことが筆者自身の学びを深め、執筆を継続する力にもなりました。読者のみなさんにとっても、本書があらたな学びへと歩み出すきっかけとなることを願っています。

　この本ができあがるまでに、多くの方々のご協力をいただきました。これまで保育の場と保育者養成校の両方の現場で出会った教職員のみなさんと子どもたち、学生たちに心から感謝を申し上げます。とくに、磯辺白百合幼稚園の「つくりんぼ」の実践研究がなければこの本を書くことはできませんでした。お力添えいただいたみなさんにお礼申し上げます。また、習志野市と浦安市の公立幼稚園・保育所、千葉文化幼稚園では、多くの研修や実践の機会を与えていただきました。そして、東横学園女子短期大学での3年間、淑徳大学、千葉大学、清和大学短期大学部での出会いと授業実践、地域での「アトリエたんぽぽ」の活動は、本書の基盤となりました。また、実践を紹介させてほしいという私の願いを快諾してくださった和光保育園の鈴木真廣先生はじめ、2章で魅力的な授業を紹介させていただいた磯部錦司先生、鮫島良一先生、柴橋祐子先生、高橋うらら先生、中澤潤先生、牧野由里先生、7章で紹介した地域活動やアート活動を実践している方々、横浜美術館子どものアトリエ、愛知県児童総合センター、ルンビニー学園はじめ訪問させていただいた施設や園のみなさまに、深く感謝いたします。ほかにも、お一人お一人お名前をあげることができない多くの方のお世話になりました。そして、創造のエネルギーで造形の必要性を語り、いろいろな場面で表現の意味と奥深さに気づかせてくれた子どもたち、ほんとうにありがとう。

　本書の執筆には、長い月日がかかりました。本書企画とフルカラー化にご理解いただきました萌文書林の服部雅生社長、執筆を励まし膨大な図版や写真を見事に整理してくださった服部直人氏、田中直子氏に心からお礼を申し上げます。また、大学院以来ご指導いただき、本書の執筆にご支援ご助言くださった千葉大学の中澤潤教授にあらためて感謝申し上げます。そして、つねに支えていてくれた私の両親、夫、息子に心から感謝します。

　2008年10月

　　　　　　　　　　　　　　　　　　　　　　　　槇　英子

巻末資料 幼保連携型認定こども園教育・保育要領（抄）、幼稚園教育要領（抄）、保育所保育指針（抄）

幼保連携型認定こども園
教育・保育要領（抄）

内　閣　府　　　　　平成 29 年 3 月 31 日改訂
文部科学省　　　　　平成 30 年 4 月 1 日施行
厚生労働省

目次
第1章　総則
　第1　幼保連携型認定こども園における教育及び保育の基
　　本及び目標等
　第2　教育及び保育の内容並びに子育ての支援等に関する
　　全体的な計画等
　第3　幼保連携型認定こども園として特に配慮すべき事項
第2章　ねらい及び内容並びに配慮事項
　第1　乳児期の園児の保育に関するねらい及び内容
　　健やかに伸び伸びと育つ
　　身近な人と気持ちが通じ合う
　　身近なものと関わり感性が育つ
　第2　満1歳以上満3歳未満の園児の保育に関するねらい
　　及び内容
　　健康
　　人間関係
　　環境
　　言葉
　　表現
　第3　満3歳以上の園児の教育及び保育に関するねらい及
　　び内容
　　健康
　　人間関係
　　環境
　　言葉
　　表現
　第4　教育及び保育の実施に関する配慮事項
第3章　健康及び安全
　第1　健康支援
　第2　食育の推進
　第3　環境及び衛生管理並びに安全管理
　第4　災害への備え
第4章　子育ての支援
　第1　子育ての支援全般に関わる事項
　第2　幼保連携型認定こども園の園児の保護者に対する子
　　育ての支援
　第3　地域における子育て家庭の保護者等に対する支援

第1章　総則

第1　幼保連携型認定こども園における教育及び保育の基本及び目標等

1　幼保連携型認定こども園における教育及び保育の基本

　乳幼児期の教育及び保育は、子どもの健全な心身の発達を図りつつ生涯にわたる人格形成の基礎を培う重要なものであり、幼保連携型認定こども園における教育及び保育は、就学前の子どもに関する教育、保育等の総合的な提供の推進に関する法律（平成18年法律第77号。以下「認定こども園法」という。）第2条第7項に規定する目的及び第9条に掲げる目標を達成するため、乳幼児期全体を通して、その特性及び保護者や地域の実態を踏まえ、環境を通して行うものであることを基本とし、家庭や地域での生活を含めた園児の生活全体が豊かなものとなるように努めなければならない。
　このため保育教諭等は、園児との信頼関係を十分に築き、園児が自ら安心して身近な環境に主体的に関わり、環境との関わり方や意味に気付き、これらを取り込もうとして、試行錯誤したり、考えたりするようになる幼児期の教育における見方・考え方を生かし、その活動が豊かに展開されるよう環境を整え、園児と共によりよい教育及び保育の環境を創造するように努めるものとする。これらを踏まえ、次に示す事項を重視して教育及び保育を行わなければならない。
(1)　乳幼児期は周囲への依存を基盤にしつつ自立に向かうものであることを考慮して、周囲との信頼関係に支えられた生活の中で、園児一人一人が安心感と信頼感をもっていろいろな活動に取り組む体験を十分に積み重ねられるようにすること。
(2)　乳幼児期においては生命の保持が図られ安定した情緒の下で自己を十分に発揮することにより発達に必要な体験を得ていくものであることを考慮して、園児の主体的な活動を促し、乳幼児期にふさわしい生活が展開されるようにすること。
(3)　乳幼児期における自発的な活動としての遊びは、心身の調和のとれた発達の基礎を培う重要な学習であることを考慮して、遊びを通しての指導を中心として第2章に示すねらいが総合的に達成されるようにすること。
(4)　乳幼児期における発達は、心身の諸側面が相互に関連し合い、多様な経過をたどって成し遂げられていくものであること、また、園児の生活経験がそれぞれ異なることなどを考慮して、園児一人一人の特性や発達の過程に応じ、発達の課題に即した指導を行うようにすること。
　その際、保育教諭等は、園児の主体的な活動が確保されるよう、園児一人一人の行動の理解と予想に基づき、計画的に環境を構成しなければならない。この場合において、保育教諭等は、園児と人やものとの関わりが重要であることを踏まえ、教材を工夫し、物的・空間的環境を構成しなければならない。また、園児一人一人の活動の場面に応じて、様々な役割を果たし、その活動を豊かにしなければならない。
　なお、幼保連携型認定こども園における教育及び保育は、園児が入園してから修了するまでの在園期間全体を通して行われるものであり、この章の第3に示す幼保連携型認定こども園として特に配慮すべき事項を十分に踏まえて行うものとする。

2　幼保連携型認定こども園における教育及び保育の目標

　幼保連携型認定こども園は、家庭との連携を図りながら、

この章の第1の1に示す幼保連携型認定こども園における教育及び保育の基本に基づいて一体的に展開される幼保連携型認定こども園における生活を通して、生きる力の基礎を育成するよう認定こども園法第9条に規定する幼保連携型認定こども園の教育及び保育の目標の達成に努めなければならない。幼保連携型認定こども園は、このことにより、義務教育及びその後の教育の基礎を培うとともに、子どもの最善の利益を考慮しつつ、その生活を保障し、保護者と共に園児を心身ともに健やかに育成するものとする。

なお、認定こども園法第9条に規定する幼保連携型認定こども園の教育及び保育の目標については、発達や学びの連続性及び生活の連続性の観点から、小学校就学の始期に達するまでの時期を通じ、その達成に向けて努力すべき目当てとなるものであることから、満3歳未満の園児の保育にも当てはまることに留意するものとする。

3 幼保連携型認定こども園の教育及び保育において育みたい資質・能力及び「幼児期の終わりまでに育ってほしい姿」
(1) 幼保連携型認定こども園においては、生きる力の基礎を育むため、この章の1に示す幼保連携型認定こども園の教育及び保育の基本を踏まえ、次に掲げる資質・能力を一体的に育むよう努めるものとする。
　ア　豊かな体験を通じて、感じたり、気付いたり、分かったり、できるようになったりする「知識及び技能の基礎」
　イ　気付いたことや、できるようになったことなどを使い、考えたり、試したり、工夫したり、表現したりする「思考力、判断力、表現力等の基礎」
　ウ　心情、意欲、態度が育つ中で、よりよい生活を営もうとする「学びに向かう力、人間性等」
(2) (1)に示す資質・能力は、第2章に示すねらい及び内容に基づく活動全体によって育むものである。
(3) 次に示す「幼児期の終わりまでに育ってほしい姿」は、第2章に示すねらい及び内容に基づく活動全体を通して資質・能力が育まれている園児の幼保連携型認定こども園修了時の具体的な姿であり、保育教諭等が指導を行う際に考慮するものである。
　ア　健康な心と体
　　幼保連携型認定こども園における生活の中で、充実感をもって自分のやりたいことに向かって心と体を十分に働かせ、見通しをもって行動し、自ら健康で安全な生活をつくり出すようになる。
　イ　自立心
　身近な環境に主体的に関わり様々な活動を楽しむ中で、しなければならないことを自覚し、自分の力で行うために考えたり、工夫したりしながら、諦めずにやり遂げることで達成感を味わい、自信をもって行動するようになる。
　ウ　協同性
　　友達と関わる中で、互いの思いや考えなどを共有し、共通の目的の実現に向けて、考えたり、工夫したり、協力したりし、充実感をもってやり遂げるようになる。
　エ　道徳性・規範意識の芽生え
　　友達と様々な体験を重ねる中で、してよいことや悪いことが分かり、自分の行動を振り返ったり、友達の気持ちに共感したりし、相手の立場に立って行動するようになる。また、きまりを守る必要性が分かり、自分の気持ちを調整し、友達と折り合いを付けながら、

きまりをつくったり、守ったりするようになる。
　オ　社会生活との関わり
　　家族を大切にしようとする気持ちをもつとともに、地域の身近な人と触れ合う中で、人との様々な関わり方に気付き、相手の気持ちを考えて関わり、自分が役に立つ喜びを感じ、地域に親しみをもつようになる。また、幼保連携型認定こども園内外の様々な環境に関わる中で、遊びや生活に必要な情報を取り入れ、情報に基づき判断したり、情報を伝え合ったり、活用したりするなど、情報を役立てながら活動するようになるとともに、公共の施設を大切に利用するなどして、社会とのつながりなどを意識するようになる。
　カ　思考力の芽生え
　　身近な事象に積極的に関わる中で、物の性質や仕組みなどを感じ取ったり、気付いたりし、考えたり、予想したり、工夫したりするなど、多様な関わりを楽しむようになる。また、友達の様々な考えに触れる中で、自分と異なる考えがあることに気付き、自ら判断したり、考え直したりするなど、新しい考えを生み出す喜びを味わいながら、自分の考えをよりよいものにするようになる。
　キ　自然との関わり・生命尊重
　　自然に触れて感動する体験を通して、自然の変化などを感じ取り、好奇心や探究心をもって考え言葉などで表現しながら、身近な事象への関心が高まるとともに、自然への愛情や畏敬の念をもつようになる。また、身近な動植物に心を動かされる中で、生命の不思議さや尊さに気付き、身近な動植物への接し方を考え、命あるものとしていたわり、大切にする気持ちをもって関わるようになる。
　ク　数量や図形、標識や文字などへの関心・感覚
　　遊びや生活の中で、数量や図形、標識や文字などに親しむ体験を重ねたり、標識や文字の役割に気付いたりし、自らの必要感に基づきこれらを活用し、興味や関心、感覚をもつようになる。
　ケ　言葉による伝え合い
　　保育教諭等や友達と心を通わせる中で、絵本や物語などに親しみながら、豊かな言葉や表現を身に付け、経験したことや考えたことなどを言葉で伝えたり、相手の話を注意して聞いたりし、言葉による伝え合いを楽しむようになる。
　コ　豊かな感性と表現
　　心を動かす出来事などに触れ感性を働かせる中で、様々な素材の特徴や表現の仕方などに気付き、感じたことや考えたことを自分で表現したり、友達同士で表現する過程を楽しんだりし、表現する喜びを味わい、意欲をもつようになる。

第2　教育及び保育の内容並びに子育ての支援等に関する全体的な計画等

1　教育及び保育の内容並びに子育ての支援等に関する全体的な計画の作成等
(1) 教育及び保育の内容並びに子育ての支援等に関する全体的な計画の役割
　　各幼保連携型認定こども園においては、教育基本法（平成18年法律第120号）、児童福祉法（昭和22年法律第164号）及び認定こども園法その他の法令並びにこの幼

保連携型認定こども園教育・保育要領の示すところに従い、教育と保育を一体的に提供するため、創意工夫を生かし、園児の心身の発達と幼保連携型認定こども園、家庭及び地域の実態に即応した適切な教育及び保育の内容並びに子育ての支援等に関する全体的な計画を作成するものとする。

教育及び保育の内容並びに子育ての支援等に関する全体的な計画とは、教育と保育を一体的に捉え、園児の入園から修了までの在園期間の全体にわたり、幼保連携型認定こども園の目標に向かってどのような過程をたどって教育及び保育を進めていくかを明らかにするものであり、子育ての支援と有機的に連携し、園児の園生活全体を捉え、作成する計画である。

各幼保連携型認定こども園においては、「幼児期の終わりまでに育ってほしい姿」を踏まえ教育及び保育の内容並びに子育ての支援等に関する全体的な計画を作成すること、その実施状況を評価して改善を図っていくこと、また実施に必要な人的又は物的な体制を確保するとともにその改善を図っていくことなどを通して、教育及び保育の内容並びに子育ての支援等に関する全体的な計画に基づき組織的かつ計画的に各幼保連携型認定こども園の教育及び保育活動の質の向上を図っていくこと(以下「カリキュラム・マネジメント」という。)に努めるものとする。

(2) 各幼保連携型認定こども園の教育及び保育の目標と教育及び保育の内容並びに子育ての支援等に関する全体的な計画の作成

教育及び保育の内容並びに子育ての支援等に関する全体的な計画の作成に当たっては、幼保連携型認定こども園の教育及び保育において育みたい資質・能力を踏まえつつ、各幼保連携型認定こども園の教育及び保育の目標を明確にするとともに、教育及び保育の内容並びに子育ての支援等に関する全体的な計画の作成についての基本的な方針が家庭や地域とも共有されるよう努めるものとする。

(3) 教育及び保育の内容並びに子育ての支援等に関する全体的な計画の作成上の基本的事項

ア　幼保連携型認定こども園における生活の全体を通して第2章に示すねらいが総合的に達成されるよう、教育課程に係る教育期間や園の生活経験や発達の過程などを考慮して具体的なねらいと内容を組織するものとする。この場合においては、特に、自我が芽生え、他者の存在を意識し、自己を抑制しようとする気持ちが生まれるなどの乳幼児期の発達の特性を踏まえ、入園から修了に至るまでの長期的な視野をもって充実した生活が展開できるように配慮するものとする。

イ　幼保連携型認定こども園の満3歳以上の園児の教育課程に係る教育週数は、特別の事情のある場合を除き、39週を下ってはならない。

ウ　幼保連携型認定こども園の1日の教育課程に係る教育時間は、4時間を標準とする。ただし、園児の心身の発達の程度や季節などに適切に配慮するものとする。

エ　幼保連携型認定こども園の保育を必要とする子どもに該当する園児に対する教育及び保育の時間(満3歳以上の保育を必要とする子どもに該当する園児については、この章の第2の1の(3)ウに規定する教育時間

を含む。)は、1日につき8時間を原則とし、園長がこれを定める。ただし、その地方における園児の保護者の労働時間その他家庭の状況等を考慮するものとする。

(4) 教育及び保育の内容並びに子育ての支援等に関する全体的な計画の実施上の留意事項

各幼保連携型認定こども園においては、園長の方針の下に、園務分掌に基づき保育教諭等職員が適切に役割を分担しつつ、相互に連携しながら、教育及び保育の内容並びに子育ての支援等に関する全体的な計画や指導の改善を図るものとする。また、各幼保連携型認定こども園が行う教育及び保育等に係る評価については、教育及び保育の内容並びに子育ての支援等に関する全体的な計画の作成、実施、改善が教育及び保育活動や園運営の中核となることを踏まえ、カリキュラム・マネジメントと関連付けながら実施するよう留意するものとする。

(5) 小学校教育との接続に当たっての留意事項

ア　幼保連携型認定こども園においては、その教育及び保育が、小学校以降の生活や学習の基盤の育成につながることに配慮し、乳幼児期にふさわしい生活を通して、創造的な思考や主体的な生活態度などの基礎を培うようにするものとする。

イ　幼保連携型認定こども園の教育及び保育において育まれた資質・能力を踏まえ、小学校教育が円滑に行われるよう、小学校の教師との意見交換や合同の研究の機会などを設け、「幼児期の終わりまでに育ってほしい姿」を共有するなど連携を図り、幼保連携型認定こども園における教育及び保育と小学校教育との円滑な接続を図るよう努めるものとする。

2　指導計画の作成と園児の理解に基づいた評価

(1) 指導計画の考え方

幼保連携型認定こども園における教育及び保育は、園児が自ら意欲をもって環境と関わることによりつくり出される具体的な活動を通して、その目標の達成を図るものである。

幼保連携型認定こども園においてはこのことを踏まえ、乳幼児期にふさわしい生活が展開され、適切な指導が行われるよう、調和のとれた組織的、発展的な指導計画を作成し、園児の活動に沿った柔軟な指導を行わなければならない。

(2) 指導計画の作成上の基本的事項

ア　指導計画は、園児の発達に即して園児一人一人が乳幼児期にふさわしい生活を展開し、必要な体験を得られるようにするために、具体的に作成するものとする。

イ　指導計画の作成に当たっては、次に示すところにより、具体的なねらい及び内容を明確に設定し、適切な環境を構成することなどにより活動が選択・展開されるようにするものとする。

(ア) 具体的なねらい及び内容は、幼保連携型認定こども園の生活における園児の発達の過程を見通し、園児の生活の連続性、季節の変化などを考慮して、園児の興味や関心、発達の実情などに応じて設定すること。

(イ) 環境は、具体的なねらいを達成するために適切なものとなるように構成し、園児が自らその環境に関わることにより様々な活動を展開しつつ必要な体験を得られるようにすること。その際、園児の生活す

る姿や発想を大切にし、常にその環境が適切なものとなるようにすること。
（ウ）園児の行う具体的な活動は、生活の流れの中で様々に変化するものであることに留意し、園児が望ましい方向に向かって自ら活動を展開していくことができるよう必要な援助をすること。
その際、園児の実態及び園児を取り巻く状況の変化などに即して指導の過程についての評価を適切に行い、常に指導計画の改善を図るものとする。

(3) 指導計画の作成上の留意事項
指導計画の作成に当たっては、次の事項に留意するものとする。
ア 園児の生活は、入園当初の一人一人の遊びや保育教諭等との触れ合いを通して幼保連携型認定こども園の生活に親しみ、安定していく時期から、他の園児との関わりの中で園児の主体的な活動が深まり、園児が互いに必要な存在であることを認識するようになる。その後、園児同士や学級全体で目的をもって協同して幼保連携型認定こども園の生活を展開し、深めていく時期などに至るまでの過程を様々に経ながら広げられていくものである。これらを考慮し、活動がそれぞれの時期にふさわしく展開されるようにすること。
また、園児の入園当初の教育及び保育に当たっては、既に在園している園児に不安や動揺を与えないようにしつつ、可能な限り個別的に対応し、園児が安定感を得て、次第に幼保連携型認定こども園の生活になじんでいくよう配慮すること。
イ 長期的に発達を見通した年、学期、月などにわたる長期の指導計画やこれとの関連を保ちながらより具体的な園児の生活に即した週、日などの短期の指導計画を作成し、適切な指導が行われるようにすること。特に、週、日などの短期の指導計画については、園児の生活のリズムに配慮し、園児の意識や興味の連続性のある活動が相互に関連して幼保連携型認定こども園の生活の自然な流れの中に組み込まれるようにすること。
ウ 園児が様々な人やものとの関わりを通して、多様な体験をし、心身の調和のとれた発達を促すようにしていくこと。その際、園児の発達に即して主体的・対話的で深い学びが実現するようにするとともに、心を動かされる体験が次の活動を生み出すことを考慮し、一つ一つの体験が相互に結び付き、幼保連携型認定こども園の生活が充実するようにすること。
エ 言語に関する能力の発達と思考力等の発達が関連していることを踏まえ、幼保連携型認定こども園における生活全体を通して、園児の発達を踏まえた言語環境を整え、言語活動の充実を図ること。
オ 園児が次の活動への期待や意欲をもつことができるよう、園児の実態を踏まえながら、保育教諭等や他の園児と共に遊びや生活の中で見通しをもったり、振り返ったりするよう工夫すること。
カ 行事の指導に当たっては、幼保連携型認定こども園の生活の自然な流れの中で生活に変化や潤いを与え、園児が主体的に楽しく活動できるようにすること。なお、それぞれの行事については教育及び保育における価値を十分検討し、適切なものを精選し、園児の負担にならないようにすること。

キ 乳幼児期は直接的な体験が重要であることを踏まえ、視聴覚教材やコンピュータなど情報機器を活用する際には、幼保連携型認定こども園の生活では得難い体験を補完するなど、園児の体験との関連を考慮すること。
ク 園児の主体的な活動を促すためには、保育教諭等が多様な関わりをもつことが重要であることを踏まえ、保育教諭等は、理解者、共同作業者など様々な役割を果たし、園児の情緒の安定や発達に必要な豊かな体験が得られるよう、活動の場面に応じて、園児の人権や園児一人一人の個人差等に配慮した適切な指導を行うようにすること。
ケ 園児の行う活動は、個人、グループ、学級全体などで多様に展開されるものであることを踏まえ、幼保連携型認定こども園全体の職員による協力体制を作りながら、園児一人一人が興味や欲求を十分に満足させるよう適切な援助を行うようにすること。
コ 園児の生活は、家庭を基盤として地域社会を通じて次第に広がりをもつものであることに留意し、家庭との連携を十分に図るなど、幼保連携型認定こども園における生活が家庭や地域社会と連続性を保ちつつ展開されるようにするものとする。その際、地域の自然、高齢者や異年齢の子どもなどを含む人材、行事や公共施設などの地域の資源を積極的に活用し、園児が豊かな生活体験を得られるように工夫するものとする。また、家庭との連携に当たっては、保護者との情報交換の機会を設けたり、保護者と園児との活動の機会を設けたりなどすることを通じて、保護者の乳幼児期の教育及び保育に関する理解が深まるよう配慮するものとする。
サ 地域や幼保連携型認定こども園の実態等により、幼保連携型認定こども園間に加え、幼稚園、保育所等の保育施設、小学校、中学校、高等学校及び特別支援学校などとの間の連携や交流を図るものとする。特に、小学校教育との円滑な接続のため、幼保連携型認定こども園の園児と小学校の児童との交流の機会を積極的に設けるようにするものとする。また、障害のある園児児童生徒との交流及び共同学習の機会を設け、共に尊重し合いながら協働して生活していく態度を育むよう努めるものとする。

(4) 園児の理解に基づいた評価の実施
園児一人一人の発達の理解に基づいた評価の実施に当たっては、次の事項に配慮するものとする。
ア 指導の過程を振り返りながら園児の理解を進め、園児一人一人のよさや可能性などを把握し、指導の改善に生かすようにすること。その際、他の園児との比較や一定の基準に対する達成度についての評定によって捉えるものではないことに留意すること。
イ 評価の妥当性や信頼性が高められるよう創意工夫を行い、組織的かつ計画的な取組を推進するとともに、次年度又は小学校等にその内容が適切に引き継がれるようにすること。

3 特別な配慮を必要とする園児への指導
(1) 障害のある園児などへの指導
障害のある園児などへの指導に当たっては、集団の中で生活することを通して全体的な発達を促していくことに配慮し、適切な環境の下で、障害のある園児が他の園

児との生活を通して共に成長できるよう、特別支援学校などの助言又は援助を活用しつつ、個々の園児の障害の状態などに応じた指導内容や指導方法の工夫を組織的かつ計画的に行うものとする。また、家庭、地域及び医療や福祉、保健等の業務を行う関係機関との連携を図り、長期的な視点で園児への教育及び保育的支援を行うために、個別の教育及び保育支援計画を作成し活用することに努めるとともに、個々の園児の実態を的確に把握し、個別の指導計画を作成し活用することに努めるものとする。

(2) 海外から帰国した園児や生活に必要な日本語の習得に困難のある園児の幼保連携型認定こども園の生活への適応

海外から帰国した園児や生活に必要な日本語の習得に困難のある園児については、安心して自己を発揮できるよう配慮するなど個々の園児の実態に応じ、指導内容や指導方法の工夫を組織的かつ計画的に行うものとする。

第3 幼保連携型認定こども園として特に配慮すべき事項（省略）

第2章 ねらい及び内容並びに配慮事項

この章に示すねらいは、幼保連携型認定こども園の教育及び保育において育みたい資質・能力を園児の生活する姿から捉えたものであり、内容は、ねらいを達成するために指導する事項である。各視点や領域は、この時期の発達の特徴を踏まえ、教育及び保育のねらい及び内容を乳幼児の発達の側面から、乳児は三つの視点として、幼児は五つの領域としてまとめ、示したものである。内容の取扱いは、園児の発達を踏まえた指導を行うに当たって留意すべき事項である。

各視点や領域に示すねらいは、幼保連携型認定こども園における生活の全体を通じ、園児が様々な体験を積み重ねる中で相互に関連をもちながら次第に達成に向かうものであること、内容は、園児が環境に関わって展開する具体的な活動を通して総合的に指導されるものであることに留意しなければならない。

また、「幼児期の終わりまでに育ってほしい姿」が、ねらい及び内容に基づく活動全体を通して資質・能力が育まれている園児の幼保連携型認定こども園修了時の具体的な姿であることを踏まえ、指導を行う際に考慮するものとする。

なお、特に必要な場合には、各視点や領域に示すねらいの趣旨に基づいて適切な、具体的な内容を工夫し、それを加えても差し支えないが、その場合には、それが第1章の第1に示す幼保連携型認定こども園の教育及び保育の基本及び目標を逸脱しないよう慎重に配慮する必要がある。

第1 乳児期の園児の保育に関するねらい及び内容

基本的事項

1　乳児期の発達については、視覚、聴覚などの感覚や、座る、はう、歩くなどの運動機能が著しく発達し、特定の大人との応答的な関わりを通じて、情緒的な絆が形成されるといった特徴がある。これらきずなの発達の特徴を踏まえて、乳児期の園児の保育は、愛情豊かに、応答的に行われることが特に必要である。

2　本項においては、この時期の発達の特徴を踏まえ、乳児期の園児の保育のねらい及び内容については、身体的発達に関する視点「健やかに伸び伸びと育つ」、社会的発達に

関する視点「身近な人と気持ちが通じ合う」及び精神的発達に関する視点「身近なものと関わり感性が育つ」としてまとめ、示している。

ねらい及び内容

健やかに伸び伸びと育つ

〔健康な心と体を育て、自ら健康で安全な生活をつくり出す力の基盤を培う。〕

1　ねらい
(1) 身体感覚が育ち、快適な環境に心地よさを感じる。
(2) 伸び伸びと体を動かし、はう、歩くなどの運動をしようとする。
(3) 食事、睡眠等の生活のリズムの感覚が芽生える。

2　内容
(1) 保育教諭等の愛情豊かな受容の下で、生理的・心理的欲求を満たし、心地よく生活をする。
(2) 一人一人の発育に応じて、はう、立つ、歩くなど、十分に体を動かす。
(3) 個人差に応じて授乳を行い、離乳を進めていく中で、様々な食品に少しずつ慣れ、食べることを楽しむ。
(4) 一人一人の生活のリズムに応じて、安全な環境の下で十分に午睡をする。
(5) おむつ交換や衣服の着脱などを通じて、清潔になることの心地よさを感じる。

3　内容の取扱い（省略）

身近な人と気持ちが通じ合う

〔受容的・応答的な関わりの下で、何かを伝えようとする意欲や身近な大人との信頼関係を育て、人と関わる力の基盤を培う。〕

1　ねらい
(1) 安心できる関係の下で、身近な人と共に過ごす喜びを感じる。
(2) 体の動きや表情、発声等により、保育教諭等と気持ちを通わせようとする。
(3) 身近な人と親しみ、関わりを深め、愛情や信頼感が芽生える。

2　内容
(1) 園児からの働き掛けを踏まえた、応答的な触れ合いや言葉掛けによって、欲求が満たされ、安定感をもって過ごす。
(2) 体の動きや表情、発声、喃語等を優しく受け止めてもらい、保育教諭等とのやり取りを楽しむ。
(3) 生活や遊びの中で、自分の身近な人の存在に気付き、親しみの気持ちを表す。
(4) 保育教諭等による語り掛けや歌い掛け、発声や喃語等への応答を通じて、言葉の理解や発語の意欲が育つ。
(5) 温かく、受容的な関わりを通じて、自分を肯定する気持ちが芽生える。

3　内容の取扱い（省略）

身近なものと関わり感性が育つ

〔身近な環境に興味や好奇心をもって関わり、感じたことや考えたことを表現する力の基盤を培う。〕

1　ねらい
(1) 身の回りのものに親しみ、様々なものに興味や関心をもつ。

(2) 見る、触れる、探索するなど、身近な環境に自分から関わろうとする。

(3) 身体の諸感覚による認識が豊かになり、表情や手足、体の動き等で表現する。

2 内容

(1) 身近な生活用具、玩具や絵本などが用意された中で、身の回りのものに対する興味や好奇心をもつ。

(2) 生活や遊びの中で様々なものに触れ、音、形、色、手触りなどに気付き、感覚の働きを豊かにする。

(3) 保育教諭等と一緒に様々な色彩や形のものや絵本などを見る。

(4) 玩具や身の回りのものを、つまむ、つかむ、たたく、引っ張るなど、手や指を使って遊ぶ。

(5) 保育教諭等のあやし遊びに機嫌よく応じたり、歌やリズムに合わせて手足や体を動かして楽しんだりする。

3 内容の取扱い

上記の取扱いに当たっては、次の事項に留意する必要がある。

(1) 玩具などは、音質、形、色、大きさなど園児の発達状態に応じて適切なものを選び、その時々の園児の興味や関心を踏まえるなど、遊びを通して感覚の発達が促されるものとなるように工夫すること。

なお、安全な環境の下で、園児が探索意欲を満たして自由に遊べるよう、身の回りのものについては常に十分な点検を行うこと。

(2) 乳児期においては、表情、発声、体の動きなどで、感情を表現することが多いことから、これらの表現しようとする意欲を積極的に受け止めて、園児が様々な活動を楽しむことを通して表現が豊かになるようにすること。

第2 満1歳以上満3歳未満の園児の保育に関するねらい及び内容

基本的事項

1 この時期においては、歩き始めから、歩く、走る、跳ぶなどへと、基本的な運動機能が次第に発達し、排泄の自立のための身体的機能も整うようになる。つまむ、めくるなどの指先の機能も発達し、食事、衣類の着脱なども、保育教諭等の援助の下で自分で行うようになる。発声も明瞭になり、語彙も増加し、自分の意思や欲求を言葉で表出できるようになる。このように自分でできることが増えてくる時期であることから、保育教諭等は、園児の生活の安定を図りながら、自分でしようとする気持ちを尊重し、温かく見守るとともに、愛情豊かに、応答的に関わることが必要である。

2 本項においては、この時期の発達の特徴を踏まえ、保育のねらい及び内容について、心身の健康に関する領域「健康」、人との関わりに関する領域「人間関係」、身近な環境との関わりに関する領域「環境」、言葉の獲得に関する領域「言葉」及び感性と表現に関する領域「表現」としてまとめ、示している。

ねらい及び内容

健康

〔健康な心と体を育て、自ら健康で安全な生活をつくり出す力を養う。〕

1 ねらい

(1) 明るく伸び伸びと生活し、自分から体を動かすことを

楽しむ。

(2) 自分の体を十分に動かし、様々な動きをしようとする。

(3) 健康、安全な生活に必要な習慣に気付き、自分でしてみようとする気持ちが育つ。

2 内容（省略）

3 内容の取扱い（省略）

人間関係

〔他の人々と親しみ、支え合って生活するために、自立心を育て、人と関わる力を養う。〕

1 ねらい

(1) 幼保連携型認定こども園での生活を楽しみ、身近な人と関わる心地よさを感じる。

(2) 周囲の園児等への興味・関心が高まり、関わりをもとうとする。

(3) 幼保連携型認定こども園の生活の仕方に慣れ、きまりの大切さに気付く。

2 内容（省略）

3 内容の取扱い（省略）

環境

〔周囲の様々な環境に好奇心や探究心をもって関わり、それらを生活に取り入れていこうとする力を養う。〕

1 ねらい

(1) 身近な環境に親しみ、触れ合う中で、様々なものに興味や関心をもつ。

(2) 様々なものに関わる中で、発見を楽しんだり、考えたりしようとする。

(3) 見る、聞く、触るなどの経験を通して、感覚の働きを豊かにする。

2 内容（省略）

3 内容の取扱い（省略）

言葉

〔経験したことや考えたことなどを自分なりの言葉で表現し、相手の話す言葉を聞こうとする意欲や態度を育て、言葉に対する感覚や言葉で表現する力を養う。〕

1 ねらい

(1) 言葉遊びや言葉で表現する楽しさを感じる。

(2) 人の言葉や話などを聞き、自分でも思ったことを伝えようとする。

(3) 絵本や物語等に親しむとともに、言葉のやり取りを通じて身近な人と気持ちを通わせる。

2 内容（省略）

3 内容の取扱い（省略）

表現

〔感じたことや考えたことを自分なりに表現することを通して、豊かな感性や表現する力を養い、創造性を豊かにする。〕

1 ねらい

(1) 身体の諸感覚の経験を豊かにし、様々な感覚を味わう。

(2) 感じたことや考えたことなどを自分なりに表現しようとする。

(3) 生活や遊びの様々な体験を通して、イメージや感性が豊かになる。

2 内容

(1) 水、砂、土、紙、粘土など様々な素材に触れて楽しむ。

(2) 音楽、リズムやそれに合わせた体の動きを楽しむ。

(3) 生活の中で様々な音、形、色、手触り、動き、味、香りなどに気付いたり、感じたりして楽しむ。

(4) 歌を歌ったり、簡単な手遊びや全身を使う遊びを楽しんだりする。

(5) 保育教諭等からの話や、生活や遊びの中での出来事を通して、イメージを豊かにする。

(6) 生活や遊びの中で、興味のあることや経験したことなどを自分なりに表現する。

3 内容の取扱い

上記の取扱いに当たっては、次の事項に留意する必要がある。

(1) 園児の表現は、遊びや生活の様々な場面で表出されているものであることから、それらを積極的に受け止め、様々な表現の仕方や感性を豊かにする経験となるようにすること。

(2) 園児が試行錯誤しながら様々な表現を楽しむことや、自分の力でやり遂げる充実感などに気付くよう、温かく見守るとともに、適切に援助を行うようにすること。

(3) 様々な感情の表現等を通じて、園児が自分の感情や気持ちに気付くようになる時期であることに鑑み、受容的な関わりの中で自信をもって表現をすることや、諦めずに続けた後の達成感等を感じられるような経験が蓄積されるようにすること。

(4) 身近な自然や身の回りの事物に関わる中で、発見や心が動く経験が得られるよう、諸感覚を働かせることを楽しむ遊びや素材を用意するなど保育の環境を整えること。

第3 満3歳以上の園児の教育及び保育に関するねらい及び内容

基本的事項

1 この時期においては、運動機能の発達により、基本的な動作が一通りできるようになるとともに、基本的な生活習慣もほぼ自立できるようになる。理解する語彙数が急激に増加し、知的興味や関心も高まってくる。仲間と遊び、仲間の中の一人という自覚が生じ、集団的な遊びや協同的な活動も見られるようになる。これらの発達の特徴を踏まえて、この時期の教育及び保育においては、個の成長と集団としての活動の充実が図られるようにしなければならない。

2 本項においては、この時期の発達の特徴を踏まえ、教育及び保育のねらい及び内容について、心身の健康に関する領域「健康」、人との関わりに関する領域「人間関係」、身近な環境との関わりに関する領域「環境」、言葉の獲得に関する領域「言葉」及び感性と表現に関する領域「表現」としてまとめ、示している。

ねらい及び内容

健康

〔健康な心と体を育て、自ら健康で安全な生活をつくり出す力を養う。〕

1 ねらい

(1) 明るく伸び伸びと行動し、充実感を味わう。

(2) 自分の体を十分に動かし、進んで運動しようとする。

(3) 健康、安全な生活に必要な習慣や態度を身に付け、見通しをもって行動する。

2 内容

(1) 保育教諭等や友達と触れ合い、安定感をもって行動する。

(2) いろいろな遊びの中で十分に体を動かす。

(3) 進んで戸外で遊ぶ。

(4) 様々な活動に親しみ、楽しんで取り組む。

(5) 保育教諭等や友達と食べることを楽しみ、食べ物への興味や関心をもつ。

(6) 健康な生活のリズムを身に付ける。

(7) 身の回りを清潔にし、衣服の着脱、食事、排泄などの生活に必要な活動を自分でする。

(8) 幼保連携型認定こども園における生活の仕方を知り、自分たちで生活の場を整えながら見通しをもって行動する。

(9) 自分の健康に関心をもち、病気の予防などに必要な活動を進んで行う。

(10) 危険な場所、危険な遊び方、災害時などの行動の仕方が分かり、安全に気を付けて行動する。

3 内容の取扱い

上記の取扱いに当たっては、次の事項に留意する必要がある。

(1) 心と体の健康は、相互に密接な関連があるものであることを踏まえ、園児が保育教諭等や他の園児との温かい触れ合いの中で自己の存在感や充実感を味わうことなどを基盤として、しなやかな心と体の発達を促すこと。特に、十分に体を動かす気持ちよさを体験し、自ら体を動かそうとする意欲が育つようにすること。

(2) 様々な遊びの中で、園児が興味や関心、能力に応じて全身を使って活動することにより、体を動かす楽しさを味わい、自分の体を大切にしようとする気持ちが育つようにすること。その際、多様な動きを経験する中で、体の動きを調整するようにすること。

(3) 自然の中で伸び伸びと体を動かして遊ぶことにより、体の諸機能の発達が促されることに留意し、園児の興味や関心が戸外にも向くようにすること。その際、園児の動線に配慮した園庭や遊具の配置などを工夫すること。

(4) 健康な心と体を育てるためには食育を通じた望ましい食習慣の形成が大切であることを踏まえ、園児の食生活の実情に配慮し、和やかな雰囲気の中で保育教諭等や他の園児と食べる喜びや楽しさを味わったり、様々な食べ物への興味や関心をもったりするなどし、食の大切さに気付き、進んで食べようとする気持ちが育つようにすること。

(5) 基本的な生活習慣の形成に当たっては、家庭での生活経験に配慮し、園児の自立心を育て、園児が他の園児と関わりながら主体的な活動を展開する中で、生活に必要な習慣を身に付け、次第に見通しをもって行動できるようにすること。

(6) 安全に関する指導に当たっては、情緒の安定を図り、遊びを通して安全についての構えを身に付け、危険な場所や事物などが分かり、安全についての理解を深めるようにすること。また、交通安全の習慣を身に付けるようにするとともに、避難訓練などを通して、災害などの緊急時に適切な行動がとれるようにすること。

人間関係

〔他の人々と親しみ、支え合って生活するために、自立心を育て、人と関わる力を養う。〕

1 ねらい
 (1) 幼保連携型認定こども園の生活を楽しみ、自分の力で行動することの充実感を味わう。
 (2) 身近な人と親しみ、関わりを深め、工夫したり、協力したりして一緒に活動する楽しさを味わい、愛情や信頼感をもつ。
 (3) 社会生活における望ましい習慣や態度を身に付ける。
2 内容
 (1) 保育教諭等や友達と共に過ごすことの喜びを味わう。
 (2) 自分で考え、自分で行動する。
 (3) 自分でできることは自分でする。
 (4) いろいろな遊びを楽しみながら物事をやり遂げようとする気持ちをもつ。
 (5) 友達と積極的に関わりながら喜びや悲しみを共感し合う。
 (6) 自分の思ったことを相手に伝え、相手の思っていることに気付く。
 (7) 友達のよさに気付き、一緒に活動する楽しさを味わう。
 (8) 友達と楽しく活動する中で、共通の目的を見いだし、工夫したり、協力したりなどする。
 (9) よいことや悪いことがあることに気付き、考えながら行動する。
 (10) 友達との関わりを深め、思いやりをもつ。
 (11) 友達と楽しく生活する中できまりの大切さに気付き、守ろうとする。
 (12) 共同の遊具や用具を大切にし、皆で使う。
 (13) 高齢者をはじめ地域の人々などの自分の生活に関係の深いいろいろな人に親しみをもつ。
 3 内容の取扱い
  上記の取扱いに当たっては、次の事項に留意する必要がある。
 (1) 保育教諭等との信頼関係に支えられて自分自身の生活を確立していくことが人と関わる基盤となることを考慮し、園児が自ら周囲に働き掛けることにより多様な感情を体験し、試行錯誤しながら諦めずにやり遂げることの達成感や、前向きな見通しをもって自分の力で行うことの充実感を味わうことができるよう、園児の行動を見守りながら適切な援助を行うようにすること。
 (2) 一人一人を生かした集団を形成しながら人と関わる力を育てていくようにすること。その際、集団の生活の中で、園児が自己を発揮し、保育教諭等や他の園児に認められる体験をし、自分のよさや特徴に気付き、自信をもって行動できるようにすること。
 (3) 園児が互いに関わりを深め、協同して遊ぶようになるため、自ら行動する力を育てるようにするとともに、他の園児と試行錯誤しながら活動を展開する楽しさや共通の目的が実現する喜びを味わうことができるようにすること。
 (4) 道徳性の芽生えを培うに当たっては、基本的な生活習慣の形成を図るとともに、園児が他の園児との関わりの中で他人の存在に気付き、相手を尊重する気持ちをもって行動できるようにし、また、自然や身近な動植物に親しむことなどを通して豊かな心情が育つようにすること。特に、人に対する信頼感や思いやりの気持ちは、葛藤やつまずきをも体験し、それらを乗り越えることにより次第に芽生えてくることに配慮すること。
 (5) 集団の生活を通して、園児が人との関わりを深め、規範意識の芽生えが培われることを考慮し、園児が保育教諭等との信頼関係に支えられて自己を発揮する中で、互いに思いを主張し、折り合いを付ける体験をし、きまりの必要性などに気付き、自分の気持ちを調整する力が育つようにすること。
 (6) 高齢者をはじめ地域の人々などの自分の生活に関係の深いいろいろな人と触れ合い、自分の感情や意志を表現しながら共に楽しみ、共感し合う体験を通して、これらの人々などに親しみをもち、人と関わることの楽しさや人の役に立つ喜びを味わうことができるようにすること。また、生活を通して親や祖父母などの家族の愛情に気付き、家族を大切にしようとする気持ちが育つようにすること。

環境

〔周囲の様々な環境に好奇心や探究心をもって関わり、それらを生活に取り入れていこうとする力を養う。〕

1 ねらい
 (1) 身近な環境に親しみ、自然と触れ合う中で様々な事象に興味や関心をもつ。
 (2) 身近な環境に自分から関わり、発見を楽しんだり、考えたりし、それを生活に取り入れようとする。
 (3) 身近な事象を見たり、考えたり、扱ったりする中で、物の性質や数量、文字などに対する感覚を豊かにする。
2 内容
 (1) 自然に触れて生活し、その大きさ、美しさ、不思議さなどに気付く。
 (2) 生活の中で、様々な物に触れ、その性質や仕組みに興味や関心をもつ。
 (3) 季節により自然や人間の生活に変化のあることに気付く。
 (4) 自然などの身近な事象に関心をもち、取り入れて遊ぶ。
 (5) 身近な動植物に親しみをもって接し、生命の尊さに気付き、いたわったり、大切にしたりする。
 (6) 日常生活の中で、我が国や地域社会における様々な文化や伝統に親しむ。
 (7) 身近な物を大切にする。
 (8) 身近な物や遊具に興味をもって関わり、自分なりに比べたり、関連付けたりしながら考えたり、試したりして工夫して遊ぶ。
 (9) 日常生活の中で数量や図形などに関心をもつ。
 (10) 日常生活の中で簡単な標識や文字などに関心をもつ。
 (11) 生活に関係の深い情報や施設などに興味や関心をもつ。
 (12) 幼保連携型認定こども園内外の行事において国旗に親しむ。
 3 内容の取扱い
  上記の取扱いに当たっては、次の事項に留意する必要がある。
 (1) 園児が、遊びの中で周囲の環境と関わり、次第に周囲の世界に好奇心を抱き、その意味や操作の仕方に関心をもち、物事の法則性に気付き、自分なりに考えることができるようになる過程を大切にすること。また、他の園児の考えなどに触れて新しい考えを生み出す喜びや楽しさを味わい、自分の考えをよりよいものにしようとする気持ちが育つようにすること。
 (2) 幼児期において自然のもつ意味は大きく、自然の大き

巻末資料―教育要領、保育指針、教育・保育要領（抄） 199

さ、美しさ、不思議さなどに直接触れる体験を通して、園児の心が安らぎ、豊かな感情、好奇心、思考力、表現力の基礎が培われることを踏まえ、園児が自然との関わりを深めることができるよう工夫すること。

(3) 身近な事象や動植物に対する感動を伝え合い、共感し合うことなどを通して自分から関わろうとする意欲を育てるとともに、様々な関わり方を通してそれらに対する親しみや畏敬の念、生命を大切にする気持ち、公共心、探究心などが養われるようにすること。

(4) 文化や伝統に親しむ際には、正月や節句など我が国の伝統的な行事、国歌、唱歌、わらべうたや我が国の伝統的な遊びに親しんだり、異なる文化に触れる活動に親しんだりすることを通じて、社会とのつながりの意識や国際理解の意識の芽生えなどが養われるようにすること。

(5) 数量や文字などに関しては、日常生活の中で園児自身の必要感に基づく体験を大切にし、数量や文字などに関する興味や関心、感覚が養われるようにすること。

言葉

〔経験したことや考えたことなどを自分なりの言葉で表現し、相手の話す言葉を聞こうとする意欲や態度を育て、言葉に対する感覚や言葉で表現する力を養う。〕

1 ねらい

(1) 自分の気持ちを言葉で表現する楽しさを味わう。

(2) 人の言葉や話などをよく聞き、自分の経験したことや考えたことを話し、伝え合う喜びを味わう。

(3) 日常生活に必要な言葉が分かるようになるとともに、絵本や物語などに親しみ、言葉に対する感覚を豊かにし、保育教諭等や友達と心を通わせる。

2 内容

(1) 保育教諭等や友達の言葉や話に興味や関心をもち、親しみをもって聞いたり、話したりする。

(2) したり、見たり、聞いたり、感じたり、考えたりなどしたことを自分なりに言葉で表現する。

(3) したいこと、してほしいことを言葉で表現したり、分からないことを尋ねたりする。

(4) 人の話を注意して聞き、相手に分かるように話す。

(5) 生活の中で必要な言葉が分かり、使う。

(6) 親しみをもって日常の挨拶をする。

(7) 生活の中で言葉の楽しさや美しさに気付く。

(8) いろいろな体験を通じてイメージや言葉を豊かにする。

(9) 絵本や物語などに親しみ、興味をもって聞き、想像をする楽しさを味わう。

(10) 日常生活の中で、文字などで伝える楽しさを味わう。

3 内容の取扱い

上記の取扱いに当たっては、次の事項に留意する必要がある。

(1) 言葉は、身近な人に親しみをもって接し、自分の感情や意志などを伝え、それに相手が応答し、その言葉を聞くことを通して次第に獲得されていくものであることを考慮して、園児が保育教諭等や他の園児と関わることにより心を動かされるような体験をし、言葉を交わす喜びを味わえるようにすること。

(2) 園児が自分の思いを言葉で伝えるとともに、保育教諭等や他の園児などの話を興味をもって注意して聞くことを通して次第に話を理解するようになっていき、言葉に

よる伝え合いができるようにすること。

(3) 絵本や物語などで、その内容と自分の経験とを結び付けたり、想像を巡らせたりするなど、楽しみを十分に味わうことによって、次第に豊かなイメージをもち、言葉に対する感覚が養われるようにすること。

(4) 園児が生活の中で、言葉の響きやリズム、新しい言葉や表現などに触れ、これらを使う楽しさを味わえるようにすること。その際、絵本や物語に親しんだり、言葉遊びなどをしたりすることを通して、言葉が豊かになるようにすること。

(5) 園児が日常生活の中で、文字などを使いながら思ったことや考えたことを伝える喜びや楽しさを味わい、文字に対する興味や関心をもつようにすること。

表現

〔感じたことや考えたことを自分なりに表現することを通して、豊かな感性や表現する力を養い、創造性を豊かにする。〕

1 ねらい

(1) いろいろなものの美しさなどに対する豊かな感性をもつ。

(2) 感じたことや考えたことを自分なりに表現して楽しむ。

(3) 生活の中でイメージを豊かにし、様々な表現を楽しむ。

2 内容

(1) 生活の中で様々な音、形、色、手触り、動きなどに気付いたり、感じたりするなどして楽しむ。

(2) 生活の中で美しいものや心を動かす出来事に触れ、イメージを豊かにする。

(3) 様々な出来事の中で、感動したことを伝え合う楽しさを味わう。

(4) 感じたこと、考えたことなどを音や動きなどで表現したり、自由にかいたり、つくったりなどする。

(5) いろいろな素材に親しみ、工夫して遊ぶ。

(6) 音楽に親しみ、歌を歌ったり、簡単なリズム楽器を使ったりなどする楽しさを味わう。

(7) かいたり、つくったりすることを楽しみ、遊びに使ったり、飾ったりなどする。

(8) 自分のイメージを動きや言葉などで表現したり、演じて遊んだりするなどの楽しさを味わう。

3 内容の取扱い

上記の取扱いに当たっては、次の事項に留意する必要がある。

(1) 豊かな感性は、身近な環境と十分に関わる中で美しいもの、優れたもの、心を動かす出来事などに出会い、そこから得た感動を他の園児や保育教諭等と共有し、様々に表現することなどを通して養われるようにすること。その際、風の音や雨の音、身近にある草や花の形や色など自然の中にある音、形、色などに気付くようにすること。

(2) 幼児期の自己表現は素朴な形で行われることが多いので、保育教諭等はそのような表現を受容し、園児自身の表現しようとする意欲を受け止めて、園児が生活の中で園児らしい様々な表現を楽しむことができるようにすること。

(3) 生活経験や発達に応じ、自ら様々な表現を楽しみ、表現する意欲を十分に発揮させることができるように、遊具や用具などを整えたり、様々な素材や表現の仕方に親

しんだり、他の園児の表現に触れられるよう配慮したり
し、表現する過程を大切にして自己表現を楽しめるよう
に工夫すること。

第4 教育及び保育の実施に関する配慮事項

1 満3歳未満の園児の保育の実施については、以下の事項
に配慮するものとする。

(1) 乳児は疾病への抵抗力が弱く、心身の機能の未熟さに
伴う疾病の発生が多いことから、一人一人の発育及び発
達状態や健康状態についての適切な判断に基づく保健的
な対応を行うこと。また、一人一人の園児の生育歴の違
いに留意しつつ、欲求を適切に満たし、特定の保育教諭
等が応答的に関わるように努めること。更に、乳児期の
園児の保育に関わる職員間の連携や学校医との連携を図
り、第3章に示す事項を踏まえ、適切に対応すること。
栄養士及び看護師等が配置されている場合は、その専門
性を生かした対応を図ること。乳児期の園児の保育にお
いては特に、保護者との信頼関係を築きながら保育を進
めるとともに、保護者からの相談に応じ支援に努めてい
くこと。なお、担当の保育教諭等が替わる場合には、園
児のそれまでの生育歴や発達の過程に留意し、職員間で
協力して対応すること。

(2) 満1歳以上満3歳未満の園児は、特に感染症にかかり
やすい時期であるので、体の状態、機嫌、食欲などの日
常の状態の観察を十分に行うとともに、適切な判断に基
づく保健的な対応を心掛けること。また、探索活動が十
分できるように、事故防止に努めながら活動しやすい環
境を整え、全身を使う遊びなど様々な遊びを取り入れる
こと。更に、自我が形成され、園児が自分の感情や気持
ちに気付くようになる重要な時期であることに鑑み、情
緒の安定を図りながら、園児の自発的な活動を尊重する
とともに促していくこと。なお、担当の保育教諭等が替
わる場合には、園児のそれまでの経験や発達の過程に留
意し、職員間で協力して対応すること。

2 幼保連携型認定こども園における教育及び保育の全般に
おいて以下の事項に配慮するものとする。

(1) 園児の心身の発達及び活動の実態などの個人差を踏ま
えるとともに、一人一人の園児の気持ちを受け止め、援
助すること。

(2) 園児の健康は、生理的・身体的な育ちとともに、自主
性や社会性、豊かな感性の育ちとがあいまってもたらさ
れることに留意すること。

(3) 園児が自ら周囲に働き掛け、試行錯誤しつつ自分の力
で行う活動を見守りながら、適切に援助すること。

(4) 園児の入園時の教育及び保育に当たっては、できるだ
け個別的に対応し、園児が安定感を得て、次第に幼保連
携型認定こども園の生活になじんでいくようにするとと
もに、既に入園している園児に不安や動揺を与えないよ
うにすること。

(5) 園児の国籍や文化の違いを認め、互いに尊重する心を
育てるようにすること。

(6) 園児の性差や個人差にも留意しつつ、性別などによる
固定的な意識を植え付けることがないようにすること。

幼稚園教育要領針 (抄)

文部科学省　　　　　　　　平成 29 年 3 月 31 日改訂
　　　　　　　　　　　　　平成 30 年 4 月 1 日施行

目次

前文

第1章　総則

　第1　幼稚園教育の基本

　第2　幼稚園教育において育みたい資質・能力及び「幼児
　　　期の終わりまでに育ってほしい姿」

　第3　教育課程の役割と編成等

　第4　指導計画の作成と幼児理解に基づいた評価

　第5　特別な配慮を必要とする幼児への指導

　第6　幼稚園運営上の留意事項

　第7　教育課程に係る教育時間終了後等に行う教育活動な
　　　ど

第2章　ねらい及び内容

　健康

　人間関係

　環境

　言葉

　表現

第3章　教育課程に係る教育時間の終了後等に行う教育活動
　　　などの留意事項

　教育は、教育基本法第1条に定めるとおり、人格の完成を目
指し、平和で民主的な国家及び社会の形成者として必要な資質
を備えた心身ともに健康な国民の育成を期すという目的のも
と、同法第2条に掲げる次の目標を達成するよう行われなけれ
ばならない。

1　幅広い知識と教養を身に付け、真理を求める態度を養い、
　豊かな情操と道徳心を培うとともに、健やかな身体を養う
　こと。

2　個人の価値を尊重して、その能力を伸ばし、創造性を培
　い、自主及び自律の精神を養うとともに、職業及び生活と
　の関連を重視し、勤労を重んずる態度を養うこと。

3　正義と責任、男女の平等、自他の敬愛と協力を重んずる
　とともに、公共の精神に基づき、主体的に社会の形成に参
　画し、その発展に寄与する態度を養うこと。

4　生命を尊び、自然を大切にし、環境の保全に寄与する態
　度を養うこと。

5　伝統と文化を尊重し、それらをはぐくんできた我が国と
　郷土を愛するとともに、他国を尊重し、国際社会の平和と
　発展に寄与する態度を養うこと。

　また、幼児期の教育については、同法第11条に掲げるとおり、
生涯にわたる人格形成の基礎を培う重要なものであることにか
んがみ、国及び地方公共団体は、幼児の健やかな成長に資する
良好な環境の整備その他適当な方法によって、その振興に努め
なければならないこととされている。

　これからの幼稚園には、学校教育の始まりとして、こうした
教育の目的及び目標の達成を目指しつつ、一人一人の幼児が、
将来、自分のよさや可能性を認識するとともに、あらゆる他者
を価値のある存在として尊重し、多様な人々と協働しながら

巻末資料―教育要領、保育指針、教育・保育要領（抄）　201

様々な社会的変化を乗り越え，豊かな人生を切り拓き，持続可能な社会の創り手となることができるようにするための基礎を培うことが求められる。このために必要な教育の在り方を具体化するのが，各幼稚園において教育の内容等を組織的かつ計画的に組み立てた教育課程である。

教育課程を通して，これからの時代に求められる教育を実現していくためには，よりよい学校教育を通してよりよい社会を創るという理念を学校と社会とが共有し，それぞれの幼稚園において，幼児期にふさわしい生活をどのように展開し，どのような資質・能力を育むようにするのかを教育課程において明確にしながら，社会との連携及び協働によりその実現を図っていくという，社会に開かれた教育課程の実現が重要となる。

幼稚園教育要領とは，こうした理念の実現に向けて必要となる教育課程の基準を大綱的に定めるものである。幼稚園教育要領が果たす役割の一つは，公の性質を有する幼稚園における教育水準を全国的に確保することである。また，各幼稚園がその特色を生かして創意工夫を重ね，長年にわたり積み重ねられてきた教育実践や学術研究の蓄積を生かしながら，幼児や地域の現状や課題を捉え，家庭や地域社会と協力して，幼稚園教育要領を踏まえた教育活動の更なる充実を図っていくことも重要である。

幼児の自発的な活動としての遊びを生み出すために必要な環境を整え，一人一人の資質・能力を育んでいくことは，教職員をはじめとする幼稚園関係者はもとより，家庭や地域の人々も含め，様々な立場から幼児や幼稚園に関わる全ての大人に期待される役割である。家庭との緊密な連携の下，小学校以降の教育や生涯にわたる学習とのつながりを見通しながら，幼児の自発的な活動としての遊びを通しての総合的な指導をする際に広く活用されるものとなることを期待して，ここに幼稚園教育要領を定める。

第1章　総則

第1　幼稚園教育の基本

幼児期の教育は，生涯にわたる人格形成の基礎を培う重要なものであり，幼稚園教育は，学校教育法に規定する目的及び目標を達成するため，幼児期の特性を踏まえ，環境を通して行うものであることを基本とする。

このため教師は，幼児との信頼関係を十分に築き，幼児が身近な環境に主体的に関わり，環境との関わり方や意味に気付き，これらを取り込もうとして，試行錯誤したり，考えたりするようになる幼児期の教育における見方・考え方を生かし，幼児と共によりよい教育環境を創造するように努めるものとする。これらを踏まえ，次に示す事項を重視して教育を行わなければならない。

1　幼児は安定した情緒の下で自己を十分に発揮することにより発達に必要な体験を得ていくものであることを考慮して，幼児の主体的な活動を促し，幼児期にふさわしい生活が展開されるようにすること。

2　幼児の自発的な活動としての遊びは，心身の調和のとれた発達の基礎を培う重要な学習であることを考慮して，遊びを通しての指導を中心として第2章に示すねらいが総合的に達成されるようにすること。

3　幼児の発達は，心身の諸側面が相互に関連し合い，多様な経過をたどって成し遂げられていくものであること，また，幼児の生活経験がそれぞれ異なることなどを考慮して，幼児一人一人の特性に応じ，発達の課題に即した指導を行

うようにすること。

その際，教師は，幼児の主体的な活動が確保されるよう幼児一人一人の行動の理解と予想に基づき，計画的に環境を構成しなければならない。この場合において，教師は，幼児と人やものとの関わりが重要であることを踏まえ，教材を工夫し，物的・空間的環境を構成しなければならない。また，幼児一人一人の活動の場面に応じて，様々な役割を果たし，その活動を豊かにしなければならない。

保育所保育指針（抄）

厚生労働省	平成29年3月31日改訂
	平成30年4月 1日施行

目次
第1章　総則
第2章　保育の内容
第3章　健康及び安全
第4章　子育て支援
第5章　職員の資質向上

第1章　総則

この指針は，児童福祉施設の設備及び運営に関する基準（昭和23年厚生省令第63号。以下「設備運営基準」という。）第35条の規定に基づき，保育所における保育の内容に関する事項及びこれに関連する運営に関する事項を定めるものである。各保育所は，この指針において規定される保育の内容に係る基本原則に関する事項等を踏まえ，各保育所の実情に応じて創意工夫を図り，保育所の機能及び質の向上に努めなければならない。

1　保育所保育に関する基本原則
（1）保育所の役割
　ア　保育所は、児童福祉法（昭和22年法律第164号）第39条の規定に基づき、保育を必要とする子どもの保育を行い、その健全な心身の発達を図ることを目的とする児童福祉施設であり、入所する子どもの最善の利益を考慮し、その福祉を積極的に増進することに最もふさわしい生活の場でなければならない。
　イ　保育所は、その目的を達成するために、保育に関する専門性を有する職員が、家庭との緊密な連携の下に、子どもの状況や発達過程を踏まえ、保育所における環境を通して、養護及び教育を一体的に行うことを特性としている。
　ウ　保育所は、入所する子どもを保育するとともに、家庭や地域の様々な社会資源との連携を図りながら、入所する子どもの保護者に対する支援及び地域の子育て家庭に対する支援等を行う役割を担うものである。
　エ　保育所における保育士は、児童福祉法第18条の4の規定を踏まえ、保育所の役割及び機能が適切に発揮されるように、倫理観に裏付けられた専門的知識、技術及び判断をもって、子どもを保育するとともに、子どもの保護者に対する保育に関する指導を行うもので

あり、その職責を遂行するための専門性の向上に絶えず努めなければならない。

(2) 保育の目標

ア 保育所は、子どもが生涯にわたる人間形成にとって極めて重要な時期に、その生活時間の大半を過ごす場である。このため、保育所の保育は、子どもが現在を最も良く生き、望ましい未来をつくり出す力の基礎を培うために、次の目標を目指して行わなければならない。

(ア) 十分に養護の行き届いた環境の下に、くつろいだ雰囲気の中で子どもの様々な欲求を満たし、生命の保持及び情緒の安定を図ること。

(イ) 健康、安全など生活に必要な基本的な習慣や態度を養い、心身の健康の基礎を培うこと。

(ウ) 人との関わりの中で、人に対する愛情と信頼感、そして人権を大切にする心を育てるとともに、自主、自立及び協調の態度を養い、道徳性の芽生えを培うこと。

(エ) 生命、自然及び社会の事象についての興味や関心を育て、それらに対する豊かな心情や思考力の芽生えを培うこと。

(オ) 生活の中で、言葉への興味や関心を育て、話したり、聞いたり、相手の話を理解しようとするなど、言葉の豊かさを養うこと。

(カ) 様々な体験を通して、豊かな感性や表現力を育み、創造性の芽生えを培うこと。

イ 保育所は、入所する子どもの保護者に対し、その意向を受け止め、子どもと保護者の安定した関係に配慮し、保育所の特性や保育士等の専門性を生かして、その援助に当たらなければならない。

(3) 保育の方法

保育の目標を達成するために、保育士等は、次の事項に留意して保育しなければならない。

ア 一人一人の子どもの状況や家庭及び地域社会での生活の実態を把握するとともに、子どもが安心感と信頼感をもって活動できるよう、子どもの主体としての思いや願いを受け止めること。

イ 子どもの生活のリズムを大切にし、健康、安全で情緒の安定した生活ができる環境や、自己を十分に発揮できる環境を整えること。

ウ 子どもの発達について理解し、一人一人の発達過程に応じて保育すること。その際、子どもの個人差に十分配慮すること。

エ 子ども相互の関係づくりや互いに尊重する心を大切にし、集団における活動を効果あるものにするよう援助すること。

オ 子どもが自発的・意欲的に関われるような環境を構成し、子どもの主体的な活動や子ども相互の関わりを大切にすること。特に、乳幼児期にふさわしい体験が得られるように、生活や遊びを通して総合的に保育すること。

カ 一人一人の保護者の状況やその意向を理解、受容し、それぞれの親子関係や家庭生活等に配慮しながら、様々な機会をとらえ、適切に援助すること。

(4) 保育の環境

保育の環境には、保育士等や子どもなどの人的環境、施設や遊具などの物的環境、更には自然や社会の事象などがある。保育所は、こうした人、物、場などの環境が相互に関連し合い、子どもの生活が豊かなものとなるよう、次の事項に留意しつつ、計画的に環境を構成し、工夫して保育しなければならない。

ア 子ども自らが環境に関わり、自発的に活動し、様々な経験を積んでいくことができるよう配慮すること。

イ 子どもの活動が豊かに展開されるよう、保育所の設備や環境を整え、保育所の保健的環境や安全の確保などに努めること。

ウ 保育室は、温かな親しみとくつろぎの場となるとともに、生き生きと活動できる場となるように配慮すること。

エ 子どもが人と関わる力を育てていくため、子ども自らが周囲の子どもや大人と関わっていくことができる環境を整えること。

(5) 保育所の社会的責任

ア 保育所は、子どもの人権に十分配慮するとともに、子ども一人一人の人格を尊重して保育を行わなければならない。

イ 保育所は、地域社会との交流や連携を図り、保護者や地域社会に、当該保育所が行う保育の内容を適切に説明するよう努めなければならない。

ウ 保育所は、入所する子ども等の個人情報を適切に取り扱うとともに、保護者の苦情などに対し、その解決を図るよう努めなければならない。

2 養護に関する基本的事項

(1) 養護の理念

保育における養護とは、子どもの生命の保持及び情緒の安定を図るために保育士等が行う援助や関わりであり、保育所における保育は、養護及び教育を一体的に行うことをその特性とするものである。保育所における保育全体を通じて、養護に関するねらい及び内容を踏まえた保育が展開されなければならない。

(2) 養護に関わるねらい及び内容

ア 生命の保持

(ア) ねらい

① 一人一人の子どもが、快適に生活できるようにする。

② 一人一人の子どもが、健康で安全に過ごせるようにする。

③ 一人一人の子どもの生理的欲求が、十分に満たされるようにする。

④ 一人一人の子どもの健康増進が、積極的に図られるようにする。

(イ) 内容（省略）

イ 情緒の安定

(ア) ねらい

① 一人一人の子どもが、安定感をもって過ごせるようにする。

② 一人一人の子どもが、自分の気持ちを安心して表すことができるようにする。

③ 一人一人の子どもが、周囲から主体として受け止められ、主体として育ち、自分を肯定する気持ちが育まれていくようにする。

④ 一人一人の子どもがくつろいで共に過ごし、心身の疲れが癒されるようにする。

(イ) 内容（省略）

巻末資料	**年間指導計画案例** ——5歳児を例に

　ここでは、『ぞうけいこども園（p.100）：園目標（目指す子ども像）「みんなのなかでのびのびと自分らしく表現できる子ども・まわりの環境に関心をもち、自らかかわって表現を楽しむ子ども』の5歳児クラスを想定した年間指導計画例を提示する。一般的な園の指導計画例ではなく、"造形的な表現をどのように計画し得るか"を整理したものである。また、図示した保育環境が前提となっている。年齢や時期を問わず、子どもが造形表現活動に意欲的に取り組めないなどのその姿に応じて短期的な指導計画が立てる際に参考になる活動例を右ページ上に示した。

期		5歳-① 出会いと安定	5歳-② 探求と葛藤
月		4－5月	6－7－8月
<季節行事>園行事		<子どもの日・母の日>入園式・健康診断・親子遠足誕生会・保護者懇談会	<父の日・七夕・夏祭り>保育参観・誕生会・プール開き・七夕会宿泊保育（キャンプ・子ども祭り）
ねらい		新しい環境のなかで安定して遊び、周囲の環境に興味関心をもち、意欲的にかかわる。	友達とかかわり合うなかで自分なりの目的をもち、思いを伝え合いながらいろいろな遊びに積極的に参加する。
内　容		・今までやってきた遊びに親しみながら、やりたいことや遊びたい友達を見つけ、遊びを楽しむ。・自然や造形的な材料を見つけ、試したり工夫したりして遊ぶ。	・友達のなかで思いを出し合い、葛藤を経験しながら友達の思いに気づき調整しようとする。・自分たちで考えた遊びや設定された課題に積極的に参加し、工夫して表現する。
環境構成		・ブロック、絵本、ままごとコーナー（家庭的な設定）・アトリエ&テラス：製作コーナー、絵具コーナー・竹林：タケノコ　・池：オタマジャクシ・原っぱ：花　・畑：苗植え	・大型積木、構成遊具の設定・アトリエ&テラス：竹コーナー、色水コーナー・畑：草取りと収穫　・森：ロープのアスレチック・砂場：樋・ヒューム管、砂のレストラン
遊びの姿／遊びのなかの造形表現活動	身体的感覚的な遊び	・製作コーナーや砂場で自由にイメージを表現する。・草花つみや虫探しをする。　・音探し・タケノコ掘りをする。　・原っぱで遊ぶ。・アトリエでイーゼルと絵具を使って自由に描画する。	・製作コーナーや砂場で目的をもった表現をする。・山でダンボールを使って草すべりをする。・水遊びを楽しむ。　・砂場で水を流して遊ぶ。・畑の草で遊ぶ。　・森で木登りをする。
	空想的な遊び	・ままごとコーナー：おうちごっこ、ペットごっこ・アトリエ（製作コーナー）：戦いごっこ・お花集め→お料理、デザート屋、色水遊び・砂場で型抜き→誕生会ごっこ	・水のイメージ→南の島ごっこ、ふねごっこ、海ごっこ、水族館ごっこ、釣りごっこ・色水遊び→ジュース屋、アイス屋、薬屋、病院ごっこ・森と山で遊ぶ→探検ごっこ、基地ごっこ
	環境や遊びからの造形	・絵具遊び→はじき絵、スタンピング・ペットごっこ→動物づくり→えさづくりお散歩○○（へびくん、虫くん）・戦いごっこ→剣づくり→乗り物づくり・誕生会ごっこ→砂のケーキ、花の冠	・南の島ごっこ→衣装、飾り、冠　・ふねごっこ→大きな舟づくり（ダンボール）、笹舟づくり・海、水族館、釣りごっこ→魚づくり、海中メガネ・ジュース屋→デザートづくり、看板、机とイス・基地遊び→剣、探検ベルト、望遠鏡、リュックサック
設定型の造形表現活動	感覚系｜もの系｜かかわり系	・スタンピングで遊ぼう　・糸引き版画に挑戦・花びらの絵（指で描く絵）・おたまじゃくしの絵またはタケノコの絵・カラー望遠鏡　・花びらのペンダント　・押し花、押し葉・ミニこいのぼりをとばそう（とばすおもちゃ）・びっくりビニール・空に泳ぐ大きなこいのぼり（カラービニールで）	・野菜スタンプ（畑の収穫から）　・にじみ絵　・ボディペインティング　・染め紙遊び　・新聞紙でスポーツ！（雨の日に）・不思議な種（地面の上と下）の絵　・パラシュート・畑で描こう！（プチトマトの絵、青虫の絵……）・七夕飾り（形つなげ、切り紙、ＵＦＯづくり……）・くるりんちゃん　・わりばし人形・封筒人形　・指人形　・おみこしづくり
みんなでつくる壁面の例		お花と虫がいっぱい　　ありさんのおうちみんなのおうちマップ　　ひらひらちょうちょこいのぼりの冒険　　みたことのない虫の国みんな乗りたいわいわい列車	雨にわくわく　　七夕宇宙旅行海の世界　　海中探検に行こう花火がいっぱい　　朝顔咲いたしずくの冒険　　楽しいアイス屋さん

子どもの姿に応じた指導計画例

ねらい

	感情・心理面	認知・イメージ面	技能面（造形的知識）	身体機能面
	安心感・信頼感	見立て・視覚的イメージ	材料用具の理解・興味関心	手指の動きの制御
安心して表現する 「やろうかな」→「やりたいな」→「やってみよう」	ローラー遊び 手形・足形 にじみ絵 新聞紙遊び	スクリブル 形の貼り絵 スタンピング デカルコマニー	絵具の色づくり はじき絵 びっくりビニール スチレン版画	ダンボールに描く 形つなぎ 紙ちぎり クレヨンのお散歩
意欲的に表現する 「おもしろい」→「もっとやろう」→「またやりたい」	飛ばすおもちゃ 木工 共同画 パラシュート	ペープサート 空の上・海の中 変身遊び ごっこ遊び	楽器づくり 動物づくり 乗り物づくり コラージュ・紙版画	切り紙遊び 粘土づくり 牛乳P製作 迷路づくり
	自己決定感・達成感	言語的イメージの共有	創造的扱い	手指の動きの自由

	5歳－③　創造と協同		5歳－④　自己発揮
	9－10月	11－12月	1－2－3月
	＜お月見・敬老の日＞ 園外保育・幼小交流会・誕生会 運動会・おにぎり会	＜七五三・収穫祭・クリスマス＞ いもほり・誕生会・生活発表会 野焼き（やきいも会）・もちつき会	＜正月・節分・ひな祭り＞ 誕生会・造形子ども広場 お別れ会
	共通の目的をもって遊んだり、課題に取り組んで力を発揮する楽しさを知る。	友達のなかで考えやイメージを伝え合い、挑戦、工夫、協力して遊ぶ楽しさを知る。	共通の目的や個人の課題に主体的に取り組み、達成感や充実感を味わう。
	・友達との遊びを深めるなかで、互いのズレを克服して達成感を感じる。 ・手ごたえのある課題にじっくり取り組み、それをやりとげる満足感を感じる。	・友達と感じたことを伝え合い、話し合って決めたことを守ろうとする。 ・表現する過程で、本物らしさや美しさや楽しさを追求する。	・自分たちでお客さんをよぶ計画を立て、自分の役割を決め、力を発揮する。 ・ルールのある遊びを大勢で楽しむ。 ・これまで培った技能を使って表現する。
	・大型積木、構成遊具の設定 ・アトリエ＆テラス：色粘土、マーブリング ・アトリエ：製作、木工コーナー ・水田：稲刈り→わら細工、わらの家	・本物らしくできる材料の追加設定 ・アトリエ：製作、木工コーナー ・アトリエ：焼きものづくり ・森：木の葉集め　山：土粘土掘り	・イメージを広げる本の設置 ・つくったものを飾れるコーナーの設定 ・アトリエ：製作・木工コーナー、オーブン（プラ板）、塗装コーナー
	・製作コーナーや砂場で共同で表現する。 ・ドングリ集め、ドングリゴマ、ドングリ転がし、どんぐり笛、モビールなどを楽しむ。 ・おだんごづくり　・転がし遊び	・製作コーナーや砂場でよりよい表現を目指す（木の実の飾りや固い団子づくり） ・へびじゃんけん、ケンパを楽しむ。 ・パラシュートを飛ばす。	・各コーナーでこれまでやった遊びを試みる。 ・開戦ドン、ドッジボール、サッカーを楽しむ。 ・それぞれの役の衣装と動き、言葉を考え、なりきって動く。
	・アトリエ：恐竜ごっこ、パン屋とクッキー屋 ・ホール：海賊ごっこ、お姫様ごっこ ・原っぱで寝転ぶ→キャンプごっこ ・森で宝探し→冒険ごっこ、忍者ごっこ	・アトリエ：おしゃれ屋、ケーキ屋、本屋、映画館ごっこ（OHP） ・葉っぱ拾い→警察ごっこ　・森のレストラン ・野焼き→消防署ごっこ　・探検ごっこ	・ホール：お話の世界（エルマー）ごっこ、宇宙ごっこ、おばけの館ごっこ、商店街ごっこ、遊園地ごっこ ・字を書く→郵便ごっこ・宅急便ごっこ
	・パン屋→色粘土づくり ・恐竜ごっこ→ダンボールで恐竜づくり ・ごっこ遊び→忍者、海賊、お姫様の服づくり ・冒険ごっこ→望遠鏡、リュックサック	・土粘土掘り→化石づくり（野焼き） ・ごっこ遊び→レストラン、消防署、警察の服づくり→帽子、小物づくり ・森のレストラン→落ち葉の皿、料理、メニュー ・探偵、探検ごっこ→宝物づくり、ルーペ	・おばけ→お面、服、火の玉、ダンボール ・商店街→商品、看板、レジ、レシート、くじびき、マップなど ・遊園地→遊具、乗り物、クレープ屋など ・お客さん→招待チケット、お金、案内図
	・木工　・わら細工　・ダンボール製作 ・マーブリング　・スチレン版画 ・経験したことの絵（遠足の絵） ・小麦粉で色粘土づくりと型抜き遊び ・運動会の旗や飾りやメダル、ポスター ・探検ごっこや基地遊びで使うもの ・運動会の入退場門	・なわとびのなわづくり　・缶ぽっくり ・木工　・指編み　・アクセサリーづくり ・クリスマス飾り　・おはなしの絵 ・思い出の絵（卒園アルバム） ・ごちそうづくり　・楽器づくり ・動物づくりパラシュート　・服づくり ・影絵やOHP　・劇のお面や小道具や大道具	・人間すごろく　・ビニール凧 ・節分のお面（立体）　・割りピン人間 ・空想の絵（お話・宇宙・未来） ・紙版画・おひな様・ペン立て、エサ台（木工） ・プラ板キーホルダー（記念品） ・お店屋の商品や看板や店のもの　・迷路 ・園の看板
	みんなで遊んだ大きな木 地面のなかの探検隊 ドングリがマイホーム　ふしぎな風船 みんなでわくわく運動会	いもほりの思い出（共同）　なぞがいっぱい宝島　木の葉のコラージュと秋の妖精 劇の背景画　ようちえんジャングル クリスマスがやってくる	雪だるま王国　氷の国のなかまたち 鬼はどこから来るのかな　小さな春みつけた 園庭で遊んだこと　エルマーのもうひとつの島　虹をわたっていこう

> 巻末資料 **年間指導計画案例** ——造形表現活動の指導計画の基本

　3歳から5歳の発達にともなって、機能が向上し、表現媒体が増え、より自由に表現できるようになり、表現する世界が、

① 身体感覚を介した自分の世界
② 自己中心の視点から見た周辺の世界
③ 言語を介した自分の外の世界

へと徐々に広がっていくと想定した。

　造形表現活動を、自発的な遊びを促進し、心と発達を支える「造形環境」と感性と創造性育成の足場づくりとなる「造形体験」に分け、指導計画の目安となる流れと例を示した。

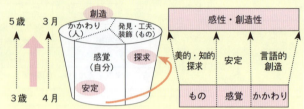

入園から卒園まで、あるいは年度の始まりから終わりまで「出会い・安定」「葛藤・探求」「協力・創造」のステージを行きつ戻りつしながら螺旋的に発達するという流れに、造形教材（6章 p.126 の「感覚（自分）」「装飾と発見・工夫（もの）」「かかわり（人）」の分類）を当てはめた図。（「表現スタイル」にも対応）

期（クラス）月	ねらい・課題		心と発達を支える造形環境			感性・創造性を豊かにする造形体験					
	ステージ	遊び	人・自然	場（C：コーナー）	出会うもの	描く（線）	ぬる（色）	切る（形）	つける	触覚	写す
0〜2歳	動き	身体	養育者	（探索活動ができる環境）		ペン	パステル	手	食べ物		手足
I 3歳—① 4–7月	出会い（環境）と安定	安心して遊ぶ	保育者↕自分｜（友達）身近な自然への関心と愛着	積木・ブロック・ままごとC、砂場	クレヨン、砂、水、粉、絵具、のり	クレヨン ○がいっぱい	絵具タンポ綿棒	紙ちぎり	シール	小麦粉粘土	手・指
II 3歳—② 8–12月		好きな遊びをする		積木・ブロック・ままごとC、砂場	折り紙、紙、はさみ、ペン、絵具、ひも	顔食べ物	筆はじき絵	直線切り込み	のり	油粘土	野菜スタンプ
III 3歳—③ 1–3月	自分の世界づくり	友達のなかで遊ぶ		積木・ブロック・ままごとC（＋粘土や材料）	テープ、空き箱、カップ、TP芯	雪だるま	塗りつぶし	丸形切り	セロハンテープ		シールスタンプ
IV 4歳—① 4–5月	出会い（人）と安定	好きな友達と遊ぶ	保育者↕自分｜友達飼育・栽培の経験と愛着	ブロック・おえかき・ままごとC、砂場	カラーセロハン、ストロー、土粘土（個）	イチゴ花	にじみローラー	三角切り取り	クラフトテープ	土粘土	デカルコマニー
V 4歳—② 6–8月	葛藤と探求	夢中になって遊ぶ		ままごとC、砂場（砂山・砂ケーキ）	ペットボトル、お花紙、花びら・葉	おたまじゃくしカエル	絵具で形を描く	曲線渦巻切り	ビニールテープ	パルプ粘土	葉っぱスタンプ
VI 4歳—③ 9–12月		イメージを共有して遊ぶ		製作・ごっこ遊びC、砂場（カラー板・木片）	自然物（実）、紙粘土、空き箱棒、紙テープ	人、木、家、乗り物鉛筆	混色塗り広げ	折って切る	木工用接着剤		イモスタンプ
VII 4歳—④ 1–3月	協力と創造	共感して遊ぶ	（保育者）↕自分	製作・ごっこ遊びC、おうち	輪ゴム、枝、カップ、モール版画、絵具	知ってることを描く	色つくり	切り抜く	ホチキス	紙粘土	スチレン版画
VIII 5歳—① 4–5月	出会い（社会）と安定	挑戦して遊ぶ		積木・ブロック・ままごと・製作C、砂場、基地	牛乳パック、土粘土（共）、割り箸	多色ペン色鉛筆	刷毛	硬い紙を切る	テープを輪にする		物スタンプ糸引き
IX 5歳—② 6–8月	葛藤と探求	課題を克服して遊ぶ	｜友達飼育・栽培と自然現象への関心	大型積木・構成遊具・製作C、砂場（樋・ヒューム管＋水）	布、ビニール、障子紙、竹ぐし、割ピン	観察画割り箸ペン	線画の着色	ビニールを切る	布テープ		マーブリング
X 5歳—③ 9–12月	協力と創造	ルールを考えて遊ぶ	みんな自然の世界や生命への関心	大型積木・構成遊具・製作・木工C、基地	木片、釘、毛糸、ダンボール、ビーズ	経験画	共同画アクリル絵具	ダンボールを切る	木（釘）	テラコッタ	ステンシル
11 5歳—④ 1–3月		自分を発揮して遊ぶ		○○の世界、製作C	竹ひご、プラ板	想像画細ペン	色をつくってぬる	自由に切る	ひもでしばる		紙版画

巻末資料　保育・造形用語さくいん

〈あ〉

愛着	65
アクリル絵具	32
アサーション・トレーニング	27
アニミズム	74
アフォーダンス	23
油粘土	39
アルンハイム	68
イーゼル	133
板づくり	41
1穴パンチ	128
糸引き版画	44
イメージ画	27
意欲	116
色反応	71
運動会	169
絵本	46
エンカウンター	26
OHP	168
お花紙	46
オブジェ	61
お面	170
折り紙凧	45
織る	50

〈か〉

カード	46, 166
ガードナー	69, 81
概念画	74
カウンセリング	26
拡散的な思考	13
形反応	71
紙粘土	39
紙版画	43, 137
紙飛行機	45
カラーサークル	36
カラー板	129
感性	20
擬人化	74
基底線	74
共感的他者	26
行事	166
共同画	176
切り紙	38
霧吹き技法	44
くさり編み	50
くす玉	172
グラデーション	35
クラフトパンチ	128
グルーガン	32
芸術療法	14
けん玉	142

構図	160
効力感	12
コーナー保育	110
五感	16
個人差	79
こすり出し	20
子育て支援	184
誇張画	72
ごっこ遊び	151
コマ	141
小麦粉粘土	39
コラージュ	60
コラボレーション	61
5領域	85

〈さ〉

サイコロ	143
彩度	36
材料	96
3原色	36
三項関係	65
サンドアート	29, 129, 187
シェマ	64
視覚型	81
視覚言語	31
色彩	37
色彩心理	25
色相環	36
自己肯定感	12
自然素材	57
児童館	188
指導形態	92
自発性	95
自由感	95
自由度	93
純色	36
小学校との連携	184
障子紙	46
情操	31
触覚型	81
身体感覚	16
新聞紙	23, 51
スキンシップ	16
スクラッチ（画）	25, 136
スクリブル	33, 67
スタンピング	42, 135
スチレン版画	43, 137
ステンシル	44, 134
ストレスマネジメント教育	19
スパッタリング	44
生活素材	55
接着剤	32
センス・オブ・ワンダー	20

巻末資料──造形用語さくいん　207

造形教材	125
相互作用	10
創造性	13, 87

〈た〉

たこ	142
多視点画	73
多重知能理論	80
誕生会（誕生表）	156, 166
タンポ	44, 134
ダンボール	53, 128
地域との連携	184
チゼック	114
知的リアリズム	68
チルドレンズミュージアム	187
土粘土	39
デカルコマニー	44, 133
テラコッタ粘土	39
展開描法	73
伝承遊び	141
点描	33
動機づけ	112
陶芸	175
同系色	36
頭足人	68, 72
透明視	68
ドキュメンテーション	106
ドラマチスト	81

〈な〉

内発的な動機づけ	112
にじみ絵	25, 132
人形遊び	153
粘土	29, 39, 130, 175
のり絵具	47

〈は〉

はじき絵	25, 127
旗	169
パターナー	81
発達段階	64
発達の最近接領域	104
張り子（技法）	47, 170
ピアジェ	64, 70
ビーチコーミング	29
ビオトープ	185
必要感	181
ひな人形	171
ビニール	48
ひもづくり	41
評価	105
表現スタイル	81
ファシリテーター	27
フィンガーペインティング（フィンガーペイント）	17, 133
フォト・モンタージュ	60
フォルメン線描	34

プラスの造形	22
ブラックライト	30
ブルーナー	65
プレーパーク	186
プロジェクト活動	177, 179
フロッタージュ	20
平行遊び	76
ペープサート	154, 165
保育環境	100
保育者の役割	88
保育所保育指針	84
冒険遊び場	186
ポートフォリオ	106
補色	36
ポスターカラー	32
保存課題	64

〈ま〉

マーブリング	136
マイナスの造形	22
マスキング技法	43
ミニ・ミュンヘン	189
無彩色	36
明度	35
めんこ	143
モビール	165
模擬保育	107
木炭	35
木片遊び	173
模写課題	74
模造紙	46
木工（用具）	59, 173
モンテッソーリ	105

〈や〉

誘導	93
指編み	49
指絵具	17
指人形	153
用具	97
幼稚園教育要領	84
幼保連携型認定こども園教育・保育要領	84

〈ら〉

ラシャ紙	46
リード	12
リサイクル素材	96
リュケ	68
リリアン編み	49
レッジョ・エミリア	91
レントゲン画	72
ローウェンフェルド	81
ロールプレイ	107

〈わ〉

ワークショップ	15

参考文献一覧

(五十音順)
※ なお、本書引用文献は本文側注に表記。

- 磯部錦司『子どもが絵を描くとき』一藝社、2006
- 今川恭子・宇佐美明子・志民一成 編『子どもの表現を見る、育てる―音楽と造形の視点から』文化書房博文社、2005
- 岩田純一『子どもはどのようにして＜じぶん＞を発見するのか―子どものことばと時間と空間と』フレーベル館、2005
- 内田伸子 編『よくわかる乳幼児心理学』ミネルヴァ書房、2008
- エドワーズ C．・ガンディーニ L．・フォアマン G．編／佐藤学・森眞理・塚田美紀 訳『子どもたちの100の言葉―レッジョ・エミリアの幼児教育』世織書房、2001
- 大場牧夫『表現原論―幼児の「あらわし」と領域「表現」』萌文書林、2000
- 岡本夏木『幼児期―子どもは世界をどうつかむか』岩波新書、2005
- 小川博久『保育援助論』生活ジャーナル、2000
- 片岡徳雄『子どもの感性を育む』日本放送出版協会、1990
- ガードナー H．／星三和子 訳『子どもの描画―なぐり描きから芸術まで』誠信書房、1996
- 河合雅雄『子どもと自然』岩波新書、1990
- 河邉貴子『遊びを中心とした保育―保育記録から読み解く「援助」と「展開」』萌文書林、2005
- 岸井勇雄・無藤隆・柴崎正行 監修／榎沢良彦 編『保育内容・表現』同文書院、2006
- 鯨岡峻『両義性の発達心理学―養育・保育・障害児教育と原初的コミュニケーション』ミネルヴァ書房、1998
- 花篤實 監修／永守基樹・清原知二 編『幼児造形教育の基礎知識』建帛社、1999
- ケロッグ R．／深田尚彦 訳『児童画の発達過程　なぐり描きからピクチュアへ』黎明書房、1971
- コックス M．／子安増生 訳『子どもの絵と心の発達』有斐閣、1999
- 佐々木正人『アフォーダンス―新しい認知の理論』岩波書店、1994
- 佐伯胖 編『共感―育ち合う保育のなかで』ミネルヴァ書房、2007
- 滋賀大学教育学部附属幼稚園『遊びのなかの「学びの過程」―発達特性と教育課程』明治図書出版、2000
- 柴崎正行『写真で学ぶ保育環境のくふう』学習研究社、2002
- 仙田満『子どもとあそび―環境建築家の眼』岩波新書、1992
- 高垣忠一郎『生きることと自己肯定感』新日本出版社、2004
- 立川多恵子・上垣内伸子・浜口順子『自由保育とは何か―「形」にとらわれない「心」の教育』フレーベル館、2001
- 津守真『子どもの世界をどうみるか―行為とその意味』日本放送出版協会、1987
- 戸田雅美『保育をデザインする―保育における「計画」を考える』フレーベル館、2004
- 中沢和子『イメージの誕生―0歳からの行動観察』日本放送出版協会、1979
- 夏堀睦・加藤弘通 編『卒論・修論をはじめるための心理学理論ガイドブック』ナカニシヤ出版、2007
- 中川織江『粘土遊びの心理学―ヒトがつくる・チンパンジーがこねる』風間書房、2005
- 仲谷洋平・藤本浩一 編『美と造形の心理学』北大路書房、1993
- 中澤潤 編『よくわかる教育心理学』ミネルヴァ書房、2008
- バーク L．E．／ウインスラー A．／田島信元・田島啓子・玉置哲淳 訳『ヴィゴツキーの新・幼児教育法―幼児の足場づくり』北大路書房、2001
- 東山明・東山直美『子どもの絵は何を語るか―発達科学の視点から』日本放送出版協会、1999
- 藤澤英昭『デザイン・映像の造形心理』鳳山社、1992
- ブリテン W．L．／黒川健一 監訳『幼児の造形と創造性』黎明書房、1983
- ヘンドリック J．編／石垣恵美子・玉置哲淳 監訳『レッジョ・エミリア保育実践入門―保育者はいま、何を求められているか』北大路書房、2000
- 皆本二三江 編『0歳からの表現・造形』文化書房博文社、1991
- 無藤隆 監修／浜口順子 編『事例で学ぶ保育内容＜領域＞表現』萌文書林、2007
- 無藤隆・汐見稔幸・砂上史子『ここがポイント！　3法令ガイドブック』フレーベル館、2017
- Libby W．Enriching the Curriculum with Art Experiences　Delmar　2002
- Schirrmacher R．Art and Creative Development for Young Children　Delmar　2001

槇　英子
<small>まき　ひでこ</small>

- 現在、淑徳大学教授
- 千葉大学教育学部中学校教員養成課程美術科卒業。同大学大学院教育学研究科学校教育専攻幼児教育分野修了。
- 磯辺白百合幼稚園造形講師・清和大学短期大学部兼任講師・東横学園女子短期大学専任講師を経て現職。
- 生涯学習サークル「アトリエたんぽぽ」の講師を学生時代から継続し、「第3回こども環境学会賞活動賞」(生涯学習サークル『アトリエたんぽぽ』の27年－アート活動による子育て支援の継続－)を受賞した。ほかに、『美育文化ポケット』編集委員など。
- 専門は、幼児教育、保育内容（造形表現）、造形教育。おもに保育者養成と保育の現場、地域をフィールドとした実践研究及び保育者研修に関する研究を行っている。

【著書・論文】

『ふしぎだね。きれいだね。たのしいね。—体験から学ぶ　領域「環境」「表現」に関する専門的事項』(共著・学校図書、2021)、『保育者の資質・能力を育む　保育所・施設・幼稚園実習指導』(共編著・福村出版、2019)、『保育内容「表現」』(共著・ミネルヴァ書房、2019)、『倉橋惣三「児童心理」講義録を読み解く』(共著・萌文書林、2017)、『絵本でつくるワークショップ』(共著・萌文書林、2014)、『造形表現・図画工作』(共著・建帛社、2014)

「幼児の「表現スタイル」を想定した保育環境の構成」〈修士論文〉(2002) (「日本乳幼児教育学会、第1回『新人賞』」受賞)、「幼児の表現活動に見られる「表現スタイル」—現場（フィールド）からの理論構成の試み」(乳幼児教育学研究第12号、2003)、「幼児の「表現スタイル」に配慮した保育実践」(保育学研究第42巻第2号、2004)、「保育の職場と表現—自己表現を大切にする保育園でのフィールドワークから」(共著・淑徳大学研究紀要第44号、2010)、「東京女子高等師範学校保育実習科における昭和初期の幼稚園保姆養成」(淑徳大学研究紀要第46号、2012)、「幼児期の造形体験が中学生に及ぼす影響Ⅰ～Ⅳ」(共著・千葉大学教育学部研究紀要第61～64号、2013～2016)、「保育のなかの造形カリキュラムを見直す保育者研修プログラムの開発」(美術教育vol.2016 No.300、2016)、「保育者養成に必要な造形的体験とは何か」(淑徳大学研究紀要第55号、2021)、「領域「表現」に関する保育研修の検討—「音楽表現」と「造形表現」の研修における「研修転移」に着目して—」(共著・淑徳大学研究紀要第58号、2024) ほか。

<装丁>　レフ・デザイン工房

保育をひらく造形表現

2008年11月23日　初版第1刷発行	著　者　槇　　英　子
2017年4月1日　　初版第10刷発行	発行者　服　部　直　人
2018年4月18日　　第2版第1刷発行	発行所　株式会社萌文書林
2025年4月1日　　第2版第8刷発行	〒113-0021 東京都文京区本駒込6-15-11
	TEL 03-3943-0576　FAX 03-3943-0567
	[URL] https://www.houbun.com
	[E-mail] info@houbun.com
<検印省略>	印刷　シナノ印刷株式会社

©Hideko Maki 2018, Printed in Japan　　　　ISBN 978-4-89347-295-3